KB190508

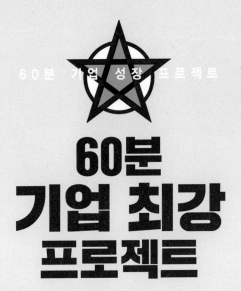

60분 기업 성장 프로젝트

60분
기업 최강
프로젝트

고객 감정을 기반으로 한 전략 구축법

60분 기업 최강 프로젝트

고객 감정을 기반으로 한 전략 구축법

Translator's preface

"싸우지 않고 이기는 전략이
진정한 최강의 전략이다."

필자는 2017년부터 간다 마사노리의 사상과 전략을 한국에 전파해왔다. 그 과정에서 그의 책을 번역하고 강의하며 많은 사람에게 실전적인 비즈니스 전략을 전했다. 이번 책은 내가 두 번째로 번역한 간다 마사노리의 책이자, 그의 저서 중 재출간되지 않았던 마지막 책이다.

《60분 기업 최강 프로젝트》는 마케팅 책이면서도 창업서이며, 동시에 비즈니스 전략서이다. 이 책은 단순한 이론서가 아니다. 간다 마사노리가 직접 수백만 원짜리 세미나에서 강의했던 핵심 내용을 정리한 책으로, 일본에서는 지금도 꾸준히 팔리며 수많은 기업가에게 실질적인 변화를 가져다주었다. 어떤 사람은 이 책의 내용만을 연구해 사업을 대성공으로 이끌었다고도 한다.

그만큼 이 책에는 불변의 원칙과 강력한 실전 전략이 담겨 있다.

지금 대한민국에서 사업을 한다면
반드시 읽어야 할 책

지금 이 시대, 대한민국에서 혼자 창업을 하거나 1인 기업을 운영하거나 중소기업을 경영하는 사람이라면 반드시 읽어야 할 필독서다.

필자는 이 책을 최소 다섯 번 이상 읽어볼 것을 권한다. 필자가 그동안 수많은 책을 읽었지만, 조인트 사고 이후 다섯 번 이상 읽어보라고 강력히 추천한 책은 이 책이 처음이다.

이 책은 단순히 한두 번 훑어보는 것으로 끝낼 책이 아니다. 수단과 방법을 가리지 말고, 철저히 정독하여 내 것으로 만들어야 한다. 읽을 때마다 새로운 통찰이 생기고, 읽을 때마다 비즈니스의 방향이 보일 것이다.

스타 전략: MBA에서는 절대 가르쳐주지 않는 실전 경영법

간다 마사노리는 미국 최고의 비즈니스 스쿨을 졸업했지만, 그는 MBA에서 배운 전략으로는 실전에서 승리할 수 없다는 것을 깨달았다. MBA에서 가르치는 전략은 거대 기업을 위한 것이지 중소기업이나 1인 기업이 실전에서 활용할 수 있는 것이 아니다.

이 책에서 간다 마사노리는 '스타 전략'이라는 개념을 제시한다. 스타 전략이란, 치열한 경쟁에서 살아남는 것이 아니라 아예 싸우지 않고도 이기는 전략이다.

"작은 기업은 대기업처럼 싸우면 안 된다. 가격으로 승부하려 해도 반드시 진다. 전쟁터가 아닌, 자신만의 무대를 만들어라."

싸우지 않고 승리하는 1점 집중 전략

많은 기업이 매출을 올리기 위해 가격을 낮추고, 더 많은 고객을 확보하려 한다. 그러나 이 책은 완전히 반대의 전략을 제안한다.

· 중소기업은 큰 시장을 노려서는 안 된다.
· 모든 사람을 고객으로 만들려 하지 마라.
· 한 가지 핵심 제품이나 서비스에 집중하라.

유니클로가 플리스(Fleece) 하나로 시장을 장악했던 사례가 대표적이다. 유니클로는 다양한 제품을 팔았지만, 광고에서는 오직 플리스 한 가지 제품에만 집중했다. 그 결과, 소비자들은 유니클로=플리스라는 강력한 인식을 갖게 되었고, 브랜드를 각인시켰다.

"모든 것을 조금씩 하는 것이 아니라 한 가
지를 압도적으로 잘하는 것."

이것이 바로 간다 마사노리가 강조하는 1점 집중 전략이다.

가격 경쟁은 패배의 길이다

이 책에서 특히 강조하는 것은 가격 경쟁에서 벗어나야 한다
는 점이다. 많은 기업이 경쟁사를 이기기 위해 가격을 낮추지
만, 그것은 오히려 사업을 망치는 길이다.

"절대 가격 경쟁을 하지 마라. 가격을 낮출수록 고객은 당신의 가
치를 낮게 평가할 것이다."

대기업들은 시장이 성숙하면 가격을 낮춰 경쟁자를 죽이고
독점한 후 다시 가격을 올린다. 중소기업이 대기업과 같은 방
식으로 싸우면 결국 자멸할 수밖에 없다.

대신, 차별화된 가치를 만들어야 한다.

· 고객이 "왜 당신의 제품을 선택해야 하는가?"

· 경쟁사보다 더 매력적인 포인트는 무엇인가?

· 무엇을 줄 것이냐가 아니라 무엇을 줄 것처럼 보이느냐가 더 중요하다.

당신의 비즈니스도 '스타 전략'으로 바뀔 수 있다

필자는 이 책을 번역하면서 한국의 독자들에게 더 쉽게 전달하기 위해 노력했다. 특히, 부록에는 일본에서도 한 번도 소개된 적 없는 귀중한 세미나 내용을 담았다. 이 책이 1인 기업가, 코치, 컨설턴트, 소규모 사업가, 스타트업 창업자들에게 강력한 무기가 되기를 바란다. 지금 대한민국에서 사업하는 모든 사람에게 반드시 필요한 내용이라고 확신한다.

지금 당장 이 책을 펼쳐라.
읽고, 실행하고, 변화를 경험하라.
이 책이 당신의 비즈니스 전략을 완전히 바꿔놓을 것이다.

2025년 5월

서승범
간다 마사노리 전문가, 《비상식적 성공법칙》 번역가

60분
기업 최강
프로젝트

Preface 1

《60분 기업 최강 프로젝트》
한국어판 책을 선택해 주신 여러분께 감사드립니다.

상상해보세요.
단 60분 만에, 당신의 회사의 미래가 극적으로 변화한다면
어떨까요?
그동안 애매했던 비즈니스 전략이 놀랄 만큼 명확해지고, 고
객의 마음을 사로잡을 새로운 아이디어가 속속 떠오른다면….
이 책이 그 가능성을 실현시켜 드릴 것입니다.
제 목표는, 당신이 이 책을 손에 든 순간부터 새로운 도전에
대한 에너지를 얻어 "나도 할 수 있다!"는 자신감을 느끼게 하
는 것입니다.
저는 지금까지 일본에서 4,000개 이상의 기업과 함께 전략
을 발전시켜 왔습니다. 성과가 부진해 고통받는 경영자의 눈물
을 본 적도 있고, 한 가지 아이디어가 계기가 되어 극적인 반전
을 통한 성공을 이룬 순간을 함께한 적도 있습니다.
그 과정에서 확신한 것은 "비즈니스의 성패를 가르는 것은 경

쟁자가 아니라 고객의 마음을 사로잡는 힘"이라는 사실입니다.

지금 우리는 AI 본격화 시대라는 새로운 비즈니스 무대에 서 있습니다. AI는 방대한 데이터를 분석하고 업무를 효율화하는 강력한 도구이지만, 고객의 감정을 이해하고 마음을 움직이는 힘은 여전히 인간의 역할로 남아 있습니다. AI가 더욱 진화하는 지금의 시대에야말로, 고객의 감정에 공감하고 감동을 주는 메시지를 만들어내는 능력이 당신의 회사를 '압도적인 기업'으로 만드는 열쇠가 될 것입니다.

이 책에서 제안하는 '스타 전략 구축법'은 바로 그 능력을 향상시키기 위한 최적의 도구입니다.

한국의 비즈니스 환경을 살펴보면 많은 분들이 치열한 경쟁 속에서 차별화를 이루기 어려워하는 것으로 알고 있습니다. 또한 효율성과 자동화가 강조되는 반면, 마케팅 메시지가 빈약하여 고객의 감정에 도달하지 못하는 문제도 많이 있습니다. 이 책이 한국어판으로 출시된 것은 그런 상황을 바꿀 수 있는 중요한 기회가 될 것입니다.

'스타 전략 구축법'은 경쟁사가 아닌 고객을 중심에 두는 접근 방식입니다. 이는 단순한 이론이 아니라 제가 실제로 수많은 기업에서 성과를 만들어낸 실질적 프레임워크로서 확실한 결과를 가져다 주었습니다. 특히 한국의 독자들에게 주목할 부분은 '차별화 전략'입니다. 다른 회사를 모방하는 데 의존하지 않고, 당신만의 강점을 활용하여 고객의 마음을 사로잡는 방법을 구체적으로 배울 수 있습니다.

"60분 만에 무엇을 할 수 있을까?"라고 의문을 가질 수도 있습니다. 그러나 제가 이 방법을 제안한 기업들 중 다수는 단 60분의 작업으로부터 큰 변화를 시작했습니다. 고객의 감정을 분석하고, 거기에서 니즈를 발견하며, 최적의 타이밍에 마음을 움직이는 메시지를 전달하는 일련의 과정은 AI나 효율화 도구로는 대체할 수 없는 비즈니스의 핵심입니다. 이러한 '인간이기에 가능한' 전략이야말로 AI 시대에서 가장 강력한 무기가 될 것입니다.

더 나아가 이 책에서 제공하는 프레임워크는 행동을 통해 비로소 가치를 창출합니다. 성공은 재능이 아니라 행동의 축적에서 비롯됩니다. 성공하는 사람과 그렇지 못한 사람의 차이는 행동에 나서느냐 그렇지 않느냐의 차이일 뿐입니다. 이 책은 행동을 촉진하기 위한 구체적인 절차를 제공합니다. 단순히 읽는 것에 그치지 말고, 직접 손을 움직이며 시도해 보시기 바랍니다.

이제부터 당신의 비즈니스를 변화시키는 사람은 제가 아닌 당신 자신입니다. 하지만 저는 그 여정에서 가이드 역할을 맡아 최선을 다해 지원할 것입니다.

이 책을 손에 들었다는 사실은, 이미 당신이 변화할 준비를 마쳤다는 증거입니다. AI가 아무리 발전해도 '고객의 마음을 움직이는 힘'은 당신의 손 안에 있습니다. 이 책이 그 힘을 이끌어내어 한국의 비즈니스 사회에 새로운 변화를 가져오는 계기가 되기를 진심으로 바랍니다. 그리고 한국에서 세계를 놀라게 할 비즈니스 모델이 탄생하고, 더 많은 사람들이 풍요로운 삶을 누리는 미래를 상상하면 가슴이 벅차오릅니다.

자, 이제 단 60분간의 집중을 통해 당신의 비즈니스 가능성을 무한히 확장하고, 저와 함께 세계를 놀라게 할 기업을 만들어가는 여정을 시작해 보시겠습니까?

2025년 5월
천 리 길도 한 걸음부터
간다 마사노리

Preface 2

이 책이 출간되면 아마도 고객들의 거센 항의를 받을 수도 있겠다. 왜냐하면 이 책에서 설명할 전략 구축법, 즉 스타 전략 구축법은 한 사람당 24만 엔을 받고 가르친 내용이기 때문이다. 임원 교육의 경우 반나절 강의에 150만 엔을 받았다. 그런 내용을 단 1,600엔에 공개한다면 내 강의를 들은 고객들의 원성을 살지도 모른다. 비싼 강의료에도 불구하고 필자의 세미나는 개최될 때마다 자리를 모두 채웠으며 대기자도 늘어났다. 그 이유는 강의료의 몇 배나 되는 수익을 얻을 수 있었기 때문이다.

전략 구축법의 목표는 3년 안에 수익을 10배로 실현하는 것이다. 이 전략 구축법을 활용해 성과를 낸 일부 사례를 소개하고자 한다.

3년 전 세미나에 참가할 당시 매출은 8억 5,000만 엔이었지만, 1년 후에는 12억 엔, 2년 후에는 19억 5,000만 엔, 3년 후에는 34억 엔이 되었습니다. 그때 세미나에서 3년 후 수익이 10배, 20배가 될 것이라고 말했는데, 정말로 수익이 정확히 10배가 되었습니다.

– 티라이프 주식회사 우에다 신지 사장

전략 구축법을 실천한 지 반년 만에 계약 체결 건수가 3배로 증가했고, 1,000만 엔 규모의 리모델링 계약도 최근 1개월 동안 5건이 성사되었습니다. 1년 후에는 목표 매출액 10배 달성도 눈앞에 두고 있습니다. 국내 No.1 리모델링 중개 업체로서 기반을 착실하게 다지고 있습니다. — 주식회사 홈프로 스즈키 타카시 전무

현재 매출은 전년 대비 47% 증가했고, 이익도 전년 대비 4배 이상 증가했습니다. 결산일은 9월 30일인데, 약 8,000만 엔의 수익 증가가 예상됩니다. — 주식회사 켐프루 히로세 이치로 사장

매출은 전년 대비 1.8배, 총 이익률은 19.3%에서 24.3%로 상승했습니다. 또한, 개발부와 영업부가 서로 경쟁하면서 자율적으로 일을 처리한 것이 자신감으로 이어졌습니다.

— 주식회사 그란도루 이마에다 요시히토 사장

인원도 경험도 지식도 없는 상태였지만, 스타 전략 구축법을 접하고 머리가 뜨거워질 정도로 열심히 공부했습니다. 사장님께 꾸중도 들었지만, 그 결과 거래처 수가 1.58배, 수익은 2.3배 증가했습니다. — 주식회사 스타지오 자파호 23세 세일즈우먼

가장 큰 수확은 직원들의 의식 변화입니다. 한 직원(시바하라)이 자신의 변화를 통해 성과를 낸 덕분에 "나도 할 수 있다"라는 의식이 퍼지고 있는 것이 가장 기쁩니다.

– 주식회사 홈컴퓨팅 네트워크 가와무라 나오토 사장

사장님께서 "무엇이든 좋다. 나이나 직책에 관계없이 새로운 비즈니스를 제안하라."라고 말씀하셔서 자주 있는 기회가 아니라고 생각하고 바로 기획서를 제출했습니다.

– 이키이키 생활응원단 시바하라 단장

2000년도 신축 주택 수주 건수는 84건에 불과했으나 스타 전략 구축법을 채택해 전략을 수립한 덕분에 2001년도 신축 주택 수주 건수는 160건으로 증가하여 전년 대비 200%에 가까운 성장을 이뤘습니다. 전략을 180도 바꾼 결과입니다.

– 아스토모 홈 주식회사 아마노 타카유키 사장

3년 이내에 수익을 10배로 성장시킨 사례는 그리 많지 않다. 하지만 짧은 시간 안에 경영자뿐만 아니라 그 회사의 직원들까지도 전략적 사고를 갖게 되었다는 점은 필자에게 보람된 일이었다. 앞으로 그들은 사내 창업가로서 크게 성장해 나갈 것이다.

전략에 대한 책은 무수히 많다. 인터넷에서 '전략'이라는 단어를 검색하면 최소 6000여 권의 관련 서적이 나온다. 그러나 기업 전략에 관한 책들은 대부분 30년 이상 전에 개발된 경쟁 이론에 기반한 고전적인 내용이 많다. 디플레이션 경제나 IT 혁명의 영향을 크게 받고 있는 지금의 상황에 그대로 적용하는 것은 무리가 있다.

지금까지의 전략 이론은 성장 경제를 전제로 하고 있다. 고객이 이미 존재하고 상품에 대한 수요도 존재한다는 가정하에 전략이 세워졌던 것이다. 그래서 기업 전략도 어떻게 경쟁업체를 이기고 더 많은 고객을 확보할 것인가가 핵심이었다. 물론 지금도 경쟁 우위를 차지하기 위한 지식은 필요하지만, 그것만으로는 충분하지 않다. 현재는 고객도 없고 상품에 대한 수요도 없다. 경쟁업체 역시 고객이 없어 힘들어하고 있다. 그러므로 지금은 경쟁업체와 싸울 때가 아니라 시장을 창조하는 것이 먼저이다. 즉, 고객의 구매 욕구를 일으켜 수요를 창출하는 전략이 필요하다는 것이다. 이제는 경쟁업체가 아니라 고객이 적이다.

한번 생각해 보자. 현재 성공하고 있는 기업은 어떤 기업일까?

동종 업계와 경쟁하는 회사가 아니라 혼자서 성공을 거둔 회사이다. 고객에게 저자세로 일을 얻어내는 회사가 아니라 가만히 있어도 고객이 일을 의뢰하는 회사이다. 그런 회사들은 시장 내에서 독보적인 위치를 확보하고 고객에게 압도적으로 매력적인 상품과 서비스를 제공하고 있다. 이 책의 목적은 바로 여기에 있다. 가만히 있어도 고객을 매료시켜 고객 스스로 찾아오도록 하는 회사로 만드는 것이다. 이를 위한 전략을 단계별로 접근할 것이다.

이 책은 몇 가지 점에서 다른 전략서와 많이 다르다.

첫째, 이 책은 컨설턴트가 아닌 창업가가 쓴 책이다. 필자는 경영 컨설턴트로 불리는 경우가 많지만, 스스로 컨설턴트라고 생각하지 않는다. 창업가라고 생각한다. 현재 필자는 여러 회사를 경영하고 있으며, 이 모든 회사가 짧은 시간 동안 업계의 판도를 바꾸었다. 회사원 생활을 마치고 독립하여 컨설팅 사업에 뛰어들었고, 3년 만에 3,000개 이상의 고객사를 확보했다. 또한 속독 사업에 참여한 지 6개월도 되지 않아 『당신도 10배 빨리 책을 읽을 수 있다』(포레스트출판)라는 책을 출간하여 23만 부가 넘게 팔린 베스트셀러 작가가 되었다. 서점의 공부 서적

코너에 가면 '10배'라는 문구가 들어간
책이 많은데, 이들은 모두 나의 마케팅 전략
을 그대로 모방한 것들이다. 이처럼 짧은 시간 안에 업계의 지
도를 바꿀 수 있었던 비결은 이제부터 소개할 스타 전략 구축
법에 있다.

둘째, 이 책은 보통 규모의 회사를 대상으로 한다. 대부분의
전략서들은 MBA 과정에서 배우는 내용이나 대형 컨설팅 회
사가 제공하는 내용이 기반이 되는 경우가 많다. 하지만 이 책
의 대상 기업들은 대기업이 아닌 일반적인 규모의 회사들이다.
일본의 사업체 통계를 보면 일본 법인 기업의 95%는 직원 수
가 100명 미만인 회사들이다. 이 책은 이미 자리 잡은 대기업
이 아닌, 연매출 수억 엔의 보통 규모의 회사가 연 매출 10억
엔을 넘어서는 성장을 이루기 위한 전략을 설명한다.

셋째, 전략을 구축할 때 속도를 중시한다. 시간을 들여 분석
하는 것보다는 짧은 시간 안에 아이디어를 도출해 누구나 즉
시 실행하고 싶어질 전략을 만드는 것을 목표로 한다. 일반적
으로 전략을 수립할 때는 사실에 근거한 분석이 원칙이다. 사
실을 정확하게 분석하지 않으면 잘못된 결론에 도달할 수 있
기 때문이다. 그러나 미국에서 급성장한 100개사의 창업자들

을 설문 조사한 결과, 성공한 창업가들은 분석을 기반으로 한 비즈니스 계획을 중시하지 않았다. 창업 당시 비즈니스 계획이 전혀 없었던 회사가 41%, 봉투 뒷면에 낙서한 정도의 계획만 있었던 회사는 26%였고, 투자자에게 제시할 만한 완벽한 계획을 가진 회사는 단 5%에 불과했다.

실제로 성공하는 창업가는 완벽한 비즈니스 계획을 세우느라 시간을 낭비하지 않는다. 열정적인 아이디어를 실행하는 동안 이미 그들은 최강의 전략을 실천하고 있는 것이다. 그래서 이 책에서는 성공하는 창업가의 발상법과 사고 과정을 배우고, 분석에 중점을 두기보다는 짧은 시간 안에 사내 정보를 끌어내어 전략을 창조하는 과정에 중점을 둘 것이다.

넷째, 전략을 창조해 나가는 과정에서 전략적 사고를 익혀 상명하복이 아닌 팀 전체가 전략을 함께 고민하게 한다. 지금까지의 전략은 주로 분석에 중점을 두었다. 이것은 MBA 과정에서 경영을 배운 직원이나 컨설턴트가 밀실에서 만들어낸 전략이다. 이 전략은 논리적으로 타당하다 할지라도 사내에서 받아들여지지 않는 경우가 많았다. 사람은 논리로 움직이는 것이 아니라 감정으로 움직이기 때문이다. 논리적인 전략을 도입하려고 할수록 사내에서 받아들여지지 않는다. 이것은 과거의 자신이 부정되는 것처럼 느끼게 하여 변화를 두려워하게 만든다. 실행 가능한 전략을 구축하고 싶다면 직원들 스스로 전략을 세울 수 있도록 경영자는 코치 역할을 하는 것이 바람직하다.

60분 만에 전략을 수립할 수 있다. "그게 말이 돼?"라고 생각할지도 모른다. 확실히 상식적으로는 말이 안 되는 소리다. 하지만 잘 생각해보면 기발한 발상은 항상 순간적으로 떠오르는 법이다. 마치 하늘에서 떨어진 것 같이 말이다.

그렇다면 어떻게 60분 만에 남들이 생각하지 못한 전략을 수립할 수 있을까? 바로 고객의 감정을 바탕으로 하여 모든 회사 전략을 다시 살펴보면 가능하다. 흔히 고객의 관점에서 생각하라고 하지만, 구체적인 방법은 아무도 가르쳐주지 않는다. 필자는 이렇게 말하고 싶다.

"경쟁에서 이기려 하지 말고 이익의 모든 근원인 고객을 매료시키는 데 집중하라."

그렇게 하면 짧은 시간 안에 혁신적인 아이디어가 떠오른다.

이 전략 구축법은 신입 사원이나 파트타임 직원이라도 즐겁게 게임하듯이 실행할 수 있도록 단계별로 구성되어 있다. 복잡한 전략 이론을 일반적인 규모의 회사에 맞도록 간소화하여 누구든지 전략적 사고를 익힐 수 있도록 설계했다. 실제로 이 과정을 익히면 60분간의 브레인스토밍을 통해 사내에서 필요한 정보를 끌어내고, 두뇌 운동을 통해 최강의 전략을 창조할 수 있을 것이다.

전략 구축법을 마스터하면 도저히 팔릴 것 같지 않았던 상품도 완전히 새롭고 매력적인 상품으로 탈바꿈할 것이다. 이 책을 읽는 동안 자기 사업에 직접 적용해 보기를 바란다. 책을 다 읽고 나면 상상을 초월한 새로운 비즈니스 모델을 발견한 흥분으로 잠을 이루지 못할 것이다.

자, 이제 당신을 사내 영웅이자 독립 창업가로 나아가게 할 최강의 무기를 전수하겠다.

60분
기업 최강
프로젝트

Contents

60분 기업 최강 프로젝트

Part 3.
경영에 실패하는 이유 / 108

Part 4.
이상적인 고객을 만나는 방법 / 138

PART 1

덧셈이 아닌
곱셈으로 생각하라

① 상품

⑥ 메시지

③ 경쟁

② 고객

⑤ 타이밍

④ 수익 시뮬레이션

전략이 없는 회사

처음 컨설턴트로 독립했을 무렵, 한 기업체 사장이 상담을 요청해왔다.

"전략은 있지만, 구체적으로 무엇을 해야 할지 모르겠습니다."

"그렇다면 어떤 전략을 써야 하는지 알려드리면 되겠군요."

"네, 효과적인 전략만 있으면 그다음은 문제없습니다."

필자는 그의 말을 믿고 DM을 발송해보자고 제안했다. 결과는 대성공이었다. DM을 보낸 결과 전년도 1년간 확보했던 거래처 수를 석 달 만에 달성할 수 있었다. 매출을 올리는 것이 참으로 쉬웠다. 초보 컨설턴트였던 필자는 자신감이 넘쳤다.

그 뒤로 1년이 더 지나 그 회사로부터 연락이 왔다. 처음에는 좋았지만 매출이 급격히 떨어졌다는 것이다. 필자는 다시 그 회사를 방문해 영업 사원들과 미팅을 했다. DM 반응률, 제안 자료, 세일즈 토크 등을 점검했지만, 매출이 급락한 명확한 이유를 찾을 수 없었다. 그래서 이번에는 상품을 점검해 보았다. 필자는 당혹감을 감출 수 없었다. 매출이 떨어진 이유를 알게 된 것이다.

상품의 라이프사이클을 분석해 보니 그동안 매출을 이끌어왔던 주력 상품이 이미 성숙기에 접어들어 있었다. 이 상품은 이미 두 달 전에 정점을 찍었고 잘 버텨봐야 고작 6개월 남은 상황이었다.

"귀사의 상품은 이미 수명을 다했습니다."

영업 사원들 앞에서 차마 이렇게 말할 수 없어서 필자는 일부러 밝게 돌려 말했다.

"하하하, 아직 몇 개월은 더 갈 수 있으니 그동안 사장님께서 신상품을 개발해 주셔야겠네요."

이게 필자가 할 수 있는 최대한의 말이었다.

필자가 어리석었다. 경영자는 당연히 사업 전략을 가지고 있을 것이라고 착각했다. 하지만 현실에서는 대부분의 사장이 전략을 가지고 있지 않았다. 전략이 없는 회사라도 효과적인 전술을 제공하면 실적을 올릴 수 있지만, 그것은 일시적인 성과에 불과하다.

필자 역시 남의 일을 비웃을 수만은 없었다. MBA(경영학 석사)를 취득하고서도 실질적인 전략을 알지 못했다. 회사원 시절, 외국계 가전 회사에서 일본 지사장으로 일했던 때가 떠올랐다. 지사장이라는 타이틀은 멋졌지만, 현실에서는 단순한 영업 사원에 불과했다.

'에스키모에게 얼음을 판다'는 말이 바로 이런 경우일 것이다. 가전제품의 왕국인 일본에서 미국산 냉장고, 세탁기, 식기세척기를 판매해야 했기 때문이다. 외국계 회사에서는 실적을 올리지 못하면 쉽게 해고되었다. 동기들이 번듯한 은행이나 증권사에서 일하고 있는 것을 보면서 어떻게든 매출을 올려 살아남으려고 애를 썼다. 그 결과 틈새시장에 집중해 어느 정도 언론에 보도될 만큼 성공할 수 있었다.

당시 메인 상품은 거대한 냉장고였다. 품질은 훌륭했지만 팔기 어려운 제품이었다. 24만 엔짜리 냉장고를 팔기 위해 필사적으로 노력했지만, 판매한 후에도 냉장고가 너무 커서 집에 들어가지 않는다며 취소하거나 마음에 들지 않는다며 반품하기도 했다. 상태가 안 좋으면 연말에도 전화가 왔다. 수리 담당자와 연락이 안 돼서 MBA를 취득한 필자가 직접 수리를 나가야 했다. 파견 사원인 여직원까지 아침 7시에 출근해 밤 11시까지 일했다. 문제가 생기면 전화가 끊이지 않았다. 그럼에도 불구하고 현장에서 직접 체감하며 배우고 있다는 사실이 즐거웠다.

"이렇게 바쁘다는 것은 잘하고 있다는 거야."

필자는 자만했다.

그러던 어느 날, 한 영업 사원이 사무실을 찾아왔다. 그는 휴대전화를 무료로 준다는 말로 영업을 시작했다. 나쁜 조건이 아니어서 그 자리에서 계약했다. 계약서에 도장을 찍으며 영업 사원에게 커미션을 얼마나 받는지 물었다. 그는 몇만 엔의 커미션을 받는다고 했다. 그 말을 듣는 순간 필자는 입을 다물지 못했다. 손바닥만 한 것을 무료로 주기만 해도 몇만 엔을 벌 수 있다니, 땀을 뻘뻘 흘리며 거대한 냉장고를 판매했을 때와 같은 금액이었다.

그 순간, 필자는 사업 전략이 무엇인지 깨닫게 되었다. 전략이 잘못되면 바쁘기만 하고 수익이 적은 회사가 된다. 수익이 적으니 직원들의 월급도 적고, 직원도 직원의 가족도 만족하지 못한다. 일은 재미있을지 모르지만 일 이외에는 다른 삶이 없는 삶이 되는 것이다. 이것이 바로 전략이 없는 회사의 모습이다.

전략이 있는 회사

전략이 있는 회사는 쉽게 이익을 낸다. 어중간한 정도의 이익이 아니다. 승자와 패자가 갈라지는 상황 속에서 압도적으로 이익을 낸다. 고객을 매료시키는 회사가 되었기 때문에 굳이 영업을 나가지 않아도 고객이 줄을 서서 찾아온다. 일이 자동으로 들어오기 때문에 매달 자금 운용에 대해 걱정할 필요가 없다. 야근은 적고 월급은 많아진다.

전략이 있으면 짧은 시간 안에 업계 판도를 바꿀 수 있다. 존재감이 없었던 회사가 경쟁사가 알아채지 못한 사이에 업계 상위로 올라가는 방법, 그것이 바로 전략이다.

전략이 있는 회사의 예를 하나 소개한다.

나가노현 치노시에 있는 주식회사 엘하우스의 히라 히데노부 사장, 그는 건축 회사를 운영하고 있다. 필자가 그를 만난 것은 그가 아직 직장인이었을 때였다. 어느 날 그에게서 전화가 왔다. "건축비 절감 노하우 패키지를 만들어 독립하려고 하는데, 어떻게 생각하십니까?"라고 물었다. 나는 해볼 만하니 걱정말고 추진해보라고 조언했다. 그리고 두 달 후, 그는 실제로 독립했다. 독립한 지 석 달 만에 목표 연 매출을 달성했다.

자금이 마련되자 그는 필자의 세미나에 참가했다. 이번에는 원래 하고 싶었던 주택 건축업에 진출하고 싶다고 말했다. 경쟁이 치열한 업계이기 때문에 여러 방면에서 철저하게 검토하고 사업 전략을 세웠다. 우리는 그 전략에 따라 광고 전단지를 제작했다. 결과는 대성공이었다. 불과 2년 만에 업계의 판도를 바꿔놓았다.

독립한 첫해에 납세액 4천만 엔의 우량 기업으로 성장했고, 2년째에는 스와 지역 1위 건축 회사가 되었다. 상식적으로 이해되지 않는 성공이었다. 한평생 살 집을 지을 때 설립된 지 얼마 되지 않은 신생 회사에 맡길 수 있겠는가? 그는 직원들에게 이렇게 말한다.

"구걸하듯 영업할 바에는 건축 회사를 할 필요가 없다."

그는 업계의 일반적인 상식을 깨뜨리고 영업하지 않아도 고객들이 줄을 서는 건축 회사를 만들어냈다. 일반적으로 이런 성과를 올리면 사장은 자만하기 쉽지만, 히라 사장은 전혀 오만하지 않았다. 그는 회사의 미래를 정확히 예측하여 자신의 위치를 냉정하게 파악하고, 현재 해야 할 일에 집중했다.

또다른 전략 있는 회사의 예를 들어보자.

도쿄 무사시노시에 있는 주식회사 프로 액티브의 야마구치 데쓰시 사장은 건강 및 스포츠 관련 제품을 판매하며 통신 판매도 겸하고 있다. 그의 회사는 《주간 다이아몬드》의 특집 기사 '10년 후의 대기업'에도 소개된 회사로, 최근 몇 년간의 성장이 눈부시다. 1999년에는 1만 명에 불과했던 통신 판매 고객 수가 2000년에 2만 명, 2001년에 3만 명, 2002년에는 10만 명으로 급격히 증가했다.

점포에 들어가면 믿을 수 없는 광경이 펼쳐진다. 15평 남짓한 작은 점포에서 고가의 특수 티타늄 양말과 티셔츠가 빠르게 팔려나간다. 어깨 결림에 효과가 있는 수만 엔에 달하는 티타늄 목걸이도 고객들이 당연하다는 듯 구매한다. 1년에 수백만 엔어치를 구매하는 단골 고객도 많다. 할인 판매 경쟁에 치열한 매장 바이어가 보면 다른 세상처럼 느껴질 것이다. 성장하는 회사는 그 열기만 봐도 알 수 있다. 그렇다고 사장이 판매를 강요하는 회사는 아니다. 사장은 매우 온화하며, 직원들은 스스로 생각하고 움직이며 동료 직원들을 키워 나간다.

그러나 이렇게 성공한 회사들도 몇 년 전까지 고전을 면치 못했던 때가 있었다. 신뢰하던 직원들과의 갈등으로 직원들이 떠나기도 했다. 하지만 그는 리더십을 발휘해 상품 판매 우선순위를 재설정하고 매장을 매력적인 공간으로 변화시켰다. 고객들과 1대1의 관계를 구축하고, 스스로 학습하는 조직을 만들어 냈다. 그 결과, 전략과 전술이 조화를 이루어 고객과 직원 모두에게 매력적인 회사가 되었다. 이처럼 성공했음에도 불구하고 히라 사장과 마찬가지로 야마구치 사장 역시 한결같은 모습이었다. 벤츠 대신 여전히 오래된 자전거를 타고 회사를 다녔다.

전략이 있는 회사와 없는 회사의 차이는 무엇일까? 한쪽은 열기로 가득 차 있지만, 다른 한쪽은 자금 문제로 허둥대고 있다. 한쪽은 미래를 내다보고 대비하지만, 다른 한쪽은 일상 업무에 치여 위기에 처했을 때에야 비로소 문제를 깨닫는다. 이것이 전략이 있는 회사와 없는 회사의 현실이다.

직원 30명 이하의 회사가 비약하려면 전략이 필요하다

대부분의 회사들이 전략을 갖지 못하는 이유는 무엇일까? 란체스터 전략의 최고 권위자인 다케다 요이치에 따르면 일본의 중소기업 및 영세 기업 경영자들 중 전략을 제대로 공부하는 사람은 거의 없다고 한다. 전후 일본에서 돈을 번 기업들을 살펴보면 대부분이 토지나 주식의 자본 이익을 통해 부를 축적했을 뿐 실제 사업에서 큰 이익을 창출한 경우는 거의 없었다. 사업에서 이익을 낸 것은 오직 전략을 공부한 사람들뿐이었다고 한다.

현재 개인 사업자를 포함한 규모별 기업 비율을 보면 직원이 1~9명인 회사가 82%, 10~29명인 회사가 13%, 30~99명인 회사가 4%, 그리고 그 이상인 회사는 0.6%에 불과하다. 대부분의 회사가 직원 10명 규모에서 멈춰 그 이상으로 성장하지 못했다. 직원 10명 정도까지는 사장 혼자서도 회사 운영이 가능하다. 사장이 혼자 앞장서서 열심히 일하면 나머지 직원들도 따라가게 된다. 하지만 그 이상의 규모가 되면 사장 혼자서는 감당할 수 없다. 명확한 전략을 갖추지 않으면 직원들이 회사에 만족하지 못해 따라오지 않는다.

일본 전체 기업 중 95%를 차지하는 직원 30명 이하의 회사들은 적절한 전략을 세우고 실행하는 순간 크게 도약할 수 있다. 대부분의 경쟁사들이 전략에 대해 전혀 공부하지 않고 있으며, 무엇을 어떻게 해야 할지조차 모르는 상태이기 때문이다. 이런 상황에서 압도적인 성과를 내기 위해 특별한 능력은 필요 없다. 학력도 자격증도 필요하지 않다. 조금이라도 전략적인 사고를 하면 다른 회사들이 "불황이야"라고 한숨 쉬고 있을 때 단기간에 압도적인 우위를 점할 수 있다. 이는 마치 늑대가 양떼 속으로 덮치는 것과 같다.

MBA를 취득한 나도 전략을
이해하지 못했다

전략이라는 말이 너무 많이 남용되고 있다. 기업 전략, 사업 전략, 상품 전략, IT 전략, 인재 전략 그리고 커뮤니케이션 전략, 물류 전략 등 '전략'만 붙이면 그럴듯해 보인다.

진짜 전략이란 무엇일까? 이에 대해 정확히 답할 수 있는 사람은 거의 없다. 부끄러운 이야기지만, 필자 역시 MBA를 취득하고도 전략에 대해 제대로 이해하지 못했다. 필자는 매출 1조 엔의 미국 대기업에서 근무하면서 CEO에게 일본 전략을 발표하곤 했다. 지금에 와서 고백하자면 내가 알고 있었던 전략은 회의실에서는 빛을 발했으나 실제 현장에서는 아무 쓸모가 없었다. 상황을 분석하는 데는 유용했지만, 거기서 새로운 전략을 창출하여 실제로 돈을 벌기 위해서는 전혀 다른 사고 과정이 필요하다는 것을 깨닫지 못했던 것이다. 나는 진정한 의미에서 전략을 만들 수 없다는 것조차 몰랐다.

전략은 회의실에서 나오는 것이 아니라 커피숍에서 탄생한다. 멋지게 꾸민 프레젠테이션보다 커피숍의 종이 냅킨에 볼펜으로 대충 적은 것이 더 수익을 낸다. 적어도 몇억 엔의 이익을 창출한 사업들은 모두 그렇게 시작되었다.

전략은 어렵고 공부하지 않으면 세울 수 없다는 생각이 널리 퍼져 있는 것이 안타깝다. 전략을 배우는 데 시간을 쓰면서 전략을 세우는 것을 두려워하거나 실행에 주저한다면 본말이 전도된 것이기 때문이다. 진정한 전략은 회의실에서 논의되는 정적인 것이 아니라 생각만으로도 설레고 실행하고 싶어지는 동적인 것이다.

전략의 4가지 조건

그렇다면 실행 가능한 전략이 무엇인지 몇 가지 조건을 살펴보자.

전략이란 순서다

전략에 대해 가장 이해하기 쉽고, 또한 정확하게 정의한 것은 다음 페이지의 그림 〈1-1〉이다.

이 그림에서 보듯이 전략이 없는 회사는 무엇이든 닥치는 대로 한다. 반면에 전략이 있는 기업은 자사가 강한 분야를 신중히 선택하고 그 분야에 집중적으로 리소스(경영 자원)를 투입한

출처: 스코트 애덤스 지음, 《딜버트의 법칙》(아스키)

🧭 그림 1-1_ 전략은 순서다

다. 또한 전략은 경영진의 논의에서 끝나는 추상적인 것이 아니라 기업의 말단까지 침투해야 비로소 생명력을 가지게 된다.

전략이란 한마디로 선택하는 것이다. 그리고 선택한 것들의 우선순위를 정하는 것이다. 야마토 운수의 오구라 마사오 전 회장은 저서 《오구라 마사오 경영학》(니케이 BP사)에서 전략에 대해 다음과 같이 말했다.

"무엇이든 '최고'라고 말하는 사장은 '전술적 수준'의 사장이다. 우리 회사의 현재 상황에서 무엇이 첫째고 무엇이 둘째인지 명확히 제시할 수 있는 사장이 '전략적 수준'의 사장이다."

전략이란 순서다. 이 말이 당연한 것처럼 들리지만, 대부분의 회사에서는 목표의 우선순위를 설정하지 않는다. 물론 고객 만족이 가장 중요하고, 이익도 중요하며, 품질도 중요하다. 하지만 목표에도 우선순위가 없고, 방법론에도 우선순위가 없다.

전략이 없는 회사의 사장은 날마다 말이 달라지며 일관성이 없다. 리엔지니어링이 유행하면 그것에 빠지고, 캐시 플로우 경영이 유행하면 그 중요성을 강조하며, 원투원 마케팅이 유행하면 그것에 몰두하는 식이다. 즉, 여고생이 유행에 휘둘리듯 경영자도 유행에 휘둘리는 것이다.

"고객 만족을 최우선으로 한다"는 표어를 내걸고 있는 회사가 있다면 그 회사는 전략이 없는 회사의 전형이라 할 수 있다. 다른 회사들을 봐도 똑같은 전략 목표들이 나열되어 있기 때문이다. 다른 점이라면 수치뿐이다. 그렇기 때문에 회사의 목표를 옆 회사와 바꿔서 읽어도 알아차릴 직원은 거의 없을 것이다.

경쟁 우위에 서려면 본질적으로 타사와 차별화되어야 한다. 차별화되지 않는다면 고객의 입장에서는 경쟁사와 구분되지 않기 때문에 결국 가격 경쟁으로 빠지게 될 것이다.

경영 목표를 선택하고 집중하면 반드시 소홀히 하게 되는 부분이 생기게 마련이다. 소홀한 부분이 생기면 일부 고객은 불만을 느끼게 된다. 그래서 모든 고객을 만족시키는 것은 애초에 전략적인 사고가 아닌 것이다.

전략과 전술은 명확하게 다르다. 전술이란 영업상의 말하기 기술, 판매 촉진 프로모션, 광고·선전, 그리고 그에 사용되는 전단지나 DM 등의 도구를 말한다. 즉, 전쟁에서의 활이나 총 같은 무기와 같은 것이다. 반면에 전략은 다음과 같은 요소들을 일관성 있게 실행하는 계획을 의미한다.

- 무엇(어떤 상품)을 사용해 누구(고객 타깃)를 상대로 싸울 것인가?
- 싸움에 임할 때 어떤 진형(유통 방법, 영업 프로세스)을 취할 것인가?
- 어디에서 공격을 시작해, 다음에는 어디로 이동할 것인가? (모객 상품과 반복 구매 상품)
- 언제 싸움을 시작하고 언제 물러날 것인가?(진입 및 철수 타이밍)

즉, 전략이란 플랜이고, 전술은 그 플랜을 효과적으로 달성하기 위한 무기다.

전술을 레벨업하면 일시적으로 강한 회사가 될 수 있다. 예를 들어, 광고에서 "비즈니스 클래스 40% 할인"이라는 제목을 사용하는 것보다 "아직도 비싼 항공권을 이용하십니까?"라고 하면 후자의 제목이 압도적으로 좋은 반응을 얻는다. 이렇게 매출이 바로 오르기 때문에 눈앞의 이익에 집중하는 경영자는 전술적인 부분, 즉 전단지 문구 등의 변화에만 관심을 두게 된다. 실제 전장에서 싸우는 병사들도 무기를 잘 다루기 위해 노력하게 될 것이다.

이러한 노력은 분명히 필요하다. 하지만 만약 처음부터 무기 선택이 잘못되었다면, 예를 들어, B29 폭격기가 날아오고 있을 때 대나무 창을 사용한다면 아무리 노력해도 이길 수 없다.

회사가 전술적인 측면을 개선하면 단기적으로는 수익을 얻을 수 있겠지만, 전략이 없으면 그 성과는 복불복이 되어 곧 실적이 나빠진다. 통찰력이 부족한 회사는 경쟁사의 겉모습만을 연구하고 모방한다. 전단지나 DM을 베껴서 '이제 우리 회사도 성공할 수 있겠지'라고 생각한다. 참으로 안타까운 일이다. 원숭이처럼 전술만을 따라하는 회사가 오래가지 못하는 이유는 그 뒤에 있는 전략적 사고를 이해하지 못하기 때문이다.

진짜 뛰어난 경영자는 전략과 전술을 양쪽 바퀴라고 생각하여 일관성 있게 실행한다. 그런 회사는 압도적인 경쟁력을 가지게 된다.

전략이란 예측력이다

전 마이크로소프트 일본 대표였던 나루케 마코토는 인터뷰에서 이렇게 말했다.

"경영에서 목표를 갖는 것은 이로울 게 없다. 경영 계획의 수치를 달성하지 못하면 경영자로서 예측력이 없다는 것을 드러내는 것이고, 이미 경영자 자격을 상실한 것이다."

경영 컨설턴트 오마에 겐이치도 저서 《기업 참모》에서 이렇게 말했다.

"성공한 경영자의 이야기를 들으면 늘 놀란다. 그들의 의사 결정은 언제나 선견지명이 있다."

이처럼 뛰어난 경영자와 평범한 경영자를 구분 짓는 가장 핵심적인 능력은 바로 예측력이다. 이처럼 중요한 문제임에도 불구하고 많은 기업 전략론에서는 현재 상황을 분석하고 논리적으로 구성하는 것에만 집중할 뿐, 미래를 어떻게 예측할 것인지에 대해서는 거의 다루지 않는다. 전쟁에서 가장 중요한 결정은 언제 공격할지, 언제 후퇴할지를 판단하는 일이다. 물론 이에 대한 구체적인 답을 찾는 것은 결코 쉽지 않다.

많은 경영자들이 이 예측을 잘못하여 큰 실패를 맛본다. 실제로 경영을 하다 보면 10년에 한 번쯤은 연간 수익 1억 엔을 벌어들일 기회가 찾아온다. 하지만 그 같은 호재의 시기는 길어야 3년이다. 여름이 지나면 가을이 오고 그 후에는 겨울이 오는 것처럼 사업 환경은 반드시 변화한다. 그럼에도 불구하고 예측 능력이 없는 경영자는 그 시기를 자신의 능력 때문이라고 자만하여 이 시기에 회사 건물을 짓는 등 과도한 투자를 하게 된다.

공격할 때는 공격하고 물러설 때는 물러서는 것, 이런 예측을 기반으로 시나리오를 써 나가야 지속적인 성장이 가능하다. 정확한 예측 능력이 없다면 더 이상 전략이라 부를 수 없다.

우리가 추구하는 전략은 10%나 20% 성장이 아니다. 처음부터 이런 성장을 목표로 하면 기존 방식의 개선에 그칠 가능성이 크다. 전략은 패러다임의 전환이다. 몇 배의 성장으로 단기간에 업계 판도를 바꾸는 것이다.

업계 하위권 기업도 전략적 사고를 하면 경쟁사들이 모르는 사이에 틈새시장을 확보해 순식간에 선두로 올라설 수 있다.

주식회사 닛케이 골프는 홈페이지 제작 후 1년 만에 골프 회원권 인터넷 판매에서 1위를 차지하며, 업계 순위 18위에서 4위로 도약했다. 주식회사 홈프로는 리모델링 업계의 치열한 경쟁 속에 진입하자마자 인터넷 부문에서 최고의 포털 사이트로 자리 잡았다.

이들 기업이 "작년엔 이랬으니 올해는 이렇게 하자"는 식의 단계적인 사고로 이 위치에 오른 것이 아니다. 처음부터 '최고가 되겠다'는 명확한 의지가 있었기 때문에 여러 아이디어가 떠올랐고, 그 아이디어들을 실행에 옮길 에너지를 얻을 수 있었던 것이다.

전략가가 단 한 명만 있어도 업계의 경쟁 구도가 바뀐다. 디지털카메라 시장에서 제조사들이 서로 경쟁하는 동안, 가장 강력한 경쟁자는 디지털카메라가 탑재된 휴대전화를 들고 갑자기 등장했다. 이처럼 전략적인 기업은 오셀로 게임에서 한 번에 판이 뒤집히는 것처럼 시장의 판도를 완전히 바꿔버린다.

이상 네 가지 관점에서 전략에 대해 생각해 보았다. 전략이란 단순히 분석하는 것에 그치지 않고, 그 이상으로 창조하고 실행하는 것이 중요하다는 점을 알 수 있다.

60분 안에 전략을 세우지 못하는 경영자는 10년이 지나도 못한다

전략을 세우고 실행하기 위해서는 어떻게 해야 할까

단순히 시간을 많이 들인다고 해서 되는 일은 아니다. 한번 생각해보자. 과거에 뛰어난 발상을 했을 때 얼마나 시간이 걸렸는가?

그렇다. 뛰어난 발상은 한순간에 떠오른다. 업계를 크게 바꿀 만한 발상조차도 한순간에 번뜩 떠오른 것이다. 그런데 실제로 많은 회사에서는 좀처럼 좋은 아이디어가 떠오르지 않는다. 그것은 "혁신적인 발상은 그렇게 쉽게 나오는 것이 아니다"라든가 "우리 회사가 업계를 바꿀 만한 영향력을 가질 리가 없다"라는 고정 관념을 가지고 있어서 그렇다. 그러한 고정 관념이 장애가 되어 가슴 두근거리는 아이디어를 떠올리려고 하지 않는다. 이렇게 해서는 몇 년이 지나도 좋은 아이디어를 얻을 수 없다.

사실, 짧은 시간에 효율적으로 아이디어를 떠올리는 방법이 있다. 하지만 많은 회사가 그 방법을 전혀 모르고 있어서 좋은 아이디어의 싹을 미리 잘라버리는 경우가 많다.

그렇다면 그 방법은 무엇일까? 그 방법이 제대로 작동하려면 다음 세 가지 조건이 필요하다.

- 전략을 세우는 데 필요한 정보를 추출하기 위해 효과적인 질문을 던진다.
- 혁신적인 아이디어를 얻기 위해 일시적으로 혼란 상태를 만든다.
- 아이디어에 대한 주인의식을 가지고 스스로 즐겁게 실행에 옮길 수 있도록 한다.

이제 각각의 조건에 대해 자세히 설명해보겠다.

전략에 필요한 정보를 얻기 위한
효과적인 질문을 한다

전략을 세우려면 우선 필요한 정보를 얻어야 한다. 란체스터 전략에 정통한 다케다 요이치에 따르면 경영자가 전략을 구축하기 위해 필요한 정보의 50%는 고객에게, 25%는 경쟁사에 있다고 한다.

대기업들은 필요한 정보를 얻기 위해 막대한 자금과 오랜 시간을 들여 조사를 진행한다. 하지만 일반적인 회사는 현실적으로 조사에 투입할 자금도 시간도 부족하다. 그렇기 때문에 고객 및 경쟁사의 외부 정보와 항상 접촉하는 사내 직원들로부터 정보를 수집하는 것이 우선순위가 되어야 한다. 물론 사내 직원이 모르는 외부 정보도 존재할 수 있다. 하지만 파레토 법칙을 적용하면 핵심 20%의 정보로 80%의 성과를 얻을 수 있다. 따라서 20%의 핵심 정보로 80%의 설득력 있는 가설을 세우고 이후 검증하면 된다.

대기업은 사회에 미치는 영향력이 크기 때문에 작은 실수도 용납되지 않는다. 그래서 항상 100%의 정보를 얻기 위해 많은 시간을 들인다. 반면 일반적인 규모의 회사는 속도와 유연성이 가장 큰 무기이다. '완벽하지 않더라도 이 정도면 괜찮다'라고 결단을 내리고 움직이면 자금을 크게 들이지 않고도 신속하게 전략 가설을 구축할 수 있다. 여기서 중요한 것은 필요한 20%의 정보를 이끌어내기 위한 질문이다. 질문을 잘못하면 필요한 정보를 얻지 못할 수 있기 때문이다.

예를 들어, "우리 회사는 어떤 전략을 세워야 할까?"라는 질문을 사내 직원들에게 던져보자. 이 질문을 고객과 가장 가까운 파트타임 직원에게 해보면 침묵하거나 "이 사람이 무슨 소리를 하는 거야?"라고 이상하게 생각할 가능성이 크다.

질문과 답변은 거울에 비친 모습과 같다. 구체적인 질문을 하면 구체적인 답변이 돌아오고, 추상적인 질문을 하면 추상적인 답변밖에 얻을 수 없다. "어떤 전략을 세워야 할까?"라며 관리자의 시각에서 관리 용어로 질문하는 한, 회사 내부에서 적절한 답변을 이끌어내기 어렵다. 그러므로 질문을 보다 구체적이고 쉽게 풀어줄 필요가 있다.

"이 상품이 고객에게 정말 필요한가?"

"다른 상품과 비교해서 필요성을 10점 만점으로 평가한다면 몇 점일까?"

"이 상품을 구매하면 다른 상품도 함께 구매할 가능성이 높을까, 아니면 이 상품 하나만 구매하고 끝날까?"

이처럼 누구나 이해할 수 있는 구체적인 질문을 하면 시간제 직원이나 신입 직원이라도 답변할 수 있게 된다.

전문가의 사고 과정을 빌려라

　이와 같이 정보를 추출했다면 이제 다음 단계로 나아가야 한다. 즉, 판단을 내리고 전략을 창조하는 단계다. 이를 위해서는 전문 컨설턴트의 사고 과정(사물을 생각하는 순서)을 빌려오는 것이 효과적이다.

　뛰어난 컨설턴트나 경영자는 어떤 사업이 잘될지, 더 나아가 어떻게 하면 수익을 낼 수 있을지를 즉각적으로 알아차린다. 그들의 감각이 하도 뛰어나 "어떻게 그렇게 아십니까?"라고 물으면 대개는 '오랜 경험에서 오는 직감'이라고 대답한다.

　그렇다면 그 직감의 정체는 무엇일까?

　그들의 직감은 사업을 평가하는 데 필요한 질문들을 무의식적으로 다각도로 던지고, 그 결과를 평가하고 분석하는 과정에서 얻어진 것이다. 전문가가 무의식적으로 수행하는 다각적인 평가를 의식적으로 행함으로써 아마추어라도 고수 수준의 스킬을 익힐 수 있다. 구체적으로는 사업 평가에 필요한 질문을 적절한 순서로 미리 정해두면 된다. 이렇게 함으로써 뛰어난 컨설턴트의 사고 과정을 빌려올 수 있는 것이다.

　사고 과정을 명확히 함으로써 전략을 구축할 때 회사 내부에서 의견을 통일하기가 쉬워진다. 내부에서 의견이 통일되지 않는 큰 원인 중 하나는 사고 과정과 평가 기준이 다르기 때문이다. 회사의 회의에 참석해보면 매니저는 자신의 성과에 연결되는지의 관점에서, 영업 사원은 팔기 쉬운지의 관점에서, 접수 담당자는 불만 처리를 고려한 관점에서 평가한다. 그 결과 각자 자신의 입장만을 주장하게 되고, 결국 목소리가 큰 사람이 이기는 상황이 벌어진다. 이러한 불행을 피하기 위해서라도 직원 각자의 입장을 넘어서 공통된 사고 과정을 채택하고, 고객의 관점에서 평가하고 판단하는 기준이 필요하다.

고객을 매료시키기 위한 전략을 수립하는 것을 목표로 설정하고, 그 목표 달성에 적합한 질문을 준비하면 그룹 내에서 가장 짧은 시간 내에 답을 이끌어낼 수 있다. 이 사고 과정은 고객의 관점에서 바라보는 것이기 때문에 신사업, 상품 전략의 구축, 판촉 캠페인의 내용 결정, 전단지·DM 반응 예측 등 여러 형태로 활용할 수 있다.

기업의 관점에서 보면 사업 전략, 상품 전략, 프로모션 전략은 각각 다를 수 있다. 그러나 고객의 관점에서 보면 그 평가 방식은 모두 같다. 즉, 매력적으로 보이면 사러 가고 매력적이지 않으면 사지 않는다. 그만큼 고객의 관점은 단순하다. 고객의 반응을 얻는다는 목적에만 집중할 수 있다면 모든 전략을 공통된 사고 과정 및 평가 기준으로 구축할 수 있다.

혁신적인 발상을 위해 일시적으로
혼란스러운 상태를 조성한다

전략 수립을 위한 조건 ❷

훌륭한 전략을 세웠는지 여부는 금방 알 수 있다.

아이디어가 떠오르는 순간 가슴이 두근거린다. 생각만 해도 등골이 오싹해지는 느낌을 받기 때문이다. 아이디어를 이야기하기 시작하면 회의실 분위기가 바뀌고, 심지어 눈물을 흘리는 직원도 나온다. 그리고 해보고 싶다는 욕구가 생긴다. 분석보다 실행을 위한 뜨거운 토론이 시작된다.

이런 훌륭한 아이디어가 도출되기 전까지 전략 수립에 참여한 사람들의 머릿속은 항상 혼란스러울 수밖에 없다. 도중에 방향성이 보이지 않아 포기하기도 하고 프로젝트에 참여하는 멤버들끼리 다투기도 한다. "애초에 저런 사람을 이 프로젝트에 합류시킨 게 잘못됐다."는 목소리가 들리기도 한다. 이처럼 방향성이 보이지 않을 때가 가장 힘들다. 하지만 혼돈의 상태를 거치지 않고 훌륭한 아이디어를 기대하는 것은 불가능하다.

좋은 전략을 세우기까지 왜 이와 같은 혼란스러움이 나타날까?

당신이 뛰어난 아이디어를 생각해냈을 때를 떠올려보길 바란다. 예를 들어, 어려운 수학 문제를 풀다가 막혔을 때를 떠올려보자. "이제 안 돼, 피곤해"라고 말하며 잠시 멈춘다. 기분 전환을 위해 샤워를 하거나 친구와 이야기를 나눈다. 그러면 문득 아이디어가 떠오른다.

사실 영감이라는 것은 뇌의 신경회로 연결 방식에 의해 얻어지는 것이다. 우리가 생각할 때 상식적인 범위 내에서 해결할 수 있는 문제라면 이미 구축되어 있는 신경회로 안에서 화학 반응이 일어나면서 사고가 완성된다. 비유하자면 기차가 이미 깔린 선로 위를 달리는 것과 같기 때문에 아무 일 없이 순조롭게 앞으로 나아가는 것이다.

그런데 지금까지의 경험으로 파악할 수 없는 상황을 접하면 기존의 신경회로로는 답을 얻지 못한다. 순간 열차는 장애물에 부딪히며 흔들리게 된다. 그리고 기존 선로에서 벗어나더라도 장애물을 극복하려는 힘과 기존 선로에 머물려는 힘이 충돌한다. 즉, 지금까지의 사고의 틀에서 생각하려는 힘과 사고의 틀을 넘어선 발상을 하려는 힘이 부딪친다. 그리고 뇌 속이 매우 불안정하게 흔들리기 시작한다. 이것이 생각이 막히게 되는 상태다. 이 흔들림이 일정 수준 이상이 되면 기차가 탈선하는 것처럼 뇌의 기존 회로 연결 패턴이 깨진다. 이 상태가 바로 혼란이다.

이렇게 뇌에서 일어나는 일을 알면 지금까지의 사고 패턴으로 해결할 수 없는 문제를 처리하기 위해 혼란은 필연적이라는 것을 알게 된다. 압도적인 결과를 얻기 위해서는 압도적인 발상, 즉 상식의 틀을 뛰어넘는 발상이 필요하며, 이를 위해서는 지금까지의 사고 패턴을 일단 깨뜨려야 한다. 다시 말해 혁신적인 아이디어를 이끌어내기 위한 가장 중요한 작업은 기존의 사고 패턴을 파괴하는 것이다. 먼저 기존 패턴을 파괴한 후 새로운 신경회로를 구축한다. 새 집을 지을 때 낡은 집을 부수고 땅을 다듬은 후 건축을 시작한다. 이와 같은 과정이 뇌 속에서도 이루어져야 한다는 것이다.

문제는 어떻게 혼란 상태를 만들어낼 것인가 하는 것이다. 그러기 위해서는 다방면에서 수많은 질문을 던지면 된다. 전문가들이 무의식적으로 스스로에게 던지는 질문을 아무렇게나 던지도록 한다. 그러면 단시간에 정보 처리량을 넘어서는 대량의 정보가 모이기 때문에 당연히 머리가 혼란스러워진다.

여기서 주의해야 할 점은 혼란에 빠진 채로 방치하면 좌절할 위험이 있다는 것이다. '할 수 없을 거야', '알 수 없을 거야'라고 생각하며 돌파구를 마련하기 한 발 앞에서 포기해버릴 수 있다.

그런 좌절을 피하기 위해 혼란스러울 때는 긍정적인 변화가 일어나기 전의 신호라고 긍정적으로 평가하는 것이 중요하다. 그리고 논쟁이 막다른 지점에 도달했다고 느껴지면 그 문제에서 잠시 벗어나도록 한다. 아인슈타인이 연구 도중에 바이올

60분 기업 최강 프로젝트

린을 연주하러 갔던 것처럼. 훌륭한 아이디어를 내기 위해서는 집중해서 생각하고 풀어내는 리듬이 중요하다.

실행력을 높이기 위해서는 아이디어에 대한 주인의식을 키워야 한다
전략 수립을 위한 조건 ❸

좋은 전략이라 할지라도 실행 단계에서 주저하면 그 가치가 반감된다. 많은 전략이 계획 단계에서는 훌륭해 보이지만 실제 실행에 들어가면 주저하는 경우가 많다. 그림의 떡이 되는 것이다. 대부분의 사람들이 다른 사람의 제안을 그대로 실행하기보다는 자신의 생각과 결정으로 실행하는 것을 선호하기 때문이다. 특히 그 결과에 대한 책임을 져야 할 때 더욱 그렇다. 하지만 자신이 생각하고 결정한 것을 실행하는 데 아무런 위험도 없다면 그것을 마다할 사람은 없다

미국의 '아이파워 프로그램'을 예로 들어 보자. 이 프로그램은 마이크로소프트사보다 직원 1인당 수익이 더 높은 보드룸사의 창업자 마틴 에델슨이 피터 드러커에게 영감을 받아 만든 업무 개선 프로그램이다. 이 프로그램은 규칙에 따라 매주

각 사원은 자신의 책임 범위 내에서 두 가지 업무 개선 아이디어를 제출하도록 한다. 아이디어는 아무리 사소해도 상관없다. 예를 들어, '메모하기 위해 전화기를 책상 오른쪽에서 왼쪽으로 옮긴다'는 간단한 아이디어도 된다. 이처럼 작은 아이디어라도 꾸준히 제출하다 보면 큰 힘을 발휘한다. 그렇게 하면 직원 한 명이 100개가 넘는 아이디어를 내게 된다. 10명의 직원이 있는 회사라면 1년에 1,000개가 넘는 아이디어가 쌓이는 셈이다.

이 프로그램의 또다른 특징은 제출된 아이디어를 반드시 실행할 필요가 없다는 것이다. 실행을 강요하면 사원들이 부담을 느껴 프로그램이 실패로 돌아갈 위험이 있기 때문이다. 실행을 강요하지 않으면 많은 사원이 자발적으로 자신의 아이디어를 실현하게 된다. 필자의 경험에 따르면 실행을 강제하지 않아도 사원들이 제안한 아이디어의 약 60%는 실행에 옮겨졌다.

이러한 심리를 통해 볼 때 전략을 수립할 때는 상부에서 지시하는 아이디어보다는 개인이 스스로 발상하고 고안한 아이디어에 더 많은 가치를 두는 것이 중요하다. 특히 어려움을 겪고 이를 극복한 경험이 있는 사람일수록 자신의 아이디어에 더 깊은 애착을 갖게 된다. 고난을 겪으며 아이디어를 낸 사람은 그 아이디어를 더욱 소중히 여기며 성장시키려 한다.

결국, 실행 단계에서 주저하지 않는 전략을 만들기 위해서는 전략의 실제 실행 주체가 스스로 생각하고 결정할 수 있는 환경을 조성하는 것이 필수적이다. 이는 컨설턴트와 같은 제3자의 지시보다는 실행 주체 스스로의 결정에 의한 것이어야 한다는 것이다.

관리자뿐만 아니라 모든 직원이 사용할 수 있는 스타 전략 구축법이란

앞에서 우수한 사업 전략을 창조하기 위한 세 가지 기본 요건을 살펴보았다. 이 요건들을 포함한 전략 수립 프로세스가 바로 스타 전략 구축법이다. 이 방법은 고객을 매료시키는 사업을 만들기 위해 컨설턴트가 수행하는 다면적인 분석과 판단을 단계별로 진행하는 사고 시스템이다.

응용 방법은 간단하다. 시스템에서 정해진 순서대로 필요한 분석과 판단을 진행하면 창의적이면서 실행력 있는 전략을 수립할 수 있다. 스타 전략 구축법은 〈그림 1-2〉에서 보듯이 별 모양으로 구성되어 있다. 이 별 모양의 각 지점에 매겨진 번호 순서대로 사고를 확장해 나가는 구조이다. 첫 번째 단계인 '상품'을 검토하고, 그다음으로 '고객', 마지막으로 '메시지'까지 순차적으로 검토한다.

① 상 품
⑥ 메시지
② 고 객
③ 경 쟁
⑤ 타이밍
④ 수익 시뮬레이션

🧭 그림 1-2_ 스타 전략 구축법

위 여섯 가지 요소를 게임하듯이 단계적으로 수행하다 보연
사업 전략을 수립할 수 있다.

각 단계에서는 주로 그림을 활용하여 보다 세밀하게 분석하
고 판단한다. 그림을 사용하는 것은 발상력과 기억력을 향상시
키는 것으로 알려져 있으며, 이 방법은 게임처럼 즐기면서 참
여할 수 있어서 경영학을 공부한 경영자나 관리자뿐만 아니라
신입 사원, 파트타임 직원, 창업을 희망하는 학생 등 모든 사람
이 쉽게 접근하여 활용할 수 있다.

스타 전략 구축법의 주요 특징은 다음과 같다.

- 고객 감정을 중심으로 비즈니스를 다각도로 분석하고 경쟁사 극복보다는 고객 매료에 중점을 둔 전략을 단계적으로 수립한다.
- 전략을 수립하는 과정에서 회사 내부의 공감대를 동시에 확보하도록 설계되어 있다.
- 기발한 아이디어를 단시간에 생성할 수 있도록 주로 그림을 사용한 '두뇌 운동'을 설정해 놓았다
- 각 '두뇌 운동' 과정에서 모호한 대답이 나와도 문제가 되지 않으며 이 과정을 반복함으로써 혁신적인 아이디어가 자연스럽게 생겨난다.
- 비즈니스 모델 구축에서부터 전단지를 작성했을 때의 DM 반응률 평가, 전략 모델의 선택지 비교 검토, 대상 고객의 명확화 등 다양한 목적으로 사용할 수 있다.

단 20분 만에 어디까지 전략적 사고를 할 수 있을까?

이 사고 과정을 통해 여러 사례를 다루어왔다. 그런데 흥미로운 점은 모든 사례에서, 처음엔 해결이 어려워 보이는 문제

도 결국 예상 밖의 창의적 해결책을 찾아냈다는 것이다.

스타 전략 구축법으로 전략이 없던 기업들이 어떤 전략적 사고를 했는지 사례를 소개하겠다. 모든 사례에서 새로운 아이디어 도출까지 60분도 걸리지 않았고, 단 20분 만에 새로운 관점을 발견했다.

맥주 수입 회사

· 전략 수립 전 과제

이집트에서 수입한 맥주를 추가 비용 없이 버드와이저 수준의 매출을 달성하고자 한다. 그러나 이집트인들은 대부분 이슬람교도이므로 맥주를 마시지 않는다. 이 문제에 대해 당신이라면 어떻게 접근할까?

· 20분 후의 전략적 방향

단순히 맥주 판매를 목표로 하는 대신 이집트 피라미드의 유지 보수 운동을 시작한다. 맥주 판매 이익의 일정 비율을 피라미드 및 스핑크스 보수 작업에 할당한다. 그렇게 함으로써 이집트 대사관의 후원과 유명 고고학자들의 전폭적인 지원을 받는다. 매년 맥주 애호가들을 선발하여 이집트 여행에 초대하는 이벤트를 개최하기 위해 여행사와 협력한다. 이집트 맥주를 판매할 매장은 DM을 통해 개척하고, 시음용 맥주 세트를 비교적 저렴한 가격에 판매하는 전략을 고려한다.

리모델링 회사

• 전략 발상 전의 과제

우연히 기존 거래처에서 비교적 저렴하게 시스템 키친을 대량 구매할 수 있는 기회가 생겼지만, 이것을 어떻게 마케팅할지가 과제이다. 어떤 내용의 DM을 보내면 좋을까? 당신이라면 이 문제에 어떻게 접근할 것인가?

• 20분 후의 방향성

아무리 좋은 홍보물을 만들어도 겨울철 시스템 주방 판매는 적자 위험이 크다. 또한 현재 회사는 차별성이 없어 지속적 매출 창출이 어렵다. 그래서 리모델링 사업을 전면 재검토한 결과, 종합 리모델링이 아닌 노인 전문 리모델링 회사로 전환하자는 발상이 나왔다. 대상은 현재는 돌봄이 필요 없지만 향후 필요할 수 있는, 재정적으로 여유 있는 건강한 노인층이다.

이번 겨울엔 먼저 욕실 및 화장실 안전바 설치를 제안한다. 이를 시작으로 노인 맞춤 전문 상담을 제공하고 개별 상황에 맞는 리모델링 계획을 세운다. 뉴스레터 등을 통해 꾸준히 소통하며 관계를 돈독히 하고, 봄철엔 노후 욕조나 보일러 교체 수요를 창출한다. 또한 지역 요양 관리사와 협력해 지역 내 유일한 노인 돌봄 상담 전문 회사로 자리매김한다. 상호에 지역명을 넣고 '시민 리모델링 센터'로 명명한다. 이 모델이 성공하면 전국 가맹점 확대도 가능하다.

상조 회사

전략 발상 전의 과제

이혼한 사람들을 대상으로 한 '작은 결혼식' 상품이 인기를 끌고 있다. 마찬가지로 '작은 장례식'을 진행하면 인기를 끌지 않을까?

자, 당신이라면 이 문제에 어떻게 접근할 것인가?

20분 후의 방향성

장례업계는 주택 건축업과 같은 역사를 되풀이하고 있다. 현재 전국적으로 늘어나고 있는 대규모 장례식장은 앞으로 몇 년 내에 상당히 어려워질 것으로 예상한다. 앞으로는 투명한 가격 정책과 저비용 추세가 이어질 것으로 보이며, 그 이후에는 가정에서의 장례가 다시 유행할 가능성이 있다. 이러한 추세를 고려할 때 '작은 장례식'이라는 개념은 올바른 방향으로 볼 수 있다. 그러나 이혼 경험이 있는 사람들을 타깃으로 한 '작은 결혼식'과는 달리 장례식에서 '작은'이라는 단어는 고인에 대한 무례함으로 비칠 수 있어 오히려 기피할 위험이 있다. 따라서 이름을 복지나 상조라는 단어와 결합하여(예: 복지 장례, 상조 의례 등) 적은 비용으로 가능하다는 점을 명확히 전달할 수 있도록 해야 한다.

이 모든 사례에서 아이디어를 창출하는 데 걸린 시간은 20분이었다. 생각하는 과정이 체계적이면 해결하기 어려운 문제도 단시간에 해결책을 찾을 수 있다. 반대로 생각하는 과정이 명확하지 않으면 왔다갔다 하며 결국 같은 논의로 돌아가게 된다. 제품이 문제다, 아니 유통이다, 아니 DM이다 하며 논의는 전혀 진전되지 않고 누군가 지쳐 포기하기 전까지 계속된다. 20분 만에 해결할 수 있는 논의를 몇 년 동안 반복하는 회사도 드물지 않다.

스타 전략 구축법에 기반한 단계별 생각 프로세스를 사용하면 최단 거리로 최적의 전략에 도달할 수 있다. 필자의 사업을 생각해보면 단 몇 분의 시간 동안 기차에 앉아서 대충 쓴 방법이 향후 5년 간의 사업 방향을 결정하고 수억 원의 수익을 올린 것도 많다. 결국, 짧은 시간이라도 얼마나 집중해서 적절한 문제에 대해 생각을 해보느냐에 따라 경쟁력이 결정된다.

다면적으로 생각하면 왜 압도적인 경쟁력을 실현할 수 있는가?

많은 사람은 사업의 성공을 덧셈으로 생각한다. 노력하면 그 결과가 나타나고 좋아질 것이라고 생각한다. 하지만 성공적으로 팔리는 구조는 덧셈이 아니라 곱셈으로 결정된다.

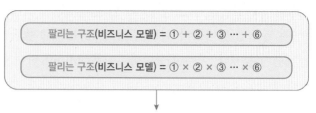

팔리는 구조는 곱셈이다. 덧셈이 아니다.
이 오해 때문에 언제까지나 팔리는 구조를 구축하지 못하는 회사가 많다.

예를 들어, 최고급 모피 코트를 판다고 하자. 품질도 뛰어나고, 목표 고객층도 뚜렷하며 경쟁력도 있다. 효율적인 유통망도 갖췄고 광고도 잘 만들었다. 하지만 여름에 판매하면 전혀 팔리지 않을 것이다. 다른 요소가 모두 완벽해도 하나라도 놓치면 100×0=0이 된다. 반면 모든 요소를 꼼꼼히 살피면 각각의 노력이 곱해져 큰 시너지를 낸다.

천재란, 이처럼 필요한 요소를 놓치지 않고 사물을 다면적으로 볼 수 있는 사람을 말한다. 2장부터는 이러한 천재의 머리를 빌려 여러분 회사의 사업 전략을 단계별로 검토해 나갈 것이다.

그럼 2장으로 넘어가기 전에 이 책의 활용법을 제안하고 싶다. 우선, 대충 한 번 통독해 보길 바란다. 스타 전략 구축법은 하나하나의 요소를 완벽하게 검토한 후에 다음 요소로 넘어가야 하는 것이 아니다. 오히려 모르는 것을 그대로 두고 다음 요소로 넘어가는 편이 낫다. 그렇게 함으로써 모르는 점, 장애가 되는 점이 명확해진다. 그 문제를 그대로 두면 머릿속에서 시너지 효과를 발휘하여 전혀 예상치 못한 아이디어가 떠오르기 쉬워진다. 그래서 '잘 모르겠다'고 할지라도 일단 전체적인 그림을 파악하는 것을 목표로 책을 한 번 통독하길 바란다.

두 번째 읽을 때는 검토할 제품(혹은 제품 카테고리, 또는 사업)을 정하고, 실제로 도표를 사용하면서 자신만의 '두뇌 운동'를 하며 읽는 것이 좋다. 그때 동료와 브레인스토밍을 하면서 진행하는 것을 추천한다. 짧은 시간 내에 혁신적인 아이디어가 나온다는 사실에 놀랄 것이다.

이제 본격적으로 스타 전략 구축법의 첫 번째 단계, 제품에 대해 설명하겠다.

1. 전략은 회의실에서 탄생하는 것이 아니라 카페에서 탄생한다. 깔끔한 프레젠테이션보다는 카페의 종이 냅킨에 볼펜으로 대충 쓴 것이 더 큰 이익을 가져다 준다.

2. 현명한 경영자가 있어서 회사가 성공하는 것이 아니다. 어리석은 사람도 성공할 수 있는 비즈니스 모델을 구축해야 한다.

3. 전략이 있는 회사는 쉽게 돈을 번다. 압도적으로 큰 수익을 내고, 단기간에 업계 지도를 새로 그릴 수 있다.

4. 전략을 단시간에 구축하는 비결은 필요한 20%의 정보를 끌어내기 위한 질문에 있다. 구체적인 질문을 하면 구체적인 답변을 얻을 수 있고, 추상적인 질문을 하면 추상적인 답만 돌아온다.

5. 탁월한 전략을 발견하기 전에는 그 전략 구축에 참여한 사람의 머리는 반드시 혼란스러워진다. 혼란 없이 탄생한 전략은 별로 좋은 전략이 아니다.

6. 탁월한 전략이 완성되었는지는 바로 알 수 있다. 그 아이디어를 얻는 순간, 설렘이 느껴진다. 그것을 생각하는 것만으로도 등골이 오싹해진다. 아이디어를 말하기 시작하자마자 회의실의 공기가 바뀌고 눈물을 보이는 직원조차 나타난다.

60분
기업 최강
프로젝트

PART 2

경영자는
미래를 예측할 수
있어야 한다

1 상품

6 메시지

2 고객

3 경쟁

5 타이밍

4 수익 시뮬레이션

아무리 뛰어난 경영자라도 모든 비즈니스를 성공시키지는 못한다

어느 날, 이발소에서 차례를 기다리며 대기석에 앉아 있다가 우연히 TV를 보게 되었다. 중국의 한 젊은 사업가의 성공 스토리를 다루는 프로그램이 방송되고 있었다. 그는 전용기를 타고 유럽의 성처럼 보이는 저택에서 살며, 부모님께는 넓은 정원이 딸린 호화로운 집을 선물하고 있었다.

"이 젊은 사업가는 도대체 무슨 일을 할까?"

그 궁금증을 남긴 채 광고 방송이 이어졌다.

자, 당신은 이 젊은 사업가가 무슨 일을 하고 있을 것 같은가? 아마 여러 가지 대답이 나올 것이다. 한약재 수출, 금융업, 종합상사 운영 등등. 당시 IT 버블이 절정에 달했던 시기였으니 필자는 빌 게이츠나 손정의처럼 컴퓨터 사업에서 성공했을 것으로 생각했다. 그런데 광고가 끝나고 나온 답은 예상 밖이었다.

그는 바로 에어컨 제조업체의 사장이었다. 에어컨? 그 말을 듣고 보니 그럴 수도 있겠다는 생각이 들었다. 하지만 필자는 다시 의문이 생겼다. 지금 이 시대에 마쓰시타 고노스케가 일본에서 에어컨을 판매한다고 해도 과연 그가 전용기를 탈 수 있을까? 당연히 그럴 수 없을 것이다. 아무리 천재적인 경영자라 할지라도 일본에서 에어컨을 팔아서 전용기를 타는 일은 불가능하다. 하지만 중국에서는 에어컨 사업만으로도 전용기를 탈 수 있다.

여기서 알 수 있는 것은, 사업에 진입하는 타이밍이 비즈니스 성공의 열쇠를 쥐고 있다는 사실이다. 진입 시점만 잘 맞추면 경영자의 능력과는 무관하게 마치 고속 에스컬레이터에 올라탄 것처럼 회사가 빠르게 성장할 수 있다. 한번 생각해보라. IT 버블이 일어나기 전에 휴대전화 판매업에 뛰어든 회사들은 눈깜짝할 사이에 크게 성장했다. 그때는 마치 수도꼭지를 틀면 물이 나오듯 누구나 쉽게 돈을 벌 수 있었다. 그러나 지금은 어떠한가? 그때 상장된 회사들은 대부분 빚을 갚는 데 허덕이고 있다. 상장 전과 마찬가지로 여전히 직원들을 독려하고 있지만, 그 목적은 더 이상 수익 증대가 아닌 빚을 갚기 위함이다.

흔히 기업의 실적은 경영자의 자질과 동일시되는 경향이 있다. 분명 장기적으로는 기업 실적의 99%가 경영자의 역량에 의해 결정된다는 점에 나도 동의한다. 하지만 단기적으로 보면 경영자의 뛰어난 능력이 비즈니스 성공으로 직결되지 않는 경우도 많다. 운 좋게도 성장하는 상품을 만나면 아무리 무능한 경영자라도 엄청난 이익을 낼 수 있기 때문이다.

동물적인 감각을 지닌 경영자가 성공한다

성공한 창업가들에게는 공통적인 특징이 있다. 한마디로 말해서 그들은 수익성 있는 기회를 발견하는 안목이 뛰어나다는 것이다. 이들은 성장 가능성이 있는 상품을 적시에 발견하고, 또 적절한 시기에 그 시장에서 철수하는 탁월한 판단력을 가지고 있다.

예를 들어, 과거 필자의 고객이었던 일본 마케팅실천협회의 소노 코사쿠는 컨설턴트로 독립한 지 3년 만에 연매출 100억 엔, 매출 이익률 45%를 기록했다. 그가 판매한 제품은 대만에서 수입한 DOS/V 머신이었는데, 퍼스널 컴퓨터 붐과 맞물려 빠르게 성장했다. 그는 가격 경쟁이 본격적으로 시작되기 전에 이미 그 사업에서 손을 떼는 놀라운 판단력을 보여주었다.

또 다른 사례로 주식회사 패스미디어의 스도 코지를 들 수 있다. 그는 NTT 전화 회선 판매 대리점을 시작한 지 2년 만에 연매출 10억 엔을 달성했다. 그의 수입은 거의 수수료 수익이었기 때문에 매출액 자체가 이익이었다. 진출 3년 만에 그는 전국에서 가장 성공적인 NTT 판매 대리점이 되었고, 직원은 단 두 명에 불과했다. 그러던 중 그는 "이제 싫증났다"며 지점을 폐쇄하고 다른 사업으로 전환하겠다고 선언했다. 놀랍게도 그가 철수하자마자 NTT의 판매 대리점 수수료가 70%나 줄어들었다.

이 두 사람의 공통점은 시장 진입과 철수 시점이 마치 계산한 듯 정확하다는 점이다. 그들은 의식적인 판단 없이 행동했다고 하지만, 사실은 돈에 대한 감각이 매우 예민했다. 이런 동물적인 감각, 즉 직관적 감각은 흔히 타고난 재능이나 운으로 여겨진다. "어떻게 그렇게 좋은 타이밍을 잡으셨나요?"라고 물으면 "직감이죠"라는 답변만 돌아온다. 하지만 이 '직감'은 누구나 쉽게 익힐 수 있다. 이 방법을 알게 된다면 사업 시작과 철수, 그리고 다음 사업 준비 시점을 적절하게 판단할 수 있다.

이 책에서 가장 중요한 부분은 아마도 지금부터 설명할 내용이다. 만약 당신이 이미 회사를 운영하고 있다면 이 한 가지 지식만으로도 수천만 엔, 심지어 수억 엔의 수익을 올릴 수 있을 것으로 확신한다.

스타 전략 구축법 제1단계는 상품이다

고객을 끌어들이기 위한 사업 전략을 세우기 위해 가장 먼저 검토해야 할 것은 상품이다. 본래 전략을 세울 때 핵심은 고객이며, 기업은 고객의 니즈와 욕구를 바탕으로 상품을 제안해야 한다. 하지만 실제로는 상품이 기업 경영의 기본이 된다. 상품 없이는 전략의 방향을 설정하기 어렵기 때문이다. 따라서 스타 전략 구축법에서는 첫 번째 단계로 상품을 검토한다. 그다음으로 고객을 분석한다.

적절한 상품을 선택하면 앞서 언급한 중국 청년 실업가의 사례처럼 다음 단계가 훨씬 수월해진다. 경영자의 능력에 크게 의존하지 않더라도 사업은 성장 궤도에 오르게 된다. 문제는 필자에게 컨설팅을 의뢰하는 사람들 중 약 80%가 이미 상품 선택 단계에서 실패한 경우가 많다는 것이다. 아무리 뛰어난 경영자가 열심히 노력하더라도 상품 선택에서 실패하면 그 사업은 이미 실패할 운명에 놓여 있는 것이다. 이처럼 상품 선택은 사업의 성패를 좌우할 정도로 중요한 요소이다.

이 책에서는 Part 2에서 상품 선택의 방법에 대해 설명할 것이다.

Part 2에서는 성장 곡선을 활용하여 상품(또는 사업)의 성장 가능성을 예측하는 방법을 다룬다. 이 방법을 통해 언제 시장에 진입하고 언제 철수해야 할지를 적절히 예측할 수 있게 된다. Part 3에서는 취급하려는 상품이 고객을 끌어들이는 매력이 있는지, 그리고 그 상품으로 수익을 창출할 수 있는 구조를 구축할 수 있는지에 대해 사전 분석과 판단 방법을 설명한다. 이를 통해 당신은 어떤 상품이 고객을 매혹시키고, 어떻게 팔리는 구조를 만들 수 있는지 알게 될 것이다.

라이프사이클에서 반드시 파악해야 할 점

상품을 결정했다면 이제 진출 타이밍을 예측해야 한다. 이를 위해서는 먼저 해당 상품이 라이프사이클상에서 어느 위치에 있는지 파악해야 한다. 상품의 라이프사이클에 대해 들어본 적이 있을 것이다. 하지만 이를 제대로 설명할 수 있는 사람은 많지 않다. 중요한 것은 라이프사이클을 통해 무엇을 해야 하는지를 정확히 파악하는 것이다.

모든 상품에는 도입기, 성장기, 성숙기가 있다. 이를 그래프로 나타내면 〈그림 2-1〉과 같이 S자 곡선을 그리게 된다. 그래서 흔히 이 곡선을 S곡선이라고 부른다.

많은 사람이 라이프사이클을 생각할 때 단지 도입기, 성장기, 성숙기라는 용어만 떠올린다. 그러나 중요한 것은 이 그래프를 어떻게 활용하느냐이다.

〈그림 2-1〉의 그래프에서 보듯 상품 매출(또는 수익)은 대부분 성장기에 왕성하게 이루어진다. 그래프 아래 면적을 매출 규모로 본다면 전체 상품 라이프사이클 중 약 80~85%의 매출이 성장기 동안 발생한다는 것을 알 수 있다. 반면, 도입기와 성숙기에서 발생하는 매출은 각각 7.5~10%에 불과하다.

라이프사이클을 제대로 이해하고 활용하는 것이 사업 성공

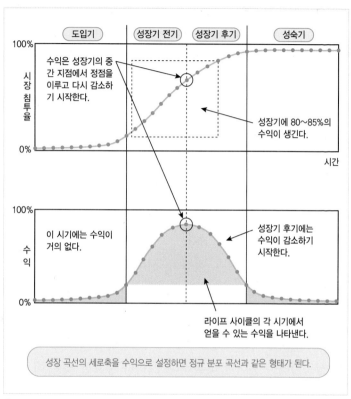

🧭 그림 2-1_ 상품의 라이프사이클을 나타내는 S곡선

의 핵심이다.

도입기

　도입기 상품은 아직 인지도가 낮기 때문에 시장에 널리 알리

　　　　　　　　　　　　　　　　　60분 기업 최강 프로젝트

려면 막대한 마케팅 비용이 든다. 또한 제품 개발 과정에서 실패할 확률도 높아 개발비 역시 상당히 소요된다. 다시 말해, 수익은 7.5~10% 정도에 불과하지만, 비용은 막대하게 들어간다. 따라서 이 시기에 시장에 진출하면 적자를 피하기 어렵다. 계절로 비유하자면 겨울에서 초봄에 해당한다. 이 시기에는 시행착오가 많을 수밖에 없으며, 대부분의 상품(또는 사업)은 싹을 틔우기 전에 이때 이미 사라지곤 한다.

성장기

시행착오 끝에 도입기에서 싹을 틔운 상품들이 있다. 이러한 상품이 본격적으로 성장을 시작하는 시기가 성장기다. 이 시기에는 2년 연속 두 자릿수 성장이 이루어지며 경쟁 기업들이 속속 진입해 오기 시작한다. 그러면서 가격 체계가 흔들리기 시작하는데, 이것이 성장기로 돌입했다는 신호이다. 이때부터는 설명이 필요 없이 고객들이 상품을 알아서 구매해 간다.

성장기는 전기와 후기로 나뉜다. 성장기 전기에는 별다른 노력을 기울이지 않아도 매출이 급격히 늘어난다. 미래에 대한 불안도 크지 않으며, 사업에서 가장 여유로운 시기다. 계절로 치면 봄에서 초여름에 해당되며, 회사는 활기로 넘쳐나고 고객들도 자연스럽게 몰려든다. 특별한 판촉 없이도 상품과 가격만 적힌 전단지를 돌리면 날개 돋친 듯 팔린다.

예를 들어, 얼마 전까지는 전단지 7,000장당 1건의 반응이 있었는데, 갑자기 1,500장당 1건으로 개선되면서 수익성이 확보되는 경우가 생긴다. 즉, 전단지 배포량이 늘어날수록 더 큰 수익을 얻을 수 있게 되는 것이다. 성장기는 신규 고객을 확보하기에 가장 적합한 시기로, 큰 비용을 들이지 않고도 쉽게 고객을 끌어들일 수 있는 시기다.

그러나 성장기 후반으로 들어서면 매출이 정점을 찍고 서서히 둔화되기 시작한다. 계절로 비유하자면 늦여름에서 가을에 해당하며, 전단지 반응률이 급격히 낮아지면서 미래에 대한 불안감이 생기기 시작한다. 그러나 시장 점유율이 높은 기업은 상품 인지도 또한 높기 때문에 이 시기에는 광고에 많은 비용을 들일 필요가 없다. 또한, 상품 개발 주기도 길어져 개발 비용이 크게 들지 않는다. 결과적으로 투자 규모가 작아지면서 수익을 거두는 수확의 가을로 접어드는 것이다.

성숙기

마침내 성숙기에 접어들면 시장 내에서 본격적으로 도태 과정이 시작된다. 시장 점유율이 낮은 소규모 회사나 차별화를 이루지 못한 회사는 시장에서 철수하기 시작한다. 계절로 비유하자면 겨울이다. 이 시기에는 고객의 관심을 붙잡기 위해 제품 개발 주기가 다시 짧아진다. 따라서 소규모 회사들은 이러한 변화에 대응하기 어려워진다.

라이프사이클로 비즈니스 모델을 작성하자

위에서 살펴본 것처럼 상품(또는 사업)의 라이프사이클을 파악하면 안정성과 수익성이 높은 비즈니스 모델을 구축할 수 있다. 그 방법을 고객 획득 비용의 관점에서 설명해보겠다.

여기서 말하는 고객 획득 비용이란 신규 고객 한 명을 확보하는 데 드는 비용을 의미한다. 광고 전단지나 DM 같은 판촉 비용과 영업 사원의 인건비 등 영업 관련 모든 비용이 포함된다. 그런데 신규 고객을 확보하는 데 드는 비용은 기존 고객이 재구매할 때 발생하는 비용보다 두 배 이상 높다. 비즈니스에서 세금 다음으로 큰 비중을 차지하는 비용이지만, 고객 획득 비용은 회계 장부에 별도로 기재되지 않는 경우가 많아 경영자들이 이를 간과하기 쉽다.

신규 고객 획득 비용이 높은 이유는 무엇일까?

사실 비즈니스에서 가장 어려운 작업 중 하나가 신규 고객을 모으는 일이다. 반면, 기존 고객이 재구매하도록 유도하는 것은 상대적으로 간단하다. 예를 들어, 한 번 가본 적 있는 레스토랑을 다시 찾는 것은 쉬운 일이지만, 잘 모르는 회사와 처음 거래할 때는 누구나 주저하기 마련이다. 따라서 가격, 품질, 서비스에 큰 불만이 없다면 기존에 거래한 회사와 계속 거래하고 싶어한다. 새로운 회사와 거래하기 위해서는 그 회사의 신용도와 상품 내용을 다시 조사해야 하고, 기대만큼의 결과를 얻지 못할 위험도 존재하기 때문이다.

실제로 신규 고객과 기존 고객에게 드는 판매 비용은 얼마나 차이가 날까? 예를 들어, 신규 고객에게 DM을 보냈을 때 반응률은 보통 0.5%다. 하지만 같은 DM을 기존 고객에게 보낼 경우, 반응률이 20~30%에 이른다는 것은 흔히 알려진 사실이다. 이를 통해 알 수 있듯이 신규 고객을 획득하는 비용은 기존 고객에게 판매하는 비용의 40~60배가 더 든다.

이제 비즈니스 구조를 어떻게 구축해야 할지 명확해진다. 그 방법의 요점을 정리하면 다음과 같다.

1. 성장기 초기에 진입하여 비교적 적은 판매 비용으로 신규 고객을 대량 확보한다. 이 기간의 키워드는 "팔고, 팔고, 또 팔아라!"이다.

2. 확보한 신규 고객과 긴밀한 관계를 형성하고, 재구매 체계를 강화한다. 재구매를 유도하는 상품은 반드시 처음에 판매했던 상품일 필요는 없다. 예를 들어, 녹차로 신규 고객을 확보했다면 재구매 시에는 건강 식품을 판매하는 식으로 확장할 수 있다.

3. 성장기 후반에는 기존 고객의 재구매로 인해 수익이 증가하여 사업 기반이 더욱 탄탄해진다. 이처럼 안정된 시기에 다음 성장기(봄)를 대비한 상품을 미리 준비한다.

4. 성숙기가 되면 광고 없이도 기존 고객의 재구매로 인해 상품이 판매된다. 즉, 광고 비용이 들지 않아 수익성이 높아진다. 이 시기에

60분 기업 최강 프로젝트

차기 상품이 싹을 틔우도록 준비하면 새로운 성장기를 맞이할 수
있으며, 적은 비용으로도 신규 고객을 확보할 수 있게 된다.

5. 이처럼 성장기 상품을 적절한 시기에 미리 준비하면 가장 비용 효
율적으로 신규 고객을 지속적으로 확보할 수 있다.

이 내용을 도식화한 것이 〈그림 2-2〉이다.

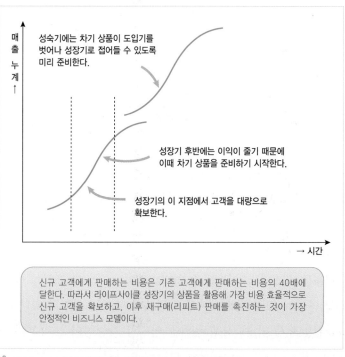

성숙기에는 차기 상품이 도입기를
벗어나 성장기로 접어들 수 있도록
미리 준비한다.

성장기 후반에는 이익이 줄기 때문에
이때 차기 상품을 준비하기 시작한다.

성장기의 이 지점에서 고객을 대량으로
확보한다.

신규 고객에게 판매하는 비용은 기존 고객에게 판매하는 비용의 40배에
달한다. 따라서 라이프사이클 성장기의 상품을 활용해 가장 비용 효율적으로
신규 고객을 확보하고, 이후 재구매(리피트) 판매를 촉진하는 것이 가장
안정적인 비즈니스 모델이다.

그림 2-2_ 라이프사이클에 기반한 비즈니스 모델 구축법

성장기는 과연 진입의 최적 타이밍인가

성장기는 경쟁이 치열해지면서 가격이 하락하는 시기다. 그래서 성장기보다는 성숙기에 진입하는 것이 더 낫다는 주장을 하는 사람도 있다. 물론, 성장기에는 가격이 하락해 수익률이 떨어진다. 하지만 그럼에도 불구하고 다른 시기와 비교했을 때 신규 고객을 확보하기 가장 쉬운 시기다. 신규 고객을 잘 관리하면 반드시 재구매로 이어진다. 비록 첫 영업에서 이익을 내지 못하더라도 재구매를 통해 더 큰 이익을 얻을 수 있다. 따라서 가격 하락으로 인해 수익이 적더라도 신규 고객을 많이 확보하는 것이 중요하다.

성숙기에는 아무리 노력해도 7.5~10% 이상의 수익을 기대하기 힘들다. 이 작은 수익마저도 많은 경쟁사들과 나눠야 한다. 물론, 경쟁사들이 스스로 시장에서 철수해준다면 다행이지만, 대부분의 경영자들은 과거의 성공에 안주하고 변화를 두려워하기 때문에 쉽게 물러나지 않는다. 따라서 성숙기는 수익성이 높은 비즈니스라고 할 수 없다.

최근에는 도입기에 시장에 진입해야 한다는 의견도 있다. 초기 진입자가 더 큰 경쟁 우위를 차지할 가능성이 높기 때문이다. 그러나 도입기는 겨울에 해당하며, 새로운 비즈니스 모델

60분 기업 최강 프로젝트

로 10번 시도하면 7~8번은 실패한다. 아무도 모르는 새로운 상품(또는 사업)으로 시장에 진입하면 상당한 어려움을 겪기 마련이다.

필자의 생각으로는 성장기 초기에 진입하는 타이밍을 놓쳤다면 차라리 도입기에 진입하는 것이 성공 가능성이 높다고 본다. 최근 들어 상품의 라이프사이클이 점점 짧아지고 있기 때문이다. 그러나 도입기에는 상품을 시장에 알리는 비용이 매우 크기 때문에 언론 보도나 기존에 알려진 상품을 활용해 고객 인지도를 높이는 전략이 필요하다.

상품(또는 사업) 수명을 예측한다

이제 사업의 장래성을 예측하는 방법을 알아보자.

우선, 〈그림 2-2〉의 그래프를 다시 한 번 살펴보자. 앞에서 언급했듯이 S곡선의 세로축을 이익으로 설정하면 정규 분포 곡선이 된다. 따라서 도입기, 성장기, 성숙기의 기간이 모두 동일해진다. 즉, 도입기가 얼마나 지속되었는지를 알면 성장기가 어느 정도 지속될지도 예측할 수 있다.

이것은 다음과 같은 간단한 계산을 통해 짐작할 수 있다. 우선 도입기에서 성장기까지의 기간을 파악한 후 성장기가 언제까지 지속될지를 예측한다.

이 상품은 언제 시장에 등장했는가

선발 업체가 이 상품(또는 사업)을 시장에 처음 내놓은 연도를 알아본다. 정확하지 않아도 되며, 대략 '이때쯤'이라는 정도로 충분하다.

다음과 같은 조짐이 언제쯤 나타났는가

• 같은 해에 경쟁 회사의 진출이 두드러졌다.
• 시장 가격이 하락하기 시작했다.
• 눈에 띄게 성장했다.(2년 연속 두 자릿수 성장을 기록)
• 별다른 광고 없이 상품 문의가 늘었다.
• 광고 전단지 반응률이 급격히 높아졌다.

도입기의 연수 = ② - ①

예를 들어, 도입기가 3년 지속된 상품(또는 사업)은 그 후 성장기와 성숙기도 각각 3년 정도 지속될 수 있다. 도입기의 시작을 0년으로 가정하면 성장기는 3년 차부터 시작되고 성장기의 정점은 4.5년 차가 된다. 따라서 고객 획득 비용이 가장 낮고 신규 고객을 확보하기 쉬운 시기는 3년 차부터 4.5년 차까지라는 사실을 알 수 있다. 그리고 4.5년 차 이후 1.5년이 지나면 성숙기로 접어들게 되므로 이때부터 다음 시기를 준비해야 한다.

S곡선을 보면 유행이 빠른 상품은 유행이 끝나는 것도 빠르다는 사실을 알 수 있다. 이는 많은 사람이 경험적으로 알고 있는 사실이다. 예를 들어, 한때 전국적으로 유행했던 〈단고 3형제〉라는 노래가 있었다. 이 노래는 혜성처럼 등장해 큰 인기를 끌며 단기간에 밀리언셀러가 되었다. 악보나 티셔츠 같은 관련 상품들도 날개 돋친 듯 팔렸다. 한때 그 인기에 편승해 제과점마다 단고(경단)를 진열장에 내놓기도 했다. 그러나 이 열풍은 몇 개월 지나지 않아 사그라들었고, 이제 와서 그때의 열광을 떠올리며 의아해하는 사람들도 많다.

또한 그보다 몇 년 전에는 '다마고치'라는 상품이 일대 붐을 일으켰다. 이 열풍은 해외로까지 퍼졌고, 생산이 수요를 따라가지 못해 웃돈을 주고서야 구할 수 있을 정도였다. 그러나 붐이 꺼진 후 마지막 생산분이 대량 재고로 쌓여버리면서 결국 적자로 이어졌다고 한다. 만약 라이프사이클을 바탕으로 상품 수요를 정확히 예측할 수 있었다면 엄청난 수익을 올렸을 것이다.

사업의 계절성을 무시해도 실패한다

다마고치처럼 사업의 계절성을 고려하지 않아 실패하는 경우는 적지 않다.

한 건강 식품 판매 회사의 사례를 살펴보자. 이 회사는 광고 전단지 반응률이 급격히 감소하자 내게 컨설팅을 의뢰해왔다. 0.35%를 유지하던 반응률이 0.13로 떨어졌고, 이 상태로는 수익성을 맞출 수 없어 각 지점이 폐쇄 위기에 처했다고 했다. 그런데 같은 상품을 판매하는 다른 회사는 같은 0.13%의 반응률에도 매우 만족했다. 전국적인 판매망으로 확대할 타이밍으로 여겨 기뻐하는 것이었다. 광고 전단지 반응률이 같은 0.13%인데도 왜 이처럼 상반된 결과가 나타났을까? 이것이 바로 예측력이 있는 회사와 없는 회사의 차이다.

예측력이 없는 회사는 현재 자신이 라이프사이클의 어느 단계에 있는지 파악하지 못한다. 그래서 반응률이 0.35%였을 때 그 상태가 오래 지속될 것이라고 착각한다. 고객 수와 거래처가 급격히 늘어나면서 주문 처리에만 급급해진다. 직원들은 일손 부족을 호소하며 인원을 늘려달라고 요구하고, 거래처는 새 지점을 요청한다. 이에 경영진은 직원과 거래처의 요구에 따라 확장이라는 치명적인 실수를 저지르게 된다. 이는 사업이 가을로 접어드는 시기였기 때문이다.

광고 전단지 반응률이 하락하기 시작하면 이미 손쓸 수 없는 시점이다. 사업은 방정식과 같다. 반응률이 높을 때는 매출이 급성장하지만, 방정식이 무너지면 고정 비용이 무겁게 부담되며 현금 유출이 커져 사업이 순식간에 붕괴한다.

이 사례는 여름에서 가을로 넘어가는 시기를 잘못 판단해 어려움을 겪은 것이다.

반면에, 사업을 확장해야 할 시기를 놓쳐 성장 기회를 잃은 회사도 있다. 한 식품 회사의 경우, 감정 마케팅 기법을 사용해 DM을 작성하고 판매점 개척에 나섰다. 반응률이 7%에 이르렀으나 더 높은 반응률을 위해 필자에게 컨설팅을 요청했다. 필자는 DM 반응률을 높이는 방법에 대해 언급하지 않았다. 이미 7%는 매우 높은 수준이었기 때문이다. 대신 전국의 슈퍼마켓에 DM을 보내는 것이 중요하다고 조언했다. 이 상품으로 신규 판매점을 개척할 수 있는 시간은 1년에서 1년 반밖에 남지 않았으니 지금부터 신상품 준비를 시작해야 한다고 말했다. 그러나 회사 측은 내 조언에 불만을 느끼고 다시는 상담을 요청하지 않았다.

이 사례들에서 배울 수 있는 교훈은 때를 맞춰 확장하고 멈출 때는 멈출 줄 알아야 한다는 것이다. 리듬의 강약을 잘 조절해야 한다. 그러나 예측력 없이 경영하면 사업의 계절 변화에 대응하지 못하고 실패하게 된다. 또한, 사장이 예측력이 있더

라도 이를 직원들에게 제대로 전달하지 않으면 치명적인 실수
를 범할 수 있다.

S곡선은 하나의 회사에도 완벽하게 적용된다

한 회사에 적용해 보더라도 S곡선은 놀랍도록 완벽하게 들
어맞는 경우가 많다. 다음은 주식회사 무사시노 악기의 야마하
노부유키가 정리한 보고서다. 중소 규모의 회사들이 직면하는
과제를 일목요연하게 정리했기 때문에 여러 모로 참고가 될
만하다.

나 자신과 회사의 위치를 라이프사이클로 확인해보았습니다.

- 저는 악기 산업에 종사하고 있습니다. 주요 사업은 악기 판매, 음악
교실 운영, 피아노 조율이며, 회사는 야마하의 특약점(판매 회사)으로
설립되었습니다.
- 우리 회사는 올해로 제38기 결산일을 맞이했습니다.
- 그래서 제1기부터 제37기까지의 재무제표를 꺼내어 37년간의 상
품 매출과 교실 수입을 각각 파악해 보았습니다.
- 취급하는 주요 상품은 야마하의 피아노와 전자 악기입니다. 야마하

(YAMAHA)라는 브랜드는 일본 최초의 피아노를 출시한 창업자 야마하 토라쿠스의 이름에서 유래했으며, 1900년을 상품 도입기로 간주했습니다.

- 이러한 자료를 바탕으로 도입기, 성장기, 성숙기에 해당하는 성장 곡선을 작성했습니다.
- 성장 곡선은 회사의 최고 상품 매출 연도를 기준으로 작성했습니다.
- 악기 산업 전체의 데이터는 아직 조사하지 않았습니다.
- 우리 회사의 최고 매출은 1975년 전후로 이루어졌습니다. 국내 악기 산업의 시작을 1900년으로 보았기 때문에 이를 기준으로 도입기가 끝나는 시점을 계산할 수 있습니다(다음 페이지의 계산식 참조).
- 이렇게 회사의 재무제표를 기반으로 업계의 성장 곡선을 예측할 수 있습니다.
- 우리 회사의 각 기별 상품 매출액을 이 그래프에 적용해도 유사한 결과를 얻을 수 있습니다. 2000년 후반으로 갈수록 하락세가 더욱 뚜렷할 것입니다(1963년 설립 이후 2001년 현재까지).

지금의 제 나이 40세에서 20년 후인 60세를 생각해보면 아버지가 40세에서 60세였을 때와 비교했을 때 수익 구조는 크게 악화되었습니다. 더구나 제 장남(5세)이 20년 후 25세가 되었을 때는 말할 것도 없습니다.

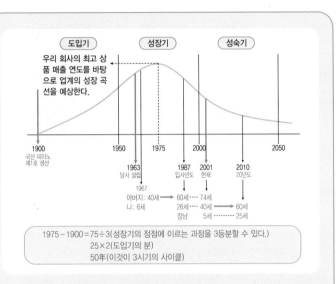

지금 악기 산업은 그야말로 성숙기에 접어들었다고 할 수 있습니다. 악기 판매는 신제품, 중고품 할 것 없이 가격 경쟁이 치열해져 제대로 된 경쟁이 이루어지지 않고 있습니다. 음악 교실 수입은 상품 매출과 비교했을 때 아직 완만한 하락세를 보이고 있으나 26년 전과 비교하면 약 80% 수준입니다. 이것도 현재 물가로 환산하지 않았을 때의 수치로, 환산하면 더욱 낮아질 것입니다.

아버지가 40세였을 때의 10년은 아마도 장밋빛 인생이었을 겁니다. 오래된 피아노 제조업계 선배들의 이야기를 들어보면 "그때는 정말 별 걱정이 없었다. 팔려고 마음만 먹으면 팔 수 있었지. 한 사람이 한 달에 20~30대씩 쉽게 팔았으니 어느 점포를 가도 영업 사원이 가득했어. 직원을 더 고용하면 매출이 더 늘었으니 참 좋은 시절이었지"라고 합니다.

나도 40세인데, 과연 아버지처럼 장밋빛 인생이 펼쳐질까요? 현재 상태로는 절대 그럴 리가 없습니다. 지금과 같은 방식으로 회사를 운영한다면 업계 자체가 무너지지는 않겠지만, 내 생활은 더욱 어려워질 것입니다. 그렇다면 내 아내와 아이들은 어떻게 될까요?

이 생각이 들자마자 내 사고방식이 변화했습니다.

사고방식이 변화하니 생각이 자유로워졌습니다.(특히 나처럼 2대째 경영하는 사람은 더더욱…) "아버지가 세운 회사를…" 또는 "이렇게 하다가 회사를 망치면 아버지께 어떻게 얼굴을 들지?"라는 생각으로 스스로를 채찍질할 필요가 없다는 걸 깨달았습니다. 물론, 회사를 이 정도로 키워주신 아버지께 깊이 감사하고 있습니다. 하지만 앞으로 이 회사가 어떻게 될지에 대해서는 확신할 수 없습니다(아마 변화를 겪겠지요).

다만 한 가지 확실한 것은, 간다 선생님이 지금까지 가르쳐 주신 것을 바탕으로 아버지가 물려주신 이 회사를 통해 실험하고 시행착오를 겪으며 성장해볼 것이라는 사실입니다. (후략)

이 보고서에는 성장기의 특징을 분명히 보여주는 두 가지 주목할 만한 대목이 있다.

첫 번째는 야마하가 인용한 부분으로, 업계 선배가 그에게 했던 말이다.

"그때는 정말 아무 걱정이 없었지. 팔려고 마음만 먹으면 팔수 있었거든. 한 사람이 한 달에 20~30대는 가볍게 팔았으니까, 어느 가게를 가도 영업 사원들로 북적였지. 직원을 더 고용하면 매출이 더 늘었으니 정말 좋은 시절이었어."

이 말은 성장기를 경험한 사람들이라면 누구나 할 수 있는 감상이다. 하지만 야마하는 이러한 장밋빛 인생이 창업 2대째 인 자신에게는 불가능한 현실이라는 것을 정확하게 파악했다.

두 번째는 다음과 같은 대목이다.

"이 그래프에서 내 나이 40세와 20년 후의 나이인 60세, 그리고 우리 아버지가 40세에서 60세였던 시기를 비교해 보면 수익 구조가 엄청나게 악화되었음을 알 수 있습니다. 하물며 제 장남(5세)이 20년 후에 25세가 되었을 때는 더 말할 필요도 없습니다."

야마하의 비즈니스에 대한 통찰력은 매우 뛰어나며, 그의 보고서는 무사시노 악기뿐만 아니라 현재 대부분의 일본 기업들이 직면한 문제를 잘 드러내고 있기 때문에 주목할 만하다.

나는 지금까지 '생존이 불가능하다'는 생각을 해본 적이 없다. 그것은 잘못된 생각이다. 과도한 부채만 없다면 수입이 줄어도 충분히 살아갈 수 있다. 다만 부모에게서 받은 풍요로운 삶과 교육의 혜택을 다음 세대에게 물려주기는 어려울 것이다. 양극화가 진행되는 상황에서 스스로 하위층이 되는 현실을 받아들여야 하며, 내가 누렸던 여유를 자녀에게 똑같이 베풀지 못한다는 자부심의 상처도 극복해야 한다.

"하지만 나는 자부심이 있다. 양극화 시대에 나는 상위층을 향해 갈 것이다."

60분 기업 최강 프로젝트

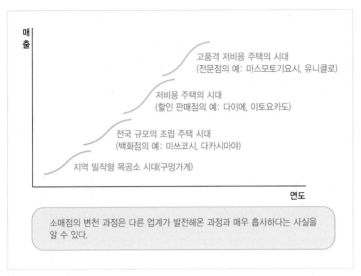

매출

고품격 저비용 주택의 시대
(전문점의 예: 마스모토기요시, 유니클로)

저비용 주택의 시대
(할인 판매점의 예: 다이에, 이토요카도)

전국 규모의 조립 주택 시대
(백화점의 예: 미쓰코시, 다카시마야)

지역 밀착형 목공소 시대(구멍가게)

연도

소매점의 변천 과정은 다른 업계가 발전해온 과정과 매우 흡사하다는 사실을
알 수 있다.

그림 2-3_ 주택업계의 발전 과정

이런 각오를 하고 있다면 몇 가지 방법이 있다. 사실 라이프
사이클이 성숙기에 들어갔다고 해서 낙담할 필요는 없다. 성숙
기에 들어섰다면 다음 S곡선을 그리면 된다.

새로운 S곡선을 이끌 신상품은 대부분 기존 상품이 성숙기
에 접어들었을 때 시장에 등장한다. 이를 주택업계에 적용한
것이 〈그림 2-3〉이다.

이처럼 하나의 S곡선이 끝나면 동시에 새로운 S곡선이 시작
되며 업계는 진화를 거듭한다.

〈그림 2-3〉에 나타난 주택 산업의 진화 과정은 일본의 슈퍼

마켓 역사와 유사하다. 처음에는 작은 구멍가게들이 있었고, 이것은 미성숙한 업종에서 흔히 볼 수 있는 특징이다. 미성숙한 업종에서는 명확한 가격과 상품 구색만으로도 경쟁력이 생긴다. 이것이 백화점으로 진화하는 과정이다.

백화점 방식의 라이프사이클이 한 번 돌고 나면 이번에는 더 저렴한 가격을 제공하는 할인점이 등장한다. 그래서 이토요카도나 다이에와 같은 대형 슈퍼마켓이 주목받았던 것이다. 그리고 이 S곡선이 지나가면 이제 특정 목적에 맞춘 전문점이 등장한다. 유니클로, 마쓰모토 키요시 등이 그 대표적인 예다. 이후에는 단순히 상품을 판매하는 것으로는 한계에 이르고, 이른바 체험형 매장이 등장한다. 이것이 바로 비너스포트나 엑스피아리 같은 엔터테인먼트와 융합된 점포다.

이와 같은 진화 과정은 다른 업종에서도 마찬가지로 나타난다. 인감 체인점, 차 정비 체인점, 리폼 체인점, 경판금 체인점, 사진 DPE 체인점 등에서도 이런 진화가 이루어졌다. 이러한 업계의 진화 과정을 이해하면 미성숙 업종만 봐도 다음 비즈니스 기회가 어디에 있는지 예측할 수 있다. 따라서 미성숙 업종은 사실상 보물이 가득한 배라고 할 수 있다.

비즈니스가 성숙기에 접어들었을 때
어떻게 해야 할까

앞서 살펴본 것처럼, 비즈니스가 성숙기에 들어서더라도 새로운 S곡선을 그릴 수 있다면 사업을 지속할 수 있을 뿐만 아니라 새로운 수익원도 창출할 수 있다. 성숙기에 들어섰을 때는 사업을 철수하는 시기가 아니라 새로운 S곡선을 그리라는 신호이다. 이를 위한 몇 가지 방법을 소개한다.

방법1: 전문화한다

앞서 소매점의 진화 과정을 통해 알 수 있듯이 다이에, 이토요카도와 같은 할인 판매점들이 성장 둔화를 겪자 마쓰모토키요시와 유니클로 같은 전문점이 등장하여 새로운 성장 곡선을 그렸다.

리모델링 업체를 예로 들어보자. 종합 리모델링 업체의 경우, 앞으로는 마루나 문짝 등 특정 분야에 전문화하여 광고 전단지를 배포하거나 증개축과 같은 고급 리모델링에 집중하여 새로운 고객을 확보해야 한다.

많은 경영자가 전문화를 하면 상품 종류를 줄여야 한다고 착각하는데, 이는 잘못된 생각이다. 먼저 마루나 문짝에 특화해

적은 비용으로 고객을 모집한 후, 다른 리모델링 분야로 확장해 나가면 된다. 즉, 전문화된 접근으로 시작하면 그 이후에 상품의 종류가 많아져도 전혀 문제가 되지 않는다. 마쓰모토 키요시가 약국으로 출발했지만, 지금은 다양한 상품을 취급하는 것과 같은 이치이다.

방법 2: 더 빠른 속도로 상품(또는 서비스)을 제공한다

소비자들은 상품을 더 빨리 받고 싶어한다. 따라서 제공 시간을 단축하면 새로운 성장 곡선을 그릴 가능성이 높아진다. 예를 들어, 예전에는 사진 현상을 맡기면 다음 날 찾는 것이 당연했지만, 이제는 한 시간 이내로 가능해졌다. 차량 검사도 마찬가지로 가격 경쟁이 심화된 이후, 60분 차량 검사, 점심시간 활용 차량 검사와 같은 상품들이 등장했다.

이처럼 빠르게 제공하는 방식은 일시적으로 고객 유치에 유리할 수 있지만, 진입 장벽이 낮아 경쟁자가 쉽게 따라할 수 있다. 따라서 이러한 방식으로 새로운 S곡선을 그리더라도 그 수명이 짧아질 가능성이 높다.

방법 3: 패키지 상품을 판매한다

견적이 복잡한 업계에서는 패키지 가격을 제안함으로써 새로운 성장을 이끌어낼 수 있다. 전부 합쳐 얼마라는 방식으로 가격을 단순화하면 고객은 더 안심하고 구매할 수 있게 된다. 예를 들어, 100엔 숍이나 모든 안경 1만 엔 같은 매장들이 이러한 방식을 사용하고 있다.

최근 성공 사례로는 리모델링 업계에서 '유사 신축'이라는 상품이 있다. 이는 증개축 리모델링 상품이지만, 기존의 증개축 상품과 비교하는 대신 신축 주택과 대비하여 신축 주택의 3분의 1 가격으로 리모델링할 수 있다는 메시지를 강조한 것이다. 결과적으로, '유사 신축', '차별화 신축'과 같은 경쟁 상품들이 등장하면서 증개축 시장이 새로운 성장 곡선을 그리기 시작했다. 이러한 흐름이 언제까지 지속될지 예측해보는 것도 흥미로울 것이다.

방법 4: 성장 중인 매체에 편승한다

성숙기에 접어든 상품을 취급하는 회사가 성장 중인 매체에 진출하면 새로운 S곡선을 그릴 수 있다.

최근의 예로는 거의 알려지지 않았던 온라인 판매 화장품 DHC가 편의점에 진출한 뒤, 단기간에 전국적인 브랜드로 자리 잡은 사례가 있다. 또한, 냉동 라면이나 우동을 제조하는 회사도 편의점 유통을 통해 단번에 도약한 경우이다. 또한, 이와이 증권은 거의 알려지지 않았던 중견 증권사였지만 인터넷 거래로 특화하면서 급속히 성장해 사이버 거래 부문에서 최고 자리에 올랐다.

방법 5: 게으른 사람들의 욕구를 충족시킨다

현대 소비자들은 번거로움을 싫어한다. 머리를 많이 쓰지 않고 최소한의 노력으로 생활하고 싶어하는 욕구가 크다. 이런 욕구를 충족시켜 불편함을 없애는 아이디어로 성숙한 상품이 다시 성장하는 경우가 있다. 예를 들어 단밤은 성숙 상품의 대표적인 예였지만, 2000년대에 껍질을 벗긴 단밤이 등장하자 다시 큰 인기를 끌었고, 2002년에는 대부분의 슈퍼마켓이나 대합실 매점에서 판매되었다. 또한, 린스와 샴푸를 하나로 결합한 린스 인 샴푸도 같은 맥락에서 성공한 상품이다.

방법 6: 비용을 대폭 절감한다

리사이클 리모델링은 유사 신축처럼 기존 설비, 즉 욕조와 세면대 등을 도장과 코팅 기술로 새것처럼 만드는 방법이다. 이 방법은 새로운 설비로 교체하는 것보다 3분의 1의 비용으로 동일한 효과를 낼 수 있다. 다만, 시공 기술이 보편화되지 않아 성장기에 도달하려면 시간이 더 필요하지만, 성장 궤도에 오를 가능성이 크다. 필자도 이 분야에 관심을 두고 지켜보고 있다.

한편 피부 미용 업계에서는 레이저 제모의 S곡선이 2000년경에 정점을 찍을 것으로 예상되었고, 오래가도 2001년 여름까지일 것이라는 예측이 있었다. 실제로 2000년 여름, 가격 경쟁이 심화되면서 기존 가격으로는 고객 유치가 어려워졌다. 이

때 겨드랑이 제모 가격을 13만 엔에서 5만 엔으로 대폭 인하하자 고객 수가 약 10배 가까이 증가했다. 이 예는 성숙한 상품을 되살리는 방법은 아니지만, 라이프사이클의 변화 시기에 소비자의 가격 민감도가 크게 변한다는 점에서 발 빠르게 대응하면 고객을 다시 끌어올 수 있다는 것을 보여준다.

방법 7: 차별화된 상품으로 특화한다

성숙기에는 저비용 상품과 고급화 상품으로 양극화가 진행된다. 고급화 노선을 선택할 경우, 상품의 차별성을 제대로 전달하지 않으면 판매가 어렵다. 예를 들어 평당 29만 엔의 저비용 주택은 광고 전단지만으로도 고객의 반응을 얻을 수 있지만, 평당 100만 엔에 육박하는 고급 주택은 단순한 전단지로는 고객을 끌어들일 수 없다. 고급 주택의 차별성을 제대로 전달하려면 카탈로그나 소책자를 제작해 더욱 자세한 정보를 제공해야 한다.

이러한 책자를 활용한 영업 방식은 바이블 판촉법이라고 불리기도 하지만, 실제로 소비자에게 상품성을 올바르게 전달하고 싶은 회사에는 영업 효율이 높은 방법이다. 이렇게 고급화된 상품에 특화하고, 그 특성에 맞는 마케팅 모델을 선택하면 성숙한 시장 내에서도 틈새시장에서 안정적인 위치를 확보할 수 있다.

피터 드러커는 저서 《넥스트 소사이어티(Next Society)》에서 NPO(비영리 조직)가 앞으로 더욱 성장하여 기업을 대신하는 커뮤니티 조직이 될 것이라고 예견했다. 필자 역시 이에 전적으로 동의한다. 앞으로는 사회적 책임을 다하는 회사만이 고객을 끌어들이는 전략을 제시할 수 있을 것이다.

실제로, 현재 일본에서 NPO를 설립하거나 운영하는 데는 세무상의 이점이 거의 없다. 따라서 NPO 법인이 널리 확산되기까지는 시간이 더 걸릴 것이다. 하지만 NPO 법인 형태가 아니더라도 일반 기업이 사회적 책임을 내세우면 그 이점을 충분히 누릴 수 있으며, 이는 기업이 성장 궤도에 오를 가능성을 크게 높인다.

사회적 책임을 전면에 내세운 대표적인 사례로는 영국 출신 아니타 로딕이 설립한 더 바디샵(The Body Shop)이 유명하다. 이 회사는 제3세계의 빈곤을 돕기 위해 제3세계에서 생산된 재료를 사용한 화장품과 생활용품을 판매하며 사회적 책임을 다하려는 목적을 갖고 있다. 설립 후, 이 회사는 빠르게 전 세계적으로 이름을 알리게 되었다.

사회적 책임을 내세운 기업 메시지는 쉽게 전달되고 오랫동안 기억에 남는다는 장점이 있다. 덕분에 입소문을 통해 빠르게 퍼질 뿐만 아니라 언론의 주목을 받아 효율적인 고객 유치가 가능해진다.

모든 회사는 사회적 책임을 다하는 회사로 전략을 전환할 수 있다. 예를 들어, 채소를 판매하는 회사가 다음과 같은 캐치프레이즈를 내세운다고 가정하자.

"우리는 제철 채소와 과일을 통해 가족의 유대와 건강을 증진하는 데 전력을 다합니다. 이를 위해 우리는 건강 철학에 부합하는 생산자들과만 거래하며, 양심적인 농가의 경제적 지위 향상을 위해 노력합니다."

이렇게 회사 정체성을 재정의하면 단순한 채소 판매 회사에서 건강 산업으로 변신할 수 있다. 이러한 기업은 영리 사업체라기보다는 사회 공헌형 기업으로 인식된다. 자본주의에서 기업은 본래 주주의 이익을 극대화하는 비즈니스 모델을 따르지만, 사회적 책임을 다하는 회사는 자신의 기술을 통해 사회적 공헌을 사업화하는 새로운 비즈니스 모델을 제시하는 것이다.

비약하는 회사는 파도를 탄다

이처럼 성장 곡선이 한 번 순환하더라도 다양한 방법을 통해 새로운 성장 곡선을 그릴 수 있다. 이러한 방식으로 성장 곡선을 갈아타며 사업을 확장하는 것은 마치 서핑을 하며 파도를 타는 것과 같다. 파도를 타는 데 능숙한 회사 두 곳을 소개해보 겠다.

지난 20년 동안 가장 빠르게 성장한 운송 회사라면 당연히 야마토 운수를 꼽을 수 있다. 야마토 운수는 1976년에 택배 사 업에 진출했다. 이 회사는 택배 업계에서 강력한 경쟁 우위를 가지고 있었지만, 성숙기에 도달할 즈음에는 어김없이 새로운 상품을 출시했다. 예를 들어, 1983년에는 스키 택배, 이듬해인 1984년에는 골프 택배를 출시했다. 배송 체제는 동일하지만, 계절적 변화를 고려하여 상품 이름을 다르게 한 것이다. 1986 년에는 콜렉트 서비스(대금 회수 및 결제 대행 서비스)를, 1987년에 는 쿨 택배(냉동·냉장이 필요한 물품 택배 서비스)를 시작했다.

이처럼 어떤 상품이 성숙기에 도달하면 야마토 운수는 새로 운 상품을 성장 궤도에 올려놓음으로써 지속적인 성장을 실현 해왔다. 다른 운송 회사들은 야마토 운수의 성숙기 전략을 간 파하지 못하고 그저 뒤따르기만 했고, 예측력이 없었기 때문에 언제나 뒤처졌다.

또 다른 예로, 베이커리 레스토랑으로 유명한 산 마르크가 있다. 산 마르크는 가족 레스토랑 가격으로 풀코스 디너를 제 공하면서 성공적인 사업 모델을 구축했다. 레스토랑 내부에서 는 라이브 피아노 연주가 제공되고 호텔 레스토랑 같은 고급 스러운 분위기를 자아내지만, 가격은 패밀리 레스토랑 수준이 었다.

60분 기업 최강 프로젝트

최근에는 베이커리 레스토랑과 별개로 '홋카이 시장'이라는 회전 초밥 브랜드로도 진출했는데, 회전 초밥 시장이 성숙기에 접어들었음을 충분히 인식하고 있었다. 보통 회전 초밥점에서는 생선회를 3번 냉동·해동하여 제공하지만, 홋카이 시장은 단한 번만 냉동하고 매장에서 직접 해동하여 제공함으로써 신선도를 유지하며 차별화에 성공했다.

산 마르크는 최근에는 카페 사업에도 적극 진출했다. 커피한 잔에 180엔이라는 합리적인 가격을 제시하면서도 카페 내부에는 호텔처럼 안락한 소파와 라이브 피아노 연주를 제공한다. 성숙기에 접어든 카페 시장에서 한 단계 높은 차별화를 통해 새로운 성장 곡선을 만들고 있다.

이처럼 산 마르크는 각 업종이 성숙기에 접어드는 시기를 정확히 포착하여 고급화 전략을 통해 차별화하면서 새로운 성장 곡선을 그리는 데 성공했다. 다음 성장 곡선을 예측하고 진출 타이밍을 놓치지 않으면 계속해서 파도를 탈 수 있는 것이다.

야마토 운수의 오구라 전 회장과 산 마르크의 가타야마 사장은 보는 사람들로 하여금 탄성을 자아낼 만큼 훌륭한 전략을 실행해왔다. 이들이 비약적인 성장을 지속하는 것은 매우 당연한 결과다.

지금까지 설명한 것처럼 시장 진출 타이밍만큼이나 상품의 수명이 다했을 때 그 타이밍을 정확히 예측하는 것이 중요하다. 그러나 이와 같은 타이밍 예측은 그동안 경영 전략에서 거의 다뤄지지 않았다. 이는 S곡선을 기반으로 하지만, 그 예측이 직감에 많이 의존하기 때문에 아카데믹한 경영 전략에서는 받아들여지지 않았기 때문이다.

또한, 전통적인 경영 전략론은 1970년대 자본주의 경제 성장기 한가운데에서 만들어졌고, 당시 사업 라이프사이클은 지금보다 훨씬 길었다. 당시의 경제 환경에서는 사업의 계절성이 지금처럼 빠르게 변하지 않았고, 예측의 중요성도 지금만큼 크지 않았다. 그러나 지금은 사업 라이프사이클이 점점 더 단기화되고 있다. 최적의 진출 시기가 불과 몇 개월에 지나지 않는 경우가 많아졌고, 그 짧은 시기에 모든 힘을 쏟아부어 다음 성장 기회를 준비해야 한다. 계절을 예측하지 못하는 경영자는 베짱이와 같다. 베짱이는 여름 내내 게으름을 피우며 놀면서 열심히 일하는 개미를 비웃는다.

"이봐, 개미들! 자네들은 왜 항상 바쁘게 일만 하는 거지? 이렇게 더운 여름엔 좀 놀아도 되잖아."

베짱이 경영자는 클럽에서 시간을 보내고, 고급차를 타고 다닌다.

그러나 개미는 대답한다.

"말도 안 되는 소리! 지금이야말로 열심히 일할 때지. 겨울이 오면 아무리 일하고 싶어도 할 수 없으니까."

겨울이 찾아오자 베짱이는 먹을 것이 없어서 결국 개미에게 도움을 청한다.

"개미님, 너무 배고파 죽을 지경입니다. 양식을 조금 나눠 주실 수 있나요?"

개미는 말한다.

"겨울을 준비하지 않고 매일 놀러 다니기만 하더니, 우리는 겨울을 대비해 날마다 열심히 양식을 쌓아뒀지. 그런 중요한 양식을 놀기만 했던 자에게 나눠 줄 순 없네."

그리고 개미는 문을 세게 닫아버린다.

이 우화가 시사하는 것처럼 베짱이 같은 회사는 다음 성장 궤도에 오르지 못하고 결국 문을 닫게 되는 것이다.

1. 단기적으로 보면 경영자의 뛰어난 능력과 비즈니스 성공은 반드시 일치하지 않는다. 운이 좋아 성장할 상품을 만나면 아무리 무능한 경영자라도 비약적으로 성장할 수 있다.

2. 전체 사업 중 80~85%의 매출은 라이프사이클의 성장기에서 이루어진다. 나머지 7.5~10%의 매출은 도입기와 성숙기에서 발생한다.

3. 라이프사이클 성장기에 있는 상품을 활용해 가장 효과적인 비용으로 신규 고객을 확보하고, 이후 재주문을 통해 판매를 촉진하는 것이 가장 안정적인 비즈니스 모델이다.

4. 라이프사이클의 도입기, 성장기, 성숙기는 비슷한 기간이 유지된다. 따라서 도입기 기간을 파악하면 성장기 기간도 예측할 수 있다.

5. 성숙기에 접어들어도 새로운 S곡선을 그릴 수 있다면 사업을 유지할 수 있으며, 새로운 수익원도 창출할 수 있다.

6. 사업(또는 상품)의 라이프사이클이 짧아지고 있으므로 자신의 회사가 성장 곡선에서 어느 시기에 있는지 파악하지 못하면 경영에 어려움이 따른다.

PART 3

경영에 실패하는 이유

어떤 에스컬레이터를 타고 있는가

미국의 억만장자 로버트 G. 앨런의 베스트셀러 《로버트 앨런의 실천! 억만장자 입문》에 "내려가는 에스컬레이터를 거슬러 올라간다"라는 개념이 등장한다. 매우 유용한 참고 자료이므로 여기서 인용하고자 한다.

여러분은 내려가는 에스컬레이터에서 거꾸로 올라가 본 적이 있는가? 전속력으로 올라가도 원하는 층에 도달하기란 결코 쉽지 않다. 숨이 가빠질 뿐이다. 잠깐 멈춰 쉬려 하면 어떻게 될까? 그렇다, 다시 아래층으로 내려가게 된다.

로버트 앨런은 이 예시를 통해 경제를 설명하고 있으며, 상품 선택에서도 동일한 원리가 적용된다고 말했다. 즉, 올라가는 에스컬레이터를 탄 사람과 내려가는 에스컬레이터를 탄 사람이 있다는 것이다. 올라가는 에스컬레이터를 탄 사람은 고객이 알아서 찾아오는 상품을 선택한 경우이다. 특별한 노력을 하지 않아도 고객 수가 증가하고 재구매도 많다. 반면, 내려가는 에스컬레이터를 탄 사람은 자신이 직접 찾아다니며 팔아야 하는 경우이다. 아무리 노력해도 고객이 점점 줄어들고, 어렵게 고객을 끌어들여도 그 뒤에 이어지는 재구매는 없다.

자, 당신은 어떤 상품을 판매하고 싶은가?

당연히 상승 에스컬레이터에 올라타서 편안하게 돈을 벌고 싶을 것이다. 하지만 불행히도 10명 중 7~8명은 하강 에스컬레이터에 올라타게 된다. 그리고 힘들게 상품을 팔게 된다. 상품을 잘못 선택한 사람들은 늘 이런 말을 하곤 한다.

"장사는 참 힘들어."

"편하게 돈 벌 수 있는 방법은 없어."

하지만 사실, 상품 선택만 제대로 하면 더 즐겁고 신나게 돈을 벌 수 있다. 매년 고액 납세자 순위 상위에 오르는 다케이 야스오 회장은 일본 최대 소비자 금융 회사인 다케후지의 회장이다. 그는《니케이 비즈니스》와의 인터뷰에서 이렇게 말했다.

"경영은 그렇게 어렵지 않다고 생각합니다. 그런데도 왜 경영에 실패하는 사람들이 생기는지 모르겠네요."

경영은 그리 어렵지 않다. 그 비결은 바로 상승 에스컬레이

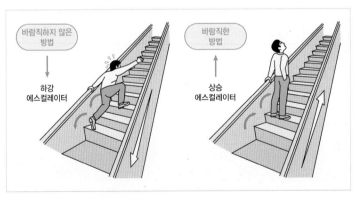

🧭 그림 3-1_ 하강 에스컬레이터와 상승 에스컬레이터

터에 해당하는 상품을 제대로 포착하는 것이다.

이전 장에서 상품(또는 사업)을 선택할 때 라이프사이클을 확인하는 것이 매우 중요하다고 설명했다. 이번 장에서는 상품을 선택하는 세 가지 방법을 소개하여 당신을 상승 에스컬레이터로 안내하겠다. 라이프사이클을 확인하는 것은 결국 시장의 성장 가능성을 검토하는 것과 같다. 그다음에는 시장 규모를 반드시 체크해야 한다.

시장 규모를 수식으로 나타내면 '평균 구매 금액 × 고객 수 × 재구매 가능성'으로 계산할 수 있다. 이 계산식으로 시장 규모가 결정된다. 이러한 방식으로 시장 규모를 파악하려면 컨설턴트의 도움이 필요할 수도 있다. 컨설턴트를 고용하지 않더라도 조사 작업은 필수적이다. 그런데 보통 규모의 회사들은 바쁘기 때문에 결국 아무것도 못 하게 되는 경우가 많다.

그렇다면 직관이 뛰어난 경영자는 어떻게 할까? 그들은 라이프사이클을 확인하는 것 외에도 다음 세 가지 질문에 답을 찾으려고 노력한다.

1. 그 상품을 기다리고 있는 고객은 얼마나 될까?
2. 상품 콘셉트가 고객에게 제대로 전달될까?
3. 그 상품이 새로운 영역으로 확장할 수 있을까?

이제 이 세 가지 질문에 대한 해답을 제시해 보겠다.

그 상품을 기다리는 고객이 얼마나 되는가

목적은 시장 규모를 파악하는 것이다. 하지만 통계적인 숫자만으로 시장 규모를 판단하면 자칫 함정에 빠질 수 있다. 예를 들어, 얼마 전 간병인 시장이 크게 성장할 것이라는 예측이 있었다. 그에 따라 대기업들이 경쟁하듯 실버 산업에 진출했지만, 대부분 적자를 보고 있으며, 수익을 올리는 회사는 극히 적다.

왜 예상이 빗나갔을까?

우선 그 당시 조사 대상으로 삼았던 고객들은 실제로 간병인을 필요로 하지 않았던 사람들이다. 정성적 조사에 따르면 시장 규모는 확실히 컸다. 그러나 광고에 별다른 반응을 보이지 않는 고객이 많았다. 원래 실버층은 보수적이고 광고에 잘 반응하지 않는 경향이 있다. 또한, 부유층을 타깃으로 삼았지만, 부유층 노인들은 건강 상태가 좋아 간병인이 필요하지 않았다. 따라서 잠재적인 수요는 있지만, 그 수요가 표면화되지 않은 것이다. 실버 산업에 진출한 회사들은 알았겠지만, 그들의 제안에 반응하지 않는 고객이 다수 있었다. 말 그대로 "떡 줄 사람은 생각도 안 하는데 김칫국부터 마신 격"이었던 것이다.

이 예에서 알 수 있듯이, 정성적인 조사만으로는 시장 규모를 제대로 파악할 수 없다. 상품 출시 전에 새로운 제안을 기다리는 잠재 고객의 규모를 구체적으로 파악해야 한다. 이것이 바로 니즈(Needs)와 원츠(Wants)의 분석법이다.

먼저 니즈와 원츠의 차이를 살펴보자. 니즈는 반드시 해야 하는 것이다. 고객이 '~를 꼭 해야 한다'고 느낄 때 니즈가 존재한다. 반면 원츠는 욕구다. 고객이 '~를 하고 싶다'는 자발적 의지를 가질 때 원츠가 존재한다.

예를 들어, 차량 검사 서비스는 법적 의무 사항이라 니즈가 높다. 법으로 정해져 있어 반드시 받아야 하지만, 고객들은 차량 검사를 꺼리는 경향이 있어 원츠는 낮은 서비스다. 그래서 대부분의 사람들이 가능한 한 미루고 싶어 하는 것이다.

반면에, 메르세데스 벤츠는 "벤츠를 타고 싶다"는 원츠가 높은 상품이다. '벤츠를 반드시 타야 한다'고 말하는 사람은 드물기 때문에 필요성은 낮지만 욕구는 높은 상품인 것이다. 니즈나 원츠 중 어느 하나가 높아도 그 상품은 잘 팔릴 가능성이 있다. 하지만 양쪽을 모두 고려하면 더 잘 팔리는 상품으로 만들 수 있다.

예를 들어, 차량 검사는 이미 니즈가 높기 때문에 원츠를 높이는 전략을 사용해야 한다. "맛있는 점심 식사를 하는 동안 차량 검사가 완료됩니다"라는 메시지와 함께 주변 레스토랑 초대권을 제공하는 방법으로 고객의 원츠를 자극할 수 있다. 이를 통해 차량 검사를 미루고 싶은 마음을 줄일 수 있다. 반면, 벤츠는 이미 원츠가 높기 때문에 니즈를 높이는 방법을 모색해야 한다. 예를 들어, 중고차 시장에서의 매매 가치가 높고 안전성이 뛰어나다는 점을 부각하는 것이다.

고객이 기다리는 상품은 어떤 것일까

판매를 결정한 상품이 몇 가지 있다고 가정해 보자. 어떤 상품을 먼저 판매해야 할지 고민될 때, 니즈와 원츠 분석을 통해 사전에 어떤 상품이 더 잘 팔릴지를 예측할 수 있다.

예를 들어, 다음과 같은 두 가지 상품 라인이 있다고 하자.

- 초보자용 컴퓨터 학습 교재
- 중급자용 컴퓨터 학습 교재

이 두 상품을 니즈와 원츠 분석 차트에 위치시켜 분석해보면, 컴퓨터 초보자의 경우 학습 교재에 대한 니즈가 높다는 것을 알 수 있다. 초보자는 동료에게 기초적인 질문을 하는 것이 창피하고 미안하게 느껴져서 혼자서 '컴퓨터를 반드시 배워야 한다'는 생각을 하게 된다. 또한, 독학에 대한 불안감이 있지만, 어느 정도 '컴퓨터를 배우고 싶다'는 원츠도 있다고 볼 수 있다. 반면, 컴퓨터 중급자의 경우 학습 교재에 대한 니즈는 그리 높지 않다. 중급자는 더 높은 수준의 지식을 얻고 싶어하지만, 남에게 물어보거나 도움말 메뉴를 통해 해결할 수 있기 때문이다. 기본적인 지식을 갖추고 있으므로 초보자에 비해 원츠도 그다지 강하지 않다.

이상의 내용을 니즈와 원츠 분석 차트로 옮겨보면 〈그림 3-2〉와 같다.

이 분석을 니즈와 원츠 차트에 옮겨보면, 초보자용 학습 교재가 차트의 오른쪽 위에 위치하여 더 쉽게 판매될 수 있음을

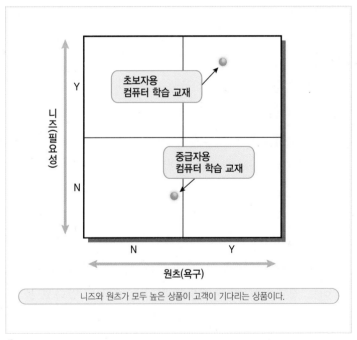

그림 3-2_ 니즈·원츠 분석법™

알 수 있다. 더욱이 초보자용 학습 교재는 원츠 수준을 높임으로써 차트에서 가장 유리한 위치로 이동시킬 수 있다. 이 경우, 학습 교재의 이름을 "원숭이도 알 수 있는 컴퓨터 레슨" 또는 "지푸라기라도 잡는 심정으로 도전하는 컴퓨터 입문" 등으로 정하면 더욱 호평을 받을 수 있다. 실제로 이러한 명칭을 가진 컴퓨터 서적이 베스트셀러가 된 사례도 있다.

그렇다면 실제로 컴퓨터 교재 시장에서는 어떤 상황일까? 최근 중급자용 학습 교재의 DM 반응률은 하락세를 보이고 있다. 또한 컴퓨터 교실에서는 초보자가 줄어들면서 타깃 고객을 중급자로 전환했지만, 오히려 초보자 중심으로 고객을 모집하는 학원이 증가하고 있다. 특히 실버 세대를 주 고객층으로 타기팅하는 경우가 많다.

이와 같이, 니즈와 원츠 관점에서 분석함으로써 적절한 상품을 사전에 선택할 수 있다. 이는 판매자의 시각이 아닌 고객이 어떤 동기로 구매할지에 초점을 맞춰 상품을 바라보는 작업이다.

여러 상품 중에서 선택해야 할 때는 니즈와 원츠가 어느 수준에 있는지 검토해야 하며, 한쪽에 치우쳐 있을 경우, 다양한 아이디어를 통해 그 수준을 끌어올릴 필요가 있다. 니즈와 원츠가 낮은 상품도 전략적으로 수준을 높일 수 있으며, 그 방법은 스타 전략 구축법의 6단계에서 자세히 다룬다. 하지만 그 방법을 사용해도 여전히 니즈와 원츠가 낮게 머물러 있는 상품은 고객의 주목을 받기 어려우며, 그 상품으로 고객을 끌어들이려면 비용이 많이 들 수 있다.

그럼에도 불구하고 경영자가 특정 상품의 판매를 고집한다면 어떻게 해야 할까? 우선, 니즈와 원츠가 높은 다른 상품을 먼저 판매해 고객을 확보한 후, 고집하는 상품을 조심스럽게 제안하고 판매하는 전략을 사용할 수 있다. 이미 고객이 회사를 신뢰하고 있는 상태이기 때문에 별다른 저항 없이 구매로 이어질 수 있다. 이처럼 판매할 상품의 우선순위를 정하는 것은 매우 바람직한 전략이다.

상품 콘셉트가 고객에게 잘 전달될까

니즈와 원츠가 모두 높은 상품이라고 해서 반드시 잘 팔린다는 보장은 없다. 상품의 내용이 제대로 전달되지 않으면 고객이 구매 동기를 느끼지 못하고 별다른 반응을 보이지 않기 때문이다. '설마 그럴 리가?'라고 생각할 수도 있겠지만, 상품이 팔리지 않는 가장 큰 이유는 고객이 그 상품의 존재를 제대로 모르기 때문이다.

나는 1년에 1,000건 이상의 컨설팅 요청을 받는다. 그때마다 전단지, DM, 또는 광고 문구만 보고도 즉석에서 고객 반응을 높일 수 있는 개선책을 제시해 준다. "천재십니다."라고 칭찬해 주는 사람들도 많지만, 사실 나는 특별히 어려운 일을 하는 것이 아니다. 대부분 반응이 오지 않는 이유는 초보자가 알아들을 수 없는 어려운 용어를 사용하는 문제로 귀결된다. 고객이 구매 의사를 가지게 하려면 초등학생도 이해할 수 있을 만큼 쉽게 설명되어 있는가를 점검하는 것이 첫 단계이다. 이 단계를 거치면 10가지 상품 중 8가지의 매출이 오른다.

하지만 종종 "이것은 고객도 이미 다 알고 있는 내용이다."라고 생각하며, 고객의 지식 수준을 과대평가하는 실수를 저지르기 쉽다. 물론 고객의 일상적인 지적 수준은 높을 수 있다. 그러나 고객은 당신 회사의 상품만 바라보고 사는 것이 아니다. 그들은 직장에서 쌓인 업무, 인간관계에서의 갈등, 금전 문제, 부부 간의 갈등 등 여러 문제로 가득한 삶을 살고 있다. 고객 기억 공간의 99%는 이미 이런 문제들로 채워져 있다고 생각하는 것이 맞다. 더욱이 남은 1%를 노리고 하루에도 수천, 수만 건의 홍보 메시지가 끊임없이 쏟아져 들어온다.

따라서 아주 간단하고 누구나 알아들을 수 있는 말로 설명하지 않으면 고객의 반응을 기대할 수 없다. 아무리 좋은 상품이라도 알지 못하는 물건에는 손이 가지 않는다. 그러나 판매자들은 매일 그 상품을 접하고 있기 때문에 고객도 당연히 알고 있을 것이라고 착각하게 된다. 이것이 고객의 감정을 이해하지 못하게 되는 문제의 근원이다.

이러한 문제에 빠지지 않으려면 강제로라도 상품을 고객 관점에서 바라보는 시스템을 갖추어야 한다. 그 시스템이 바로 〈그림 3-3〉의 상품 콘셉트 전달 차트이다.

아무리 우수한 상품이라도 제대로 전달되지 않으면 고객은 반응할 수 없다. 상품이 이해하기 쉬운 동시에 사용하기 쉬운 두 가지 요소를 충족시킬 때 상품의 콘셉트가 고객에게 더 잘 전달될 수 있다.

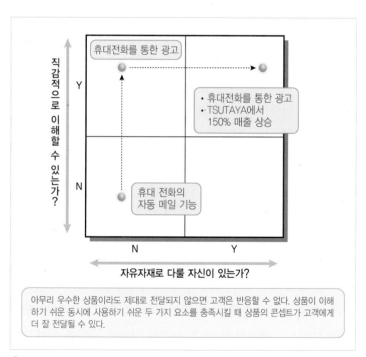

아무리 우수한 상품이라도 제대로 전달되지 않으면 고객은 반응할 수 없다. 상품이 이해하기 쉬운 동시에 사용하기 쉬운 두 가지 요소를 충족시킬 때 상품의 콘셉트가 고객에게 더 잘 전달될 수 있다.

그림 3-3_ 상품 콘셉트 전달 분석법™

60분 기업 최강 프로젝트

이 차트에서 중요한 평가 기준은 다음과 같다.

- 고객의 관점에서 직관적으로 쉽게 이해할 수 있는 상품인가?
- 고객이 자유롭게 다룰 수 있는 상품인가?

먼저, 직관적으로 쉽게 이해할 수 있는 상품인지는 그 상품을 20초 안에 간결하고 쉽게 설명할 수 있는지로 판단한다. 왜 20초냐 하면, 고객이 영업 사원과 처음 접촉할 때 그 상품 설명을 계속 들을지 말지 결정하는 시간이 20초이기 때문이다. 텔레마케팅에서 전화 영업을 할 때, 메시지가 20초를 넘으면 고객이 전화를 끊는 비율이 급격히 증가한다는 연구 결과가 있다.

설명이 그 이상 길어지면 고객은 자신이 강매를 당하고 있다는 느낌을 받게 된다. 그러면 '이상한 물건에 속지 말자'는 경계심을 가지게 되어 이후의 영업 과정이 어려워진다. 따라서 최대 25초 안에 직관적으로 이해할 수 있도록 상품을 설명해야 한다. 그러나 현실적으로는 2~3분 동안 설명해도 상품의 내용을 제대로 전달하지 못하는 경우가 많다. 이런 상태에서는 고객의 반응을 기대할 수 없다.

상품을 알기 쉽게 전달하는 기술

휴대전화를 이용한 마케팅 서비스를 소매점에 판매한다고 가정해 보자. 이 서비스를 설명할 때 "휴대전화의 자동 메일 기능을 사용하여 판촉 활동을 지원할 수 있습니다. 홈페이지도 무료로 만들 수 있으며, 매달 여러 차례 광고 메일을 발송할 수 있습니다."라고 말한다면 이해하기 어려울 수 있다.

반면, "휴대전화를 통해 광고 메일을 보내는 서비스입니다. 그러므로 판촉 비용이 거의 들지 않습니다."라고 설명하면 훨씬 더 쉽게 이해할 수 있다. 또한, "휴대전화로 광고 메일을 보내는 서비스입니다. 츠타야사는 이 서비스를 도입한 후 매출이 150% 상승했습니다."라고 말하면 더 구체적이고 쉽게 이해할 수 있다. 이는 고객이 이미 알고 있는 개념(이 경우 광고 메일과 츠타야사)을 자사의 상품과 연관 지어 설명하기 때문이다.

이번에는 이 서비스를 자유롭게 사용할 수 있을까라는 관점에서 다시 생각해 보자. 처음 설명했던 "휴대전화의 자동 메일 기능을 사용하여 판촉 활동을 지원할 수 있습니다. 홈페이지도 무료로 만들 수 있으며, 매달 여러 차례 광고 메일을 발송할 수 있습니다."는 고객이 이 서비스를 자유자재로 사용할 수 있을지에 대해 의문을 남길 수 있다. 고객 입장에서는 여러 가지 의문이 생길 것이다.

"자동 메일이란 게 뭐지?"

"휴대전화로 어떤 홈페이지를 만들어야 매출이 오를까?"

"광고 메일? 우리는 그런 걸 보낸 적이 없는데, 도대체 그게 뭘까?"

"고객의 메일 주소는 어떻게 확보하지?"

이처럼 고객은 이 서비스를 스스로 잘 사용할 수 있을지에 대한 불안감을 느끼게 된다. 이런 경우 "괜찮은 것 같긴 하지만 지금은 너무 바빠서"라며 상담을 중단하게 될 것이다. 상품을 잘 다루지 못할 것 같아 판매가 되지 않는 경우는 시장에서 흔히 볼 수 있는 예이다.

최근 나도 PDP 텔레비전을 볼 때마다 사고 싶다는 충동을 느낀다. 하지만 그 기능을 제대로 사용할 자신이 없다.

"나는 사실 텔레비전을 볼 시간도 없지 않은가?"

"결국 아이들이 게임하는 데만 쓰겠지."

이처럼 사고 싶다는 마음이 있지만, 그 상품의 가치를 충분히 활용할 수 있을지 생각하면 즉시 구매 의욕이 사라지게 된다.

이런 경우, 어떤 전략을 취해야 할까?

휴대전화 광고 메일 서비스의 예로 돌아가 보자. "휴대전화로 광고 메일을 보내는 서비스입니다. TSUTAYA사는 도입 후 매출이 150% 상승했습니다."라고 설명함으로써 직관적으로 이해할 수 있게 만들었다. 하지만 고객은 여전히 자신에게 꼭 필요한지 주저하고 있을 수 있다. 차트로 보면 이 서비스는 아직 왼쪽 아래에 위치하고 있다. 이를 오른쪽 위로 옮기기 위한 전략이 필요하다.

먼저, 오른쪽 위의 이상적인 상황이 어떤 모습일지 상상해 본다. 고객이 "나도 이 서비스를 충분히 사용할 수 있다"고 느끼도록 하려면 "아무것도 할 필요가 없다"는 점을 강조하는 것이 효과적이다. 더 구체적으로는 다음과 같은 방식으로 설명할 수 있다.

"이 카탈로그를 가게 앞에 두기만 하시면 됩니다. 그리고 메일을 보내고 싶을 때 저에게 전화 주세요. 처음에는 걱정되실 수 있으니 효과가 없으면 환불해 드리겠습니다. 효과가 있으면 매출이 오르고, 효과가 없으면 비용이 들지 않는 셈입니다. 어떻게 하시겠습니까?"

이처럼 이상적인 상황(오른쪽 위)을 먼저 구체적으로 그린 후, 현재 상황(왼쪽 아래)과의 차이를 좁혀 나가는 것이 중요하다.

새로운 상품 영역으로 확산할 수 있는가

사업을 발전시키기 위해 마지막으로 고려해야 할 것은, 그 상품이 장차 다른 새로운 상품 영역으로 확산할 수 있는 계기가 될 수 있는지 여부이다. 좋은 상품을 개발했다고 해도 아쉽게도 상품에는 라이프사이클이 존재한다. 그 시기가 언제가 될지는 모르지만, 결국 상품이 수명을 다하는 날은 오기 마련이다. 적절한 시기에 시장에 진입해 저비용으로 고객을 확보했다 하더라도 매출이 정체되면 사업으로서의 의미가 퇴색할 수 있다.

Part 6에서 자세히 설명하겠지만, 수익은 신규 고객에게 판매할 때보다 재구매나 입소문을 통해 판매할 때 극대화된다. 따라서 단순히 한 번 팔고 끝내는 전략이 아닌, 오랫동안 고객과 유대감을 유지하며 관계를 지속하고 싶다면 선택한 상품이 확산 가능한 범위를 신중하게 살펴보아야 한다.

이 확산 가능성을 설명하기 위해 필자의 경험담을 소개하겠다. 예전에 필자는 매우 흥미로운 사업 아이템을 발견해 준비했던 적이 있었다. 그것은 '컴퓨터 대학'이라는 이름의 컴퓨터 전화 상담 시스템으로, 모든 결제가 전화로 이루어지는 서비스였다. 일반적으로 컴퓨터나 소프트웨어에 대한 서비스 지원은 매우 불친절하다. 전화를 걸어도 통화 중이거나 사용자 ID나 시스템 사양 등을 모르면 질문조차 할 수 없는 경우가 많았다. 그래서 좀 더 친절한 시스템을 만들어 보겠다는 생각에서 이 비즈니스를 검토하게 되었다.

이 비즈니스의 인프라는 이미 구축되어 있었다. 컴퓨터 강사 중에는 결혼 후 재택 근무를 희망하는 주부들이 상당했다. 또 한편으로 컴퓨터 문제로 고민하는 사람들이 많았다. 이 두 그

룹을 전화로 연결해 주는 시스템이었다. 강사의 등록, 청구서 발행, 입금 관리 등 모든 것이 시스템화되어 있었기 때문에 경영자는 마케팅에만 집중하여 고객 수를 늘리면 되는 구조였다. 마케팅은 필자의 전문 분야였기 때문에 필자의 강점을 충분히 살릴 수 있을 것이라 생각했다.

이 사업을 위해 컴퓨터 매장에 무료 사용권을 대량 배포하고, 전담 강사 제도를 통해 고객 신뢰도를 높이고, 이탈률을 낮추는 등 세부 전략도 마련했다. 하지만 결국 필자는 이 사업에 진출하지 않기로 결정했다. 그 이유는, 이 컴퓨터 상담 서비스가 이후 새로운 상품으로 확산할 가능성이 적다고 판단했기 때문이다.

이처럼 사업을 성장시키기 위해서는 확장 가능성과 지속 가능성을 반드시 고려해야 한다.

수평 확장과 수직 확장이 가능한 상품인가

상품의 확산 범위는 수직 확장과 수평 확장의 두 가지 측면에서 생각할 수 있다. 수직 확장은 고객이 자신의 소비 활동에서 특정 상품을 어느 정도나 자주 사용할 것인가를 의미한다. 즉, 고객이 상품을 얼마나 자주 재구매할 수 있는지, 그리고 그 상

60분 기업 최강 프로젝트

품을 하루에 얼마나 사용할 수 있는지에 대해 검토해야 한다.

수평 확장은 고객이 주변 사람들을 얼마나 끌어들일 수 있는지를 의미한다. 다시 말해, 가족, 친척, 친구, 동료 등에게 상품을 추천함으로써 얼마나 많은 사람들에게 상품을 퍼뜨릴 수 있는지를 평가하는 것이다.

이처럼 수평 확장과 수직 확장이 모두 가능한 상품은 신규 고객 확보에 매우 유리하다. 이러한 상품은 팔리면 팔릴수록 그 파급 효과가 커지므로 자금력이 부족한 회사 입장에서는 특히 주의를 기울여야 한다.

앞서 언급한 '컴퓨터 대학'의 예를 상품 확장력 분석 차트에 적용해보면 확산 범위가 제한되어 있다는 사실이 명확해진다. 수평 확장력을 고려할 때 더 치명적인 문제는 고객이 컴퓨터에 대한 지식이 많아질수록 상담의 필요성이 줄어든다는 점이다. 즉, 더 열심히 서비스를 제공할수록 오히려 고객을 잃게 되는 것이다. 이러한 단점은 특히 건강 식품과 비교할 때 더욱 두드러진다. 건강 식품은 아무리 효과가 좋아도 고객을 잃지 않는다. 사람은 나이를 먹으면서 필연적으로 노화가 오고, 결국 그에 맞는 제품을 계속 필요로 하기 때문이다.

이제 '컴퓨터 대학'이 다른 상품으로 확산될 수 있는 가능성을 살펴보자. 만약 컴퓨터 상담을 받은 고객이 컴퓨터와 관련된 상품을 구입할 때 컴퓨터 대학에서 구매하려 한다면 확산 가능성이 존재하는 것이다. 전담 강사가 정기적으로 이메일을

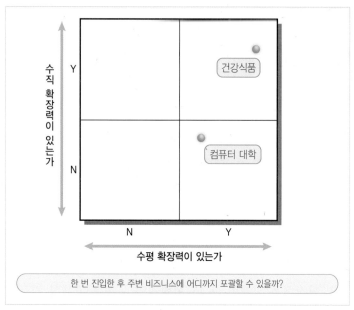

그림 3-4_ 상품 확장력 분석 차트

보내고 추천 상품을 제안하면 어느 정도는 판매가 이루어질 수 있다. 하지만 문제는 컴퓨터 관련 상품의 이익률이 낮다는 점이다. 특별한 가격 경쟁력이 없으면 할인 매장과의 경쟁에서 이기기 어렵다.

마지막으로 수평 확장력을 생각해보자. 가족, 친척, 친구, 동료 등으로 상품이 확산될 수 있을지를 검토해야 한다. 차트에서 현재 상태를 생각해보면 역시 왼쪽 아래에 위치한다. 이상적인 오른쪽 위의 세계를 상상하면서 다음과 같은 대화를 떠

60분 기업 최강 프로젝트

올려볼 수 있다.

"어떤 컴퓨터 상담 서비스를 이용하고 있습니까?"

"컴퓨터 대학입니다." 또는 "워드 프로그램에서 표 그리기를 모르겠는데 어떻게 해야 할까요?"

"컴퓨터 대학에 문의해보세요."

이러한 대화가 일어날 가능성을 상상하기는 쉽지 않다. 작은 회사라면 어느 정도는 확산될 수 있을지 모르지만, 대기업에서는 각 부서마다 컴퓨터에 능숙한 직원이 한두 명쯤은 있기 마련이다. 따라서 수평 확장도 처음부터 많은 장애를 안고 있다.

하강 에스컬레이터에 올라타지 않는 비결

수직 확장과 수평 확장의 관점에서 상품을 비교해보면 그 상품이 상승 에스컬레이터에 있는지 하강 에스컬레이터에 있는지 알 수 있다. 상승인지 하강인지는 미리 확인할 수 있다. 그러나 유감스럽게도 많은 사람이 상품을 너무 쉽게 선택하고, 그 결과 하강 에스컬레이터에 올라탄다.

전형적인 오류를 소개해 보겠다.

많은 사람이 상품을 선택할 때 다음과 같은 기준을 따른다.

"아는 사람이 좋은 상품을 소개해줬어요."

"설명을 듣다 보니 정말 좋은 상품이라고 생각했어요."

"품질이 아주 뛰어나요."

"한 번 사용해 보면 그 진가를 알 수 있을 겁니다."

이와 같은 선택 기준이 하강 에스컬레이터에 올라타는 원인이 된다. 이러한 기준이 얼마나 치명적인 결과를 초래하는지 알고 있는가?

아무리 품질이 뛰어나도 전달되지 않으면 팔리지 않는다. 팔리는 상품이 좋은 상품이고, 팔리지 않는 상품은 나쁜 상품이다. '한 번 써봐야만 알 수 있는 상품'이라는 것은 역으로 말하면 사용해보기 전까지는 알 수 없는 상품이라는 뜻이다. 그렇기 때문에 고객이 사용하게 만들려면 비용이 든다.

이와 같은 상품 선택 기준을 가진 사람은 불행하다. 왜 그럴까? 운이 없는 상품을 판매하는 사람은 운이 없는 사람들과 어울리고, 그들은 서로 운이 없는 상품을 주고받으며 살아간다. 결국, 운 없는 사람들끼리 운 없는 상품을 주고받는 악순환에 빠지게 된다. 이것은 현대판 불행의 편지와도 같다. 게다가 운이 없는 상품을 들여오기 위해 거액의 대리점 가맹비를 지불한다. 그 비용을 회수하려고 팔기에만 급급하다 보면 고객에게 외면당하게 된다. 그러다 값을 내리면 팔릴 것이라는 착각에 빠져 가격을 할인하게 되고, 결국 아무리 열심히 일해도 이익이 나지 않는다. 이익이 나지 않으면 멈추면 될 것을, 열심히 하면 팔릴 것이라는 자기 최면에 빠져 계속 시도한다. 팔리지 않는 자신을 인정하는 것이 두려워 멈추지 못하는 비참한 상황에 빠져든다.

애초에 하강 에스컬레이터가 상승으로 바뀌는 일은 없다. 게다가 하강 에스컬레이터는 시간이 지날수록 더 빨라진다. 아무리 전력으로 달려도 제자리를 벗어나지 못하고 숨만 헐떡거리게 된다.

"도대체 어떻게 해야 할까?"라는 외침이 나올 수밖에 없다. 해결책은 무엇일까?

이 글을 읽는 당신은 이미 답을 알고 있다.

그렇다. 하강 에스컬레이터에서 내리는 것이다.

| 칼럼 | **상품을 직관적으로 알려주는 네이밍의 비결**

네이밍은 경쟁력의 원천이다

상품을 직관적으로 알려주는 핵심은 결국 네이밍(naming)에 달려 있다. 따라서 상품의 네이밍은 매우 중요한 요소다. 하지만 대부분의 전략서에서는 네이밍에 대해 거의 언급하지 않는다. '이름이 그 상품을 대표한다'는 말처럼 네이밍이 곧 경쟁력의 원천이 되는 경우가 많다.

예를 들어, 일본의 아트 이삿짐 센터는 회사 이름 덕분에 이사 주문이 늘어나 성장 궤도에 올랐다.

그 이유는 고객이 전화번호부에서 이삿짐 센터를 찾을 때 가장 먼저 등장하는 회사 이름이기 때문이다. 전화번호부는 이미 구매 의향이 있는 고객이 참고하는 매체다. 고객은 보통 세 곳 정도에 전화를 걸어 가격을 문의한다. 따라서 첫 번째로 전화를 받는 회사에 포함되는 것이 경쟁력의 중요한 원천이 된다. 특히 상품 품질에 큰 차이가 없는 경우, 네이밍은 더욱 중요한 요소가 된다. 전화번호부를 보면 '가나 치과', '가나 레스토랑'과 같은 이름들이 자주 등장하는데, 이는 모두 같은 논리에서 비롯된 것이다.

특히, 홈페이지 주소는 검색 엔진에서 검색되지 않으면 시작도 할 수 없기 때문에 고객이 직관적으로 이해할 수 있는 주소를 확보하는 것이 필수적이다. 미국의 꽃 배달 회사 중에는 '1-800 플라워스'라는 회사가 있다. 이는 전화번호를 회사명으로 사용한 예로, 꽃을 주문하려는 고객이 전화를 걸 때 번호를 쉽게 기억할 수 있도록 만든 것이다. 이처럼 쉽게 기억할 수 있는 전화번호를 회사명으로 사용한 것은 큰 경쟁 우위가 된다.(게다가 비용도 들지 않는다.)

네이밍에 대해 이야기할 때 매년 납세자 순위 상위에 오르는 긴자 한방 연구소의 사이토 히토리를 언급하지 않을 수 없다. 긴자 한방 연구소의 상품이 왜 이렇게 잘 팔릴까? 그 경쟁력의 원천은 무엇일까? 물론 품질도 중요하겠지만, 시장에는 이미 좋은 품질의 상품이 넘쳐난다. 결국 경쟁력의 비결은 '슬림도캉(slim과 토관의 의미를 합성하여 만든 다이어트 식품)', '히자코시겐키(무릎, 허리, 건강을 합성하여 만든 건강식품 이름)'와 같은 직관적으로 이해할 수 있는 네이밍에 있다. 특히 다이어트나 변비 관련 상품은 스타 전략 구축법으로 분석해보면 네이밍의 중요성이 더욱 확실해진다. 이러한 분야의 상품이 성공하면 그 이후로 다른 상품으로 확장하기도 훨씬 쉬워진다.

그러나 건강식품에는 큰 장애물이 있다. 약사법이라는 법률로 인해 효과와 효능을 구체적으로 표현할 수 없다는 점이다. 예를 들어 '다이어트 효과가 있다', '변비가 개선된다', '어깨 결림과 요통이 치료된다' 등의 표현은 사용할 수 없다. 많은 회사가 상품의 품질이 성공의 핵심이라고 생각하며 다음과 같은 질문을 한다.

"우리 회사의 건강식품은 정말 효과가 뛰어난데, 약사법 때문에 광고를 할 수 없습니다. 약사법을 피해서 광고할 방법이 없을까요?"

이 질문은 마치 "강도질을 하고 싶은데, 경찰에게 걸리지 않는 방법을 알려주세요."라고 묻는 것과 같다. 나는 내 고객을 범죄자로 만들 생각이 없다. 게다가 소비자는 "이 상품이 병을 고친다"라는 말을 들으면 오히려 의심하게 된다. 따라서 효과와 효능을 명시하지 않으면서도 그 효과를 암시하는 네이밍이 경쟁력의 핵심이 될 수 있다.

이러한 관점에서 '슬림도캉'이라는 상품을 생각해보면 '슬림'은 체중 감량을, '도캉'은 변비를 해결하는 느낌을 준다. 즉, 효과와 효능을 전혀 명시하지 않아도 이름만으로 그 효과를 느끼게 하는 것이다. 이 네이밍만으로도 수백억 엔의 매출 증대 효과를 얻었을 것이다. 사이토 히토리는 1년에 200일을 여행하면서도 직원이 한 명도 없는 부자로 알려져 있다. 그는 진정한 네이밍의 귀재라 할 수 있다.

이 정도로 네이밍이 중요한데도, MBA 관련 서적이나 경영 전략서에서는 네이밍에 대한 언급이 거의 없는 것은, 아카데미즘이 현실 비즈니스와 얼마나 동떨어져 있는지를 보여주는 상징적인 사례다.

네이밍의 전략적 접근 – 기즈·헤코미 110번
이번에는 사례를 통해 실제로 어떻게 네이밍에 접근하는지 간단하게 살펴보자.

여러분은 경판금과 경도장이라는 업계에 대해 들어봤을 것이다. 이 서비스는 자동차 접촉 사고 시 필요한 간단한 수리 서비스를 제공하는 분야로, 주로 자동차 정비소에서 이루어진다.

주식회사 굿원 본사는 굿원 리폼(Good One Reform)이라는 이름으로 이 분야에 진출했으며, 간단한 판금 및 도장 시스템을 사용하는 판매 대리점을 모집하고 있었다. 굿원 본사는 신규 고객을 확보하기 위해 자동차 관련 서비스 중 어떤 상품이 가장 적합한지를 라이프사이클 분석을 통해 검토했다. 그 결과, 경판금과 경도장 분야가 현재 진출하기에 최적의 타이밍이라는 결론을 내렸다. 앞으로도 몇 년간 이 분야는 성장 가능성이 높을 것으로 예상되었으며, 이는 차량 검사 대행 서비스가 성숙기에 접어들며 경쟁이 격화되었기 때문이다. 따라서 굿원 본사로서는 이 서비스를 대체할 대체 상품이 필요했던 것이다.

우리는 라이프사이클뿐만 아니라 구매 빈도, 재구매 가능성, 니즈와 원츠, 수직 및 수평 확장성 등 다양한 관점에서 분석한 결과, 이 상품이 분명히 상승 에스컬레이터 상품이라는 판단을 내리게 되었다.

이 분야에서 독보적인 위치를 차지하고 있는 기업은 카콤비니 클럽이라는 프랜차이즈 회사였다. 이 회사는 신속한 경영 전략으로 강한 영업 능력을 확보하여 전국적으로 판매점을 빠르게 늘려나갔다. 이름에서 알 수 있듯이, 콤비니(편의점)라는 네이밍은 자동차와 관련된 모든 상품을 취급하려는 강자의 전략을 반영한 것이었다.

그러나 굿원 리폼은 약자에 해당하는 일반적인 규모의 회사였기 때문에 약자의 전략을 취할 수밖에 없었다. 약자는 더 좁고 세분화된 분야에 특화하고 전문화하는 것이 중요했다. 따라서 굿원 리폼은 종합적인 서비스 대신 경판금과 경도장에 특화하기로 했다.

이제 과제는 특화된 사업 콘셉트를 고객에게 쉽게 전달하는 것이다. '카콤비니 클럽'이라는 네이밍은 자동차에 필요한 모든 것을 다룬다는 인상을 주지만, 굿윈 리폼은 자사가 취급하는 상품의 범위를 한정하고 있다는 점을 명확히 알릴 필요가 있었다.

문제는 경판금과 경도장이라는 용어가 소비자에게는 익숙하지 않다는 점이었다. 업계에서는 이를 퀵 페인트라고 부르기도 했지만, 고객에게는 여전히 생소한 용어였다. 그래서 우리는 '기즈(흠집)'와 '헤코미(움푹 들어간 곳)'라는 말을 네이밍에 넣기로 결정했다. 또한, 이 시장이 언젠가는 성숙기에 접어들 것이며, 그때가 되면 빠른 서비스 처리가 소비자에게 중요한 요소가 될 것으로 예상했다. 따라서 속도를 연상시키는 단어를 네이밍에 포함시킬 필요가 있었다. 그래서 '110번'이라는 말을 조합해 '기즈·헤코미노 110번'이라는 네이밍을 최종적으로 결정했다.

이 네이밍은 촌스러운 느낌을 줄 수 있다. 로고는 경찰 복장을 한 개로 디자인되었으며, 이 로고는 아는 디자이너에게 3만 엔을 주고 제작했다. 세련되지 않았지만, 고객의 반응은 매우 좋았다. 그 결과, 이 가맹점은 30개에서 시작해 1년 만에 100개가 넘는 가맹점을 확보하게 되었으며, 현재는 간판만이라도 빌려달라는 요청이 급증하고 있다.

효과적인 네이밍의 방법

효과적인 네이밍을 위한 방법을 단계적으로 살펴보면 다음과 같다.

1. 네이밍을 통해 고객에게 전달하고 싶은 이미지를 구체적으로 묘사한다. 시각적 이미지, 소리, 그리고 감정을 표현하는 단어를 직접 생각해보자.

2. 네이밍의 목적을 명확히 정한다. 예를 들어, 전화번호로 쉽게 검색할 수 있게 하겠다거나 상품의 성격을 직감적으로 알게 하겠다는 등의 목적을 설정한다.

3. 위의 내용을 고려하며 떠오르는 단어를 모두 메모해둔다. 중요한 점은 일단 떠오르는 대로 적어두는 것이다. 중요한 키워드에 동그라미를 표시하고 이러한 키워드들을 여러 방식으로 조합해본다.

4. 조합한 결과물 중에서 네이밍 후보를 선정하고, 다음의 관점에서 검토해본다.

   - 직감적으로 알 수 있는가?
   - 보편성이 있는가?
   - 목적에 부합하는가?
   - 모든 사람에게 익숙한 말인가?
   - 발음하기 쉬운 단어인가?
   - 기억하기 쉬운가?(한 번 들어도 쉽게 잊히지 않으며, 다른 사람에게 전하고 싶은 말인가?)
   - 이미지를 쉽게 떠올릴 수 있는가?

5. 후보를 좁혀나간 후, 다음 날 다시 생각해본다.(이 과정에서 네이밍이 더욱 성숙될 수 있다.)

6. 자연스럽게 마음에 스며드는지 감각적으로 판단한다. 수화기를 들고 다음의 빈칸에 네이밍을 넣어서 말해보는 것도 좋은 방법이다. "전화 주셔서 감사합니다. ○○○○의 아무개입니다." 이 문장이 자연스럽게 느껴진다면 그 네이밍이 가장 효과적인 네이밍이다. 이 단계를 따라하면 고객에게 직관적이면서도 효과적인 네이밍을 할 수 있다.

PART 3. 요 약

1. "경영은 쉽다." 이렇게 말하기 위해서는 상승 에스컬레이터 상품을 선택할 수 있도록 철저히 검토해야 한다.

2. 상품을 출시하기 전에 니즈와 원츠 분석법을 통해 그 상품을 오랫동안 기다려 온 고객이 있는지 파악한다.

3. 상품이 팔리지 않는 가장 큰 원인은 소비자가 그 상품의 존재를 모르기 때문이다. 초등학생도 이해할 수 있을 만큼 상품이 충분히 설명되어 있는지 스스로 점검해본다.

4. 상품을 직관적으로 이해시키기 위해서는 상품 네이밍에 심혈을 기울인다.

5. 상품의 확산 가능성은 수직 확장과 수평 확장의 측면에서 판단할 수 있다. 수직 확장은 고객이 자신의 소비 활동에서 그 상품을 얼마나 자주 사용하는지, 수평 확장은 고객이 주변 사람들에게 얼마나 많이 알릴 수 있는지를 뜻한다.

PART 4

이상적인 고객을
만나는 방법

고객이 줄 서는 회사의 비결

상품에 상승 에스컬레이터와 하강 에스컬레이터가 있는 것처럼, 고객에게도 상승 에스컬레이터와 하강 에스컬레이터가 있다. 여기서 하강 에스컬레이터 고객이란, 설득하지 않으면 구매하지 않고, 상품을 단지 가격으로만 평가하는 고객을 의미한다.

반면, 상승 에스컬레이터 고객이란 상품을 잠시 설명했을 뿐인데도 구매를 원하고, 더 나아가 스스로 영업 사원이 되어 무료로 친구나 지인에게 상품을 소개하는 고객이다.

회사가 돈을 벌지 못하는 이유는 하강 에스컬레이터 고객을 상대로 영업을 하기 때문이다. 이는 매우 소모적인 작업이다. 매일 아침마다 '오늘은 어떤 방법으로 고객을 모을까?' 하며 머리를 싸매게 된다. 반면, 상승 에스컬레이터 고객을 모으면 고객들이 스스로 줄을 서고, 회사는 주문만 받으면 된다.

고객이 줄 서는 회사가 되는 비결은 다음과 같이 한마디로 요약할 수 있다.

• 고객을 제대로 선택하는 회사는 고객에게 선택받는다.
• 고객을 선택하지 않는 회사는 고객에게도 선택받지 못한다.

이 말이 터무니없이 들릴지도 모르겠다. 앞서 소개한 주식회사 엘하우스의 사례를 다시 살펴보자. 주택 건축 회사라면 흔히 이른 아침부터 늦은 저녁까지 영업을 해야 한다고 생각하기 쉽지만, 엘하우스는 그렇지 않다. 엘하우스는 왜 영업을 하지 않는데도 고객이 줄지어 서는 회사가 되었을까?

엘하우스는 창립 초기, 지역 신문에 작은 광고를 게재하고, "주의! 평당 30만 엔 이하의 저비용 주택을 건립하기 전에 반드시 읽어보십시오"라는 제목의 소책자를 무료로 배포했다. 이 광고를 본 평당 30만 엔 이하의 저비용 주택 계약을 고려하던 사람들은 소책자를 읽지 않고 서둘러 계약을 진행하면 손해를 볼 수도 있다는 생각에 호기심이 생겼다. 고객들의 폭발적인 반응은 다른 건축업체들이 위기감을 느낄 만큼이었다. 예를 들어, 자료를 요청하는 고객과의 전화 통화는 다음과 같았다.

"소책자를 보내주실 수 있을까요?"

"죄송합니다. 인쇄된 50부가 모두 나가버렸습니다. 3주 후에나 발송이 가능합니다."

"급한데, 어떻게 안 될까요?"

"사무실에 비치된 한 부가 있는데, 방문해 주시면 복사해서 드릴 수 있습니다."

"지금 당장 가겠습니다."

엘하우스는 다른 건축업체들이 무작위로 고객을 찾는 동안, 저비용 주택을 구입하려는 특정 고객층을 타깃으로 명확하게 설정했다. 또한, 단순히 저비용 주택이라고만 하지 않고 평당 30만 엔 이하라는 구체적인 금액을 명시했다. 이렇게 타깃 고객을 명확하게 설정하면 고객에게 선택받는 회사가 될 수 있다.

이 원리는 간단하다. 예를 들어, 거리에서 영업을 한다고 가정하자. "3세 이하 자녀를 둔 어머니께 유익한 정보를 알려드립니다."라고 말하면 해당되는 어머니는 자신을 위한 정보라고 생각해 뒤돌아볼 것이다. 반면, "모두에게 유익한 정보를 알려드립니다."라고 말하면 단순한 판매 활동으로 여겨 무시당할 가능성이 크다. 이 차이는 전자가 나와 관련이 있다고 느끼는 반면, 후자는 나와 무관하다고 느낀다는 것이다. 다시 말해, 타깃 고객을 명확하게 설정하지 않으면 고객과 감정적인 연결 고리를 만들 수 없다. 따라서 고객은 해당 회사를 자신과 관련 없는 곳으로 인식하게 된다.

그렇다면 고객이 감정적인 연결 고리를 형성하고 공동체 의식을 느끼는 회사가 되기 위해서는 어떻게 고객을 선택해야 할까? 이상적인 고객을 선택하는 방법을 다음 세 가지 관점에서 살펴보자.

1. 설득하지 않아도 구매하는 이상적인 고객은 누구인가?
2. 이상적인 고객을 어떻게 하면 적은 비용으로 확보할 수 있는가?
3. 다른 고객을 불러오는 영향력 있는 고객은 누구인가?

이 세 가지 질문을 통해 이상적인 고객을 찾아야 한다.

MBA식 고객 타깃 설정의 오류

전략에 대해 공부를 많이 한 사람일수록 흔히 이렇게 질문한다.

"당신 회사는 어떤 고객을 타깃으로 삼고 있습니까?"

이런 질문으로는 더 이상 대화가 진행되지 않는다. 대체로 이런 대답이 돌아올 가능성이 크기 때문이다.

"타깃이요? 글쎄요, 우리 제품은 모든 사람을 위한 것이죠."

질문이 너무 포괄적이니 답변도 모호해진다. 파블로프의 개처럼 조건반사적인 대답만 나오게 되는 것이다. 현장에서 직접 경험을 쌓은 직원들은 '타깃 고객'이라는 말을 들으면 즉각 반감을 가지기도 한다. 어떤 경우에는 "타깃이라니요? 고객이 무슨 표적입니까?"라고 노골적으로 불만을 표출할 수도 있다. 이것은 고객과 직접 접촉하는 사람들의 감성과 전략을 수립하는 사람들의 감성이 일치하지 않기 때문에 발생하는 현상이다. 이런 상황에서는 공통적인 기반 위에서 대화를 나누기가 어렵다. 따라서 전략을 세우기 위해 필요한 정보를 회사 내에서 끌어내려면 누구나 쉽게 이해하고 답변할 수 있는 질문을 던지고, 발상을 유도할 수 있는 질문을 해야 한다. 그래서 이렇게 묻는다.

"절대 다시는 상대하고 싶지 않은 고객은 어떤 사람들입니까?"

그렇다. 상대하고 싶지 않은 고객부터 명확하게 구분해야 한다. 상대하고 싶지 않은 고객과 상대하고 싶은 고객을 명확히 나누고, 상대하고 싶은 고객과만 거래해야 한다. 본래 상대하고 싶지 않은 고객과 거래하면 수익성이 떨어진다. 20%의 고객이 80%의 수익을 가져다준다는 20 대 80 법칙이 여기서도 적용되기 때문이다. 즉, 20%의 문제 고객이 80%의 문제를 발생시킨다. 만약 80%의 문제를 제거할 수 있다면 그만큼 남은 에너지를 우량 고객에게 더 쏟을 수 있다. 그 결과 수익이 상승하는 경우가 많다.

회사의 방침에 맞지 않는 고객에게 굳이 판매할 필요는 없다. 이제부터라도 고객을 선별하는 일에 주력해야 한다. 고객을 선택하고 그들에게 다른 회사에서 받을 수 없는 서비스를 제공해야 거꾸로 고객에게 선택받는 회사가 되는 것이다.

타깃 고객을 명확히 설정하는 것은 본질적으로 필요하지 않은 고객을 제외하는 일이다. 그러므로 먼저 상대하고 싶지 않은 고객의 목록을 만들어보자.

· 가격만 묻고 끝내는 고객

60분 기업 최강 프로젝트

- 항상 싼 물건만 찾는 고객
- 조금만 구매하고도 왕처럼 군림하며 무리한 요구를 하는 고객

이렇게 상대하고 싶지 않은 고객을 정리하다 보면 상대하고 싶은 고객이 점차 명확해진다.

그렇다면 상대하고 싶은 고객을 구체적으로 설정하는 과정을 살펴보자.

"최근에 제품을 간단히 설명했을 뿐인데도 먼저 구매하겠다고 요청한 고객이 있습니까?"

"그런 고객은 없었습니다."

"그렇다면 그와 가까운 고객, 즉 정말 만족하며 기쁘게 구매한 고객은 있습니까?"

"네, 있습니다."

"누구인가요?"

"누구라니요?"

"이름을 말씀해보세요."

"나카무라 씨였던가."

"성과 이름을 모두 말씀해보세요."

"성을 다 말하라고요?"

"네, 성과 이름을 모두 말씀해주세요."

"나카무라 사치코 씨였던 것 같습니다."

"그 사람만 있나요?"

"또 다카하시… 아, 그렇지, 다카하시 미치코 씨도 있네요!"

"그 외에는요?"

"더는 없습니다."

"정말입니까?"

"네."

"그 두 분은 어떤 분들인가요? 그분들의 가족 구성, 수입 수준, 가치관을 상상해보세요."

그 고객들에 대해 묘사하게 한다.

"만약 고객이 모두 그분들과 같다면 어떨까요?"

"그렇다면 매일매일이 즐거울 겁니다."

"그런 사람들이 바로 당신의 타깃 고객입니다."

감정적인 측면에서 고객 타깃 찾아내기

이 과정에서 주의해야 할 점은 타깃 고객을 논리적으로만 설정하려 하지 말고, 인간관계에서도 찾아내야 한다는 것이다. 대기업처럼 물리적으로 영업 부대를 동원할 수 있는 경우라면 상관없지만, 한정된 지역에서 운영되는 작은 회사의 경우, 서로 아는 고객과의 관계를 바탕으로 영업하는 경우가 많다. 다

60분 기업 최강 프로젝트

시 말해, 인간관계를 기반으로 거래가 이루어지는 것이다.

시장 데이터를 분석해 논리적으로 타깃 고객을 찾아냈더라도, 그 고객을 대하는 데 감정이 담겨 있지 않다면 진정한 성의 있는 영업이 이루어질 리 없다. 따라서 매출 상승을 기대하기 어려울 것이다.

이 과정에서 "상대하고 싶은 고객하고만 영업하면 다른 우량 고객을 놓치는 건 아닐까?"라는 의문이 생길 수 있다. 실제로 우량 고객을 놓칠 수도 있다. 그러나 가장 먼저 해결해야 할 문제는 현재 기다리고 있는 고객을 맞이하러 가는 것이다. 대부분의 회사는 모든 고객을 대상으로 하려다가 정작 기다리는 고객을 맞이하러 가는 일도 제대로 하지 못한다. 그렇다면 왜 기다리는 고객이 보이지 않는 걸까? 이는 앞서 말한 것처럼 간단한 설명만으로도 구매를 결정하는 고객을 구체적으로 상상해보지 않았기 때문이다. 또한, 앞에서 설명한 초등학생 수준의 과정으로 과연 올바른 타깃 고객을 찾아낼 수 있을까 하는 의문도 있을 수 있다. 실제로 그 과정은 누구나 이해할 수 있을 만큼 간단하지만, 그렇다고 핵심이 왜곡되는 것은 아니다.

예를 들어, 기존 고객 중에서 구체적인 이름을 거론하게 한 것은 "이런 사람이 타깃이 되지 않을까?"라는 추측이 아니라 실제로 구매한 고객 중에서 힌트를 찾기 위해서이다. 지금 실제로 구매한 고객만큼 정확한 타깃은 없다. 최근의 고객에 대해 구체적으로 질문하는 과정은 임상심리학에서 사용하는 비디오 재현법으로, 짧은 시간에 필요한 정보를 얻어내기 위한 기법이다.

어떤 컨설턴트들은 "불편하고 까다로운 고객일수록 더 자주 구매하기 때문에 그들을 소중히 여겨야 한다."고 말한다. 물론 이 말이 일리가 있을지도 모른다. 그렇지만 나는 그런 고객을 대하는 직원들의 감정도 생각해보라고 말하고 싶다. 출근할 때마다 발걸음이 무거워지는 경험을 하게 될 것이다.

불편한 고객과 대면하는 것은 큰 에너지를 소모한다. 그런 고객에게 시간을 쏟기보다는 좋아하는 고객에게 에너지를 집중하는 것이 더 즐겁게 일하면서도 수익을 올릴 수 있는 방법이라고 생각한다. 물론, 불편한 고객을 배제하면 회사의 성장에 나쁜 영향을 미치지 않을까 우려하는 사람도 있다. 어느 정도 맞는 말일 수도 있다. 그렇지만 대기업이라면 그런 고객도 받아들이고 관리할 수 있어야 한다. 그러나 보통 규모의 회사가 수익을 올리려면 재고할 필요가 있다. 불편한 고객 때문에 회사 내부의 문제가 증가하고, 직원들이 스트레스를 받아 병을 앓는 등의 보이지 않는 비용이 발생하기 때문이다.

불편한 고객은 해변의 모래와 같아서, 아무리 제거해도 결국 다시 찾아오게 마련이다. 내 경험상 약 5% 정도는 그런 고객이 생기게 된다. 나는 이를 '크레이지 5%'라고 부른다. '크레이지 5%'도 존재 의의가 있다. 그들의 의견을 참고해 회사의 퀄리티를 개선하면 나머지 95%의 조용한 고객들의 만족도를 높

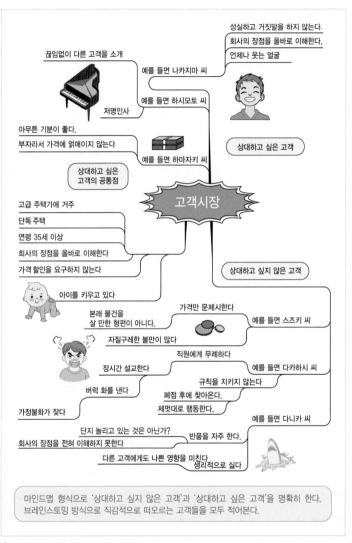

성실하고 거짓말을 하지 않는다.

회사의 장점을 올바로 이해한다.

언제나 웃는 얼굴

끊임없이 다른 고객을 소개

예를 들면 나카지마 씨

예를 들면 하시모토 씨

저명인사

상대하고 싶은 고객

아무튼 기분이 좋다.

부자라서 가격에 얽매이지 않는다

예를 들면 하마자키 씨

상대하고 싶은
고객의 공통점

고객시장

고급 주택가에 거주

단독 주택

연령 35세 이상

회사의 장점을 올바로 이해한다

가격 할인을 요구하지 않는다

상대하고 싶지 않은 고객

아이를 키우고 있다

본래 물건을
살 만한 형편이 아니다.

가격만 문제시한다

예를 들면 스즈키 씨

자질구레한 불만이 많다

직원에게 무례하다

장시간 설교한다

예를 들면 다카하시 씨

규칙을 지키지 않는다

버럭 화를 낸다

폐점 후에 찾아온다.

제멋대로 행동한다.

예를 들면 다니카 씨

가정불화가 잦다

단지 놀리고 있는 것은 아닌가?

반품을 자주 한다.

회사의 장점을 전혀 이해하지 못한다

다른 고객에게도 나쁜 영향을 미친다

생리적으로 싫다

마인드맵 형식으로 '상대하고 싶지 않은 고객'과 '상대하고 싶은 고객'을 명확히 한다.
브레인스토밍 방식으로 직감적으로 떠오르는 고객들을 모두 적어본다.

그림 4-1_ 마인드맵을 통한 고객 타깃 명확화

일 수 있기 때문이다. 따라서 크레이지 5%의 의견을 존중하면서도 고객 목록에서는 제외하는 것이 가장 올바른 접근법이다.

지금까지 설명한 내용은 창업가의 관점에서 본 필자의 의견으로, 지나치게 직설적일 수 있다. 그러나 불편한 고객을 무조건 배제하라는 것은 아니다. 타깃 고객에게 120%의 에너지를 쏟아부으려면 불편한 고객을 명확히 설정하는 것이 필요하다는 것이다.

실행 가능한 전략을 만들기 위해서는 그 전략을 구현하는 사람들의 감정을 아군으로 만들어야 한다. 그리고 그 감정에 가장 큰 영향을 미치는 것이 어떤 고객을 선택할 것인지이다.

타깃 고객의 우선순위를 설정한다

앞서 살펴본 마인드맵에서 어느 정도 타깃 고객을 설정했다면, 이제 그 타깃을 객관적으로 분석하고 우선순위를 매겨야 한다. 이때 우선순위를 매길 때는 3장에서 설명한 니즈와 원츠 분석법을 다시 활용할 수 있다.

예를 들어, 한 회사가 오동나무 옷장의 매출을 늘리기 위해 다음 세 부류의 타깃 고객을 직감적으로 뽑아냈다고 하자.

1. 아토피로 고생하는 사람

2. 오동나무 옷장을 다시 장만하려는 사람

3. 혼수를 준비하는 사람

이 세 부류 중 누구를 우선순위로 삼아야 할까? 이를 결정하기 위해 사용한 것이 〈그림 4-2〉의 니즈와 원츠 분석 차트이다.

첫 번째 타깃인 아토피로 고생하는 사람은 오동나무 옷장 판

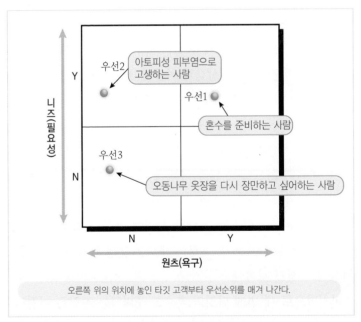

오른쪽 위의 위치에 놓인 타깃 고객부터 우선순위를 매겨 나간다.

🧭 그림 4-2_ 타깃 고객에 우선순위를 매기는 니즈·원츠 분석 차트™

매 회사가 니즈(필요성)가 있다고 믿을 수 있다. 좋은 가구를 사용하면 아토피 증상이 개선될 수 있기 때문이다. 그래서 차트 상에서 왼쪽 위에 위치시킬 수 있다. 그러나 원츠(욕구) 수준은 어떨까? 아토피를 치료하기 위해 고객이 오동나무 옷장을 사려 할까? 고객은 가구에서 발생하는 포름알데히드가 아토피의 원인이라는 점을 직접적으로 연관짓지 못할 수도 있다. 또 아토피 치료를 위해서는 피부과에 가거나 비누를 바꾸는 방법을 선택할 것이다. 따라서 오동나무 옷장에 대한 욕구는 낮다. 그러므로 아토피로 고생하는 사람의 니즈와 원츠는 차트에서 왼쪽 위에 위치하게 된다. 이 위치를 오른쪽 위로 이동시키려면 오동나무 옷장이 아토피에 효과적이라는 점을 고객에게 어필해야 한다. 하지만 이는 시간과 비용이 많이 든다.

다음으로 두 번째 타깃인 오동나무 옷장을 교체하려는 사람은 어떨까? 오동나무 옷장은 쉽게 망가지지 않으므로 니즈는 낮다. 또한 일상에서 자주 생각하는 물건이 아니므로 원츠도 낮다. 따라서 차트에서 왼쪽 아래에 위치한다. 이를 오른쪽 위로 이동시키려면, 예를 들어 오래된 오동나무 옷장을 새것처럼 보수해주는 서비스를 저렴한 가격에 제공할 수 있다. 그런 서비스를 제공하면 일부 고객은 새로운 옷장을 구매하려고 할 가능성도 생길 것이다.

마지막으로 세 번째 타깃인 혼수를 준비하는 사람은 어떨까? 이 경우 니즈가 매우 높다. 부모가 구매를 결정하기 때문이다.

부모들은 딸을 시집보내면서 옷장 정도는 마련해줘야 한다고 생각한다. 원츠도 높아 차트 상에서 오른쪽 위에 위치할 수 있다.

이처럼 세 부류의 타깃 고객을 비교한 결과, 가장 우선순위를 두어야 할 고객층은 혼수를 준비하는 사람들임을 알 수 있다. 타깃이 결정되면 판매 방법도 명확해진다. 웨딩 전문 잡지에 광고를 내거나 웨딩드레스 대여점, 결혼식장, 보석상 등과 제휴하는 방안을 고려할 수 있다. 이처럼 니즈와 원츠 분석 차트를 이용해 각 타깃 고객의 니즈와 원츠를 객관적으로 분석한 후, 그 위치가 오른쪽 위에 가까운 타깃부터 우선순위를 매겨야 한다.

고정 관념에서 벗어난다

타깃 고객을 선정할 때 처음부터 잘못된 설정을 하게 되면 그 고정 관념에서 쉽게 벗어나지 못한다. 그 결과 기대한 만큼 매출이 오르지 않아 오랫동안 고생할 수 있다. 예를 들어, 한 회사가 PHS 단말기를 판매하면서 학생을 타깃으로 설정했다고 하자. 이 회사가 학생을 타깃으로 한 이유는 사회인을 대상으로 한 휴대전화와 차별화를 시도하기 위해서였다. 또한 학생들에게 인기가 있는 연예인을 광고 모델로 기용하기도 했다.

제조사의 타깃 설정을 그대로 믿은 판매 회사는 학생들이 모여 사는 지역을 중심으로 광고 전단지를 배포했다. 하지만 큰 성과가 없었다.

이때 우연히 PHS 단말기 계약자 목록을 확인해 보니 학생이 아닌 사회인들이 대부분이었다. 그래서 타깃을 사회인으로 바꾼 후, 출근 시간대에 지하철 출구에서 전단지를 다시 배포했다. 그 결과는 놀라운 매출 증가로 이어졌다.

이처럼 적절한 타깃 고객을 찾으면 판매 실적이 저조했던 상품이 갑자기 잘 팔리기 시작하는 경우가 있다. 타깃 고객을 선정하는 비결은 실제로 누가 상품을 구매하고 있는지를 확인한 후, 떠오른 아이디어를 니즈와 원츠 분석 차트를 이용해 우선순위를 매기는 것이다.

이상적인 고객을 적은 비용으로 확보하는 방법

아무리 유망한 타깃 고객이라도 그들을 확보하는 데 드는 비용이 높다면 비즈니스 성공을 기대하기 어렵다. 고객 한 명을 확보하는 데는 다양한 비용이 발생한다. 예를 들어, 광고나 홍보를 통해 잠재 고객을 발굴하는 비용, 그들에게 카탈로그 등의 자료를 발송하는 비용, 영업 사원이 전화로 후속 조치를 취하는 비용, 영업 사원이 고객을 방문하는 비용 등 예상보다 많은 비용이 소요된다. 따라서 고객 확보 비용이 높고 낮은 것을 따져봄으로써 어떤 타깃 고객을 우선적으로 공략해야 할지 올바르게 파악할 수 있다.

고객 확보 비용을 예측하기 위해서는 고객 확보 비용 판단 차트를 활용할 수 있다.

이 차트는 다음 두 가지 축을 기준으로 한다.

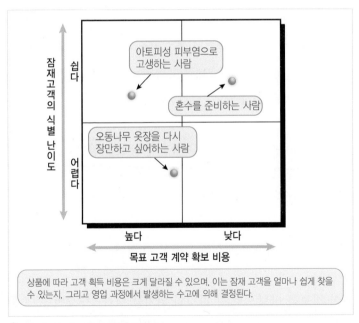

상품에 따라 고객 획득 비용은 크게 달라질 수 있으며, 이는 잠재 고객을 얼마나 쉽게 찾을 수 있는지, 그리고 영업 과정에서 발생하는 수고에 의해 결정된다.

🧭 그림 4-3_ 고객 획득 비용 판단 차트

- 타깃 고객에 도달하는 난이도(세로 축)
- 타깃 고객과 계약을 맺을 때까지 드는 영업 비용(가로 축)

앞서 예로 든 오동나무 옷장 판매 사례를 다시 살펴보자. 오동나무 옷장을 판매하려면 먼저 잠재 고객을 찾아야 한다. 각 타깃 고객마다 난이도를 살펴보면 다음과 같다.

1. 아토피성 피부염으로 고생하는 사람: 아토피 관련 잡지에 광고를 게재하는 방법을 생각해볼 수 있다. 그러나 아토피 환자 목록이 따로 있는 것이 아니므로 잠재 고객을 찾기가 쉽지 않다. 고객을 더 쉽게 찾기 위해서는 아토피 관련 제품을 취급하는 회사와의 제휴가 좋은 방법이 될 수 있다.

2. 오동나무 옷장을 다시 장만하고 싶은 사람: 누구에게 오동나무 옷장이 있는지 알 수 없기 때문에 잠재 고객을 찾는 것이 어렵다. 이 경우에는 오동나무 옷장 수선 서비스를 저렴한 가격에 제공해 기존 고객을 확보해 나가는 방법이 있다.

3. 혼수를 준비하는 사람: 결혼 전문지에 광고를 게재할 수 있다. 하지만 결혼 정보지의 광고 비용이 일반적으로 비싸다. 이에 대해 보석상이나 예식장과 같은 동일한 타깃을 대상으로 하는 업체와의 제휴를 고려할 수 있다.

이 정보를 바탕으로 각 타깃의 위치를 평가하면 2번인 '오동나무 옷장을 다시 장만하고 싶은 사람'이 가장 낮은 위치에 자리 잡으며, 1번인 '아토피성 피부염 환자'와 3번인 '혼수를 준비하는 사람'이 상대적으로 상위에 위치하게 된다.

이제 확보된 잠재 고객이 계약을 성사하는 데까지 걸리는 시간을 평가해보자.

1. 아토피성 피부염 환자: 왜 아토피 환자가 오동나무 옷장을 사용해야 하는지 인식시켜야 하므로 시간이 걸린다.
2. 오동나무 옷장을 다시 장만하고 싶은 사람: 먼저 수선 서비스를 제공한 뒤 교체 구매를 권장해야 한다. 추가 구매나 교체 비율이 어느 정도인지에 따라 시간이 걸릴 수 있다.
3. 혼수를 준비하는 사람: 결혼 시기가 명확하기 때문에 구매 결정이 빠르다. 부모가 반드시 사줘야 한다는 인식이 있으므로 시간이 많이 소요되지 않는다.

이러한 분석을 통해 혼수를 준비하는 사람이 가장 빠르게 계약을 성사할 수 있는 타깃 고객임을 알 수 있다. 따라서 혼수를 준비하는 사람을 타깃으로 삼으면 고객 확보 비용이 적게 든다는 결론을 미리 예상할 수 있다. 이로 인해 불필요한 광고나 영업 활동을 줄일 수 있다.

많은 전략에서는 타깃 고객을 설정하는 단계까지만 설명하지만, 그 고객을 확보하는 데 얼마나 비용이 들지는 예측하지 않는 경우가 많다. 하지만 현실적인 비즈니스에서는 고객 확보 비용이 수익성에 직접적인 영향을 미친다. 만약 고객의 평생 가치보다 고객 확보 비용이 높다면 비즈니스 자체가 성립되지 않는다. 이런 상황이라면 차라리 처음부터 영업하지 않는 편이 낫다. 언젠가 파산할 게 뻔하다면 바쁘게 일하다가 파산하는 것보다 한가하게 놀다 파산하는 것이 더 낫지 않겠는가.

예상 고객 확보가 쉬울지 어려울지 어떻게 판단할까

예상 고객을 확보하는 일이 쉬울지, 어려울지는 타깃 고객에 대한 지식이 어느 정도 있으면 쉽게 판단할 수 있다. 필자가 어떤 관점에서 판단하는지 몇 가지 사례를 소개한다.

개를 키우는 사람을 찾는 것은 고양이를 키우는 사람을 찾는 것보다 쉽다. 개를 키우는 사람들은 대문 앞에 '개 조심'이라는 표지를 붙여놓기 때문이다. 그래서 지역 내에서 개를 기르는 사람들의 목록을 비교적 손쉽게 확보할 수 있다. 반면에, 고양이를 키우는 집은 그런 표지가 없기 때문에 예상 고객을 발굴하기가 쉽지 않다.

또한, 장난감 인형의 예상 고객을 찾는 것은 상대적으로 쉽다. 주민등록표를 보면 출생 정보를 알 수 있으며, 이미 그런 데이터를 목록화한 데이터베이스를 판매하는 회사에서도 쉽게 입수할 수 있다. 그러나 피아노 조율 서비스를 판매하려고 할 경우, 기존 피아노 소유자의 목록을 얻는 것은 결코 쉬운 일이 아니다.

이처럼 예상 고객의 기존 목록을 확보할 수 있는지 여부에 따라 사업 진출 가능성이 크게 달라진다. 장난감 인형이나 피아노 조율 서비스는 모두 성숙기에 접어든 사업이지만, 예상 고객 확보라는 측면에서 보면 장난감 인형이 더 진출 가능성이 크다는 사실을 알 수 있다. 장난감 인형의 경우, 나이에 맞춰 12간지 동물을 활용한 기발한 전단지로 예상 고객에게 직접 접근할 수 있다. 그러나 피아노 조율의 경우, 예상 고객 목록이 없기 때문에 더 많은 비용이 들 뿐만 아니라 여러 가지 이벤트를 통해 고객을 유치해야 한다.

예상 고객을 확보하는 데 드는 비용은 대다수 사람들이 예상하는 것보다 더 많이 들기 때문에 저비용으로 예상 고객을 확보하는 방법은 사업의 지속 가능성을 좌우할 만큼 중요한 노하우가 된다.

영업 과정의 비효율성을 어떻게 극복할까

잠재 고객을 선정한 후에는 그들에게 접근하는 데 필요한 시간과 비용을 검토해야 한다. 영업에 소요되는 시간과 비용은 고객을 확보하기 위해 필수적인 요소로 여겨져 대부분의 경우 영업 효율성에 대해서는 깊이 고민하지 않는다. 일반적으로 영업 사원은 외근이 많을수록 좋은 평가를 받는다. 외근 중이라는 이유만으로 면죄부를 받고, 이동 비용, 견적서와 제안서 작성 비용, 그리고 회의에 드는 비용에 대해서는 별다른 제재가 없다.

놀랍게도 많은 회사가 이러한 비효율적인 구조를 개선하지 않고 있다. 그러나 고객에 대한 서비스 수준을 떨어뜨리지 않으면서 영업 효율성만 높여도 수익률이 증가할 수 있으며, 경쟁사보다 비교 우위를 점할 수 있다.

예를 들어, 당신이 경영 컨설턴트로 창업하는 경우를 생각해 보자. MBA 과정을 마치고 필요한 자격증을 취득한 후 경영 컨설팅을 시작했다고 하자. 하지만 사무실을 차렸다고 해서 일이 자연스럽게 들어온다는 환상은 첫날부터 깨질 것이다. 결국 전화가 오기만을 기다릴 수 없게 되며, 스스로 잠재 고객을 찾아나서야 한다.

세미나 강사가 되어 참가자들과 명함을 교환할 수 있다. 그

60분 기업 최강 프로젝트

리고 어느 날 참가자 중 한 명이 "당신의 의견을 듣고 싶다"며 연락해온다. 당신은 드디어 잠재 고객이 나타났다고 생각하며 이 고객과 어떻게든 계약을 성사시키려 할 것이다. 그러나 "한 번 만나보고 싶다"는 요청을 하는 사람과 실제로 계약이 체결되는 경우는 드물다. 진정한 계약을 원하는 사람은 처음부터 "잘 부탁드립니다"라며 고개를 숙이며 시작한다.

이러한 경험은 실제로 겪지 않고서는 알기 어렵다. 고객에게 최선을 다하면 계약이 성사될 것이라 생각해 무료로 경영 진단을 제공하고, 고객의 요청대로 여러 번 방문하여 제안서까지 작성해주지만 결국 "지금은 적절한 시기가 아니다. 나중에 다시 연락하겠다"는 말로 마무리될 수 있다.

일반적으로 컨설턴트와 같은 계약형 직업에서는 첫 미팅과 제안서 작성 등의 초기 단계가 모두 무료로 이루어진다. 이는 말 그대로 대가 없는 노동이 된다. 그러므로 계약에 도달하기까지의 시간과 노력을 줄이거나 영업 과정에서 비용을 발생시킬 수 있다면 영업 효율성을 비약적으로 향상시킬 수 있다.

그렇다면 무료로 일하는 것을 피하기 위해서는 어떻게 해야 할까? 처음 방문했을 때부터 상담료를 청구하는 방식을 도입하면 된다. 예를 들어, 첫 미팅의 상담료를 10만 엔으로 설정하고, 그 후 계약이 성사되면 첫 달의 컨설팅 비용에서 10만 엔을 공제하는 것이다. 다시 말해 실제로 계약을 체결하려는 고객에게는 아무런 부담이 없다. 반면, 단순히 "사전 상담을 받고 싶다"는 식으로 접근하는 잠재 고객을 미리 걸러낼 수 있다.

첫 미팅에서 비용을 청구하려면 사전에 자신의 컨설팅 내용, 품질, 견해 등을 명확히 설명할 필요가 있다. 이를 위해 성공 사례나 노하우를 정리한 보고서를 준비해두고, 이 보고서를 충분히 이해한 사람들만을 대상으로 한다면 고객 획득 비용을 획기적으로 줄일 수 있다.

영업의 시간과 노력을 줄이는 또 다른 방법으로는 '이인삼각 플랜'이 있다. 예를 들어 프랜차이즈 영업을 생각해보자. 가맹점을 모집할 때 설명회가 끝난 후 영업 사원이 잠재 고객을 직접 방문하여 상담을 진행하는 경우가 많다. 하지만 이 방법은 다양한 영업 비용을 발생시킨다. 이를 해결하기 위해 영업 사원이 출장을 가지 않고, 잠재 고객이 본사를 방문하게끔 하는 방식을 도입할 수 있다.

구체적인 예는 다음과 같다.

"영업 사원이 출장을 나가면 많은 비용이 발생합니다. 따라서 본사로 방문해주시면 그 비용만큼 돌려드리겠습니다. 항공권과 숙박비는 저희가 부담하겠습니다. 온천이 포함된 호텔에서 편안하게 쉬실 수 있으니 이번 기회를 놓치지 마세요."

이처럼 영업의 시간과 노력을 줄이면 그것이 곧 경쟁력으로 이어진다. 일반적으로는 영업에 많은 시간과 노력을 투자해야 고객을 얻을 수 있다고 생각하지만, 바로 그 때문에 더 나은 방식을 고민할 여지가 있는 것이다. 대부분의 영업 사원은 이런 상식을 가지고 있기 때문에 이를 극복했을 때 경쟁 우위를 확보할 수 있다. 실제로, 나는 창업 당시 고객이 한 명도 없을 때부터 첫 미팅 비용을 청구했으며, 그 원칙은 지금까지도 이어오고 있다.

이 글은 영업 효율성을 높여 경쟁 우위를 확보하는 구체적인 방법과 사례를 제시하며, 영업 과정에서 발생하는 비효율성을 줄이고 수익성을 높이는 전략을 설명하고 있다. 고객에 대한 서비스 수준을 유지하면서도 영업 비용과 시간을 절감하는 방법을 찾는 데 도움을 줄 수 있는 내용이다.

고객을 유치하는 데 도움이 되는 영향력 있는 고객은 누구인가

지금까지는 설득할 필요 없이 매출을 올려주는 이상적인 고객을 확보하는 방법과, 그러한 고객을 확보하는 데 드는 비용을 검토해 보았다. 이 두 가지 관점을 종합하면 이상적인 타깃 고객이 누구인지는 명확해진다. 타깃 고객을 선정한 후에는 그 중에서도 특히 영향력 있는 인물(혹은 회사)을 분류하는 것이 중요하다.

영향력 있는 핵심 인물이나 업계 리더를 고객으로 확보할 수 있다면 장기적으로 새로운 고객들을 더 쉽게 유치할 수 있기 때문이다. 영향력 있는 고객은 몇 마디만으로도 주변 사람들을 새로운 고객으로 만들 수 있다. 그들은 무보수의 영업 사원 역할을 하는 셈이다. 이렇게 핵심적인 고객을 확보하면 상승하는 에스컬레이터처럼 비즈니스 성장이 가속화된다.

그렇다면 고객을 데려오는 영향력 있는 고객은 어떤 인물(혹은 회사)일까? 다음 세 가지 부류의 사람들에게 초점을 맞추고 찾아보면 된다.

1. 잠재 고객들이 동경하는 사람(혹은 회사)
2. 말을 많이 하는 직업에 종사하거나 말할 시간이 많은 사람
3. 위의 사람들 중에서도 특히 데이터베이스를 보유한 사람

잠재 고객이 동경하는 사람(또는 회사)

잠재 고객이 동경하는 사람(또는 회사)에는 구체적으로 연예인이나 업계의 리더 기업 등이 포함된다. 예를 들어, 피부 미용기를 판매할 때 "특별히 말씀드리지만, 하마자키 아유미(일본의 톱 가수)도 사용하고 있는 제품입니다"라고 하면 그것만으로도 제품을 팔기가 훨씬 쉬워지고, 입소문이 퍼지기도 더 쉬워진다. 또한, 호텔에 영업할 때 "제국 호텔(일본의 특급 호텔)에서 사용 중인 제품입니다. 샘플은 무료로 드립니다."라고 하면 상대방

60분 기업 최강 프로젝트

이 적극적으로 관심을 보이는 경우가 많다. 이처럼 유명 연예인이나 업계 리더를 고객으로 확보하면 그 후의 영업 과정이 매우 매끄럽게 진행된다. 특히 신규 사업을 시작할 때 이러한 고객을 확보하면 사업 초기의 시간과 노력을 크게 줄일 수 있으므로 비용을 지불하더라도 고객으로 확보하는 것이 좋다.

또한, 의사, 변호사, 대학교수 등도 매우 강력한 영향력을 가지고 있다. 이는 광고 반응을 보면 쉽게 알 수 있다. 화장품 광고에서 의사를 모델로 사용했을 때 매우 좋은 반응을 얻었지만, 요리 연구가를 기용했을 때는 반응이 크게 줄어들었다. 반응 차이가 너무 확연해서 필자도 놀랄 정도였다.

이처럼 많은 사람들이 동경하는 직업을 가진 사람을 고객으로 만들면 그것만으로도 경쟁력을 강화할 수 있다. 대기업이 연예인 모델을 사용하며 수억 엔을 지불하는 이유도 바로 이 효과 때문이다. 하지만 중소기업은 그 정도의 자금을 투자할 여력이 없다. 그렇다면 어떻게 해야 할까?

사실 좋은 방법이 있다. 바로 주변 사람들을 '유명 인사'로 만드는 것이다. 이를 위해서는 연출 능력이 중요하다. 예를 들어, 내 회사 근처에 작은 댄스 클럽이 하나 있다. 작은 클럽이라 유명한 댄서가 있을 리 없지만, 광고 전단지를 보면 "여기가 롯폰기의 유명 사교댄스 클럽인가?"라고 생각할 정도로 실력 있는 댄서들이 가르치고 있는 것처럼 보인다. '고 히로미의 백댄서였다', '전 일본 재즈댄스 선수권 대회 우승자'라는 소문도 있다. 특히 사진을 보면 강사들이 아주 멋져 보여 대단한 강사들이 모여 있는 듯한 인상을 준다.

여기서 중요한 점은 '그럴듯하게 보이는 것'이다. 실제로는 동네에서 춤 좀 춘다는 형님이나 누님이라도 상관없다. 이처럼 유명 인사가 아니더라도 잠재 고객이 동경할 만한 인물로 연출하는 것이 중요하다. 예를 들어, 회사의 고객 목록에 의사가 있다면 '○○ 분야의 권위자'라고 소개할 수 있다. 본인은 과장된 표현이라고 생각할지 모르지만, 그의 실적을 확인해보면 실제로 권위자일 때가 많다. 또한, 고객 목록에 서예 강사가 있다면 '○○ 선생님에게 사사받은 분'이라고 소개할 수도 있다. '사사받았다'는 표현만으로도 사람들은 그 선생님이 얼마나 유명한지 몰라도 분명 대단한 인물일 것이라고 생각하게 된다.

물론 거짓말을 해서는 안 되지만, 있는 그대로의 가치를 더 돋보이게 하는 노력을 하지 않는 것도 문제다. 대부분의 회사는 이러한 점을 간과하고 주변에 있는 자원을 충분히 활용하지 않는다. 사실 당신 주변에는 이미 필요한 자원들이 충분히 존재하고 있다. 중요한 것은 그 자원을 어떻게 적재적소에 배치하고 잘 연출하느냐이다. 그것이 바로 동경하는 고객을 쉽게 만드는 비결이다.

말을 많이 하는 직업에 종사하거나 말할 시간이 많은 사람

말을 많이 하는 직업에 종사하는 사람들은 일하는 동안에도 당신의 상품을 자연스럽게 선전해줄 수 있다. 이러한 경우 파급 효과가 크기 때문에 매우 영향력 있는 고객이 된다. 컨설턴트의 경우를 예로 들어보자. 인터넷 붐이 시작되었을 때, 인터넷 쇼핑몰에서 물건을 구입하는 고객 중에는 인터넷 컨설턴트들이 상당히 많았다. 이들은 인터넷의 최신 동향을 파악하기 위해 전자 상거래를 통해 물건을 구입했다. 그러다 자신이 경험한 사이트를 신문이나 잡지에 소개하면서 해당 사이트는 자연스럽게 광고 효과를 얻게 되었다. 이런 고객들이 많을수록 신규 고객도 계속해서 늘어나게 된다.

이렇듯 말을 많이 하고 정보 파급 효과가 큰 직업에는 어떤 것이 있을까?

첫째, 경영자는 말을 많이 하는 직업에 속한다고 볼 수 있다. 매일 아침 모임을 가지는 경우가 많아 그때 말로 파급 효과를 일으킬 수 있다. 게다가 경영자는 대체로 자기 과시 욕구가 강하기 때문에 자신이 좋다고 생각하는 것을 다른 사람들에게도 강력하게 권유하는 경향이 있다. 그 결과, 경영자가 사용하는 제품을 가족과 직원들도 함께 사용하는 경우가 많아 고객 네트워크가 쉽게 확산된다.

둘째, 교사 역시 말을 많이 하는 직업이며, 그들이 속한 공동체 안에서의 영향력도 크다. 그래서 도입기에 있는 상품의 타깃 고객으로 교사를 선정하면 큰 효과를 얻을 수 있다.

셋째, 주택 산업에서는 소방대원을 통해 소개받는 경우가 많다고 한다. 소방대원은 숙직을 자주 하므로 대기 시간이 많아 자연스럽게 여러 사람에게 정보를 전달할 기회가 많기 때문이다.

마지막으로 매스컴은 말을 많이 하는 직업의 대표적인 예이다. 기자를 고객으로 확보하면 텔레비전이나 라디오 방송 중에 자연스럽게 상품이 언급되면서 광고 효과를 얻게 된다. 실제로 이러한 방법으로 한꺼번에 많은 고객을 확보한 사례도 적지 않다.

이렇듯 직업에 따라 전파력과 영향력은 분명한 차이가 있다. 따라서 고객 전략을 세울 때는 주변에서 영향력 있는 사람들만 잘 찾아도 당신의 메시지가 널리 확산될 수 있다.

데이터베이스를 보유한 사람

데이터베이스를 보유한 사람이란, 언론인은 아니지만 많은 사람들에게 정보를 전달하는 사람을 의미한다. 이들은 방대한 정보량을 다수의 사람들에게 제공하기 때문에 당연히 영향력 있는 고객이 될 수 있다. 구체적으로는 고객을 대상으로 뉴스레터 등 정기 간행물을 발행하는 회사나, 인터넷상에서 다수의 독자에게 정보를 발송하는 메일 매거진의 집필자 등을 예로 들 수 있다. 이처럼 정기적으로 정보를 제공하는 경우, 발신자는 많은 사람들에게 신뢰를 얻으며, 그 결과 주변에 강력한 영향력을 미치게 된다. 매스컴이 아니기 때문에 다루는 사람들의 수는 제한적일 수 있지만, 때로는 동호회나 커뮤니티로 발전하면서 일반 미디어와는 비교할 수 없을 정도로 큰 반응을 이끌어내기도 한다.

예를 들어, 합자회사 솔루즈는 고객들에게 매달 "와인 통신"이라는 뉴스레터를 발송하고 있다. 한 번은 이 뉴스레터에 거래처 레스토랑을 소개했는데, 다음 날 아침부터 수많은 사람들이 몰려와 레스토랑 사장이 깜짝 놀랐다는 일화가 있다. 이 외에도 취미 클럽이나 서클 활동과 같은 커뮤니티의 운영자도 막강한 영향력을 가진다. 이러한 사람들을 지역의 유명 인사로 탈바꿈시키면 그들의 활동이 홍보 역할을 하게 되며, 상호 간에 이익을 주고받는 관계를 구축할 수 있다.

지금까지 영향력 있는 고객군을 세 가지 카테고리로 나누어 생각해 보았다. 이처럼 타깃 고객을 명확히 설정한 후, 그중에서도 특히 영향력 있는 고객을 우선적으로 개척하는 것이 중요하다. 이는 '20 대 80 법칙'이 이 경우에도 적용되기 때문이다. 즉, 20%의 영향력 있는 고객이 80%의 고객을 데려오는 역할을 한다는 뜻이다. 이 사실은 실제로 고객 소개 캠페인을 진행해 보면 쉽게 확인할 수 있다. 소개를 많이 하는 사람은 엄청나게 많은 사람을 소개하지만, 소개를 전혀 하지 않는 사람은 한 사람도 소개하지 않는다. 결국, 처음부터 소개할 가능성이 높은 사람을 고객으로 확보해 두면 이후 확산되는 속도가 크게 달라진다는 것이다.

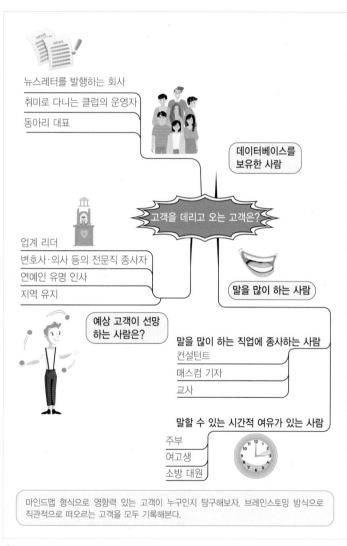

뉴스레터를 발행하는 회사
취미로 다니는 클럽의 운영자
동아리 대표

데이터베이스를
보유한 사람

고객을 데리고 오는 고객은?

업계 리더
변호사·의사 등의 전문직 종사자
연예인 유명 인사
지역 유지

말을 많이 하는 사람

예상 고객이 선망
하는 사람은?

말을 많이 하는 직업에 종사하는 사람
컨설턴트
매스컴 기자
교사

말할 수 있는 시간적 여유가 있는 사람
주부
여고생
소방 대원

마인드맵 형식으로 영향력 있는 고객이 누구인지 탐구해보자. 브레인스토밍 방식으로
직관적으로 떠오르는 고객을 모두 기록해본다.

그림 4-4_ 고객을 데려오는 사람은 누구인가?

60분 기업 최강 프로젝트

입맛에 맞는 고객이 존재할까

이 장에서는 차트 하나를 살펴보고, 마인드맵을 응용한 '두뇌 운동'을 두 번 진행했다. 그렇다면 이제 당신 앞에 다음과 같은 이상적인 상황이 펼쳐질 것이다.

1. 설득하지 않아도 상품을 사겠다고 말하는 고객
2. 별다른 시간과 비용을 들이지 않고 쉽게 만날 수 있는 고객
3. 게다가 다른 고객까지 데려오는 고객

이처럼 이상적인 고객을 당신이 직접 선택할 수 있다. 하지만 대부분의 사람은 이 지점에서 자신감을 잃을 수 있다. "그런 입맛에 꼭 들어맞는 고객이 어디 있느냐?"라고 말할지도 모른다. 물론 이상적인 고객을 확보하려는 노력을 하지 않으면 이상적인 고객이 당신을 선택할 리 없다. 대부분의 회사는 이상적인 고객의 조건을 세밀하게 분석하거나 이미지로 그려보려고 하지 않는다. 이상적인 고객의 이미지를 그려보지 않으면 당연히 그들에게 접근할 방법도 찾지 못한다. 그 결과, 다른

회사와 동일한 고객을 대상으로 동일한 상품을 동일한 방식과 가격으로 판매하려는 회사만 잔뜩 생겨난다. 간판을 바꾸면 어떤 회사가 어떤 회사인지 구분할 수 없을 정도로 모두 똑같아 보이는 상황이다.

전략이란 본질적으로 다른 회사와 차별화하는 것이다. 차별화하지 않으면 고객 입장에서 어떤 회사에서 사든 상관없기 때문에 당신 회사에서 꼭 구매해야 할 이유를 느끼지 못한다. 그러면 결국 가격을 낮추게 되고, 수익성은 더욱 나빠진다. 당신 회사는 부가가치를 창출하지 못하게 되고, 결과적으로 존재 가치도 사라지게 된다.

간단히 말해, 기업에 있어 차별화는 최고의 전략이며 획일화는 최악의 결과를 가져온다. 따라서 경쟁사와 동일해지는 것은 그 자체로 위험 신호다. 획일화는 사고가 멈춘 상태에서 발생한다. 이때는 주변의 상식을 무비판적으로 수용하게 된다. 고객 불만에 대해 맹목적으로 대응하고, 직원들의 불평에 무조건 따르게 된다. 철학이 없기 때문에 잡초처럼 이리저리 휘둘리며 표류하게 되는 것이다.

차별화를 이루기 위해서는 획일화를 경계하고 불필요한 요소들을 과감히 제거해야 한다. 평범하고 무난한 회사를 지향하기보다는 뾰족하고 독특한 회사를 만들어야 한다. 뾰족한 회사에 호감을 갖지 않는 고객이 있는 것은 자연스러운 일이다. 모든 사람에게 환영받는다는 것은 오히려 기업의 정체성이 흐려졌다는 위험 신호일 수 있다.

"나이스 가이(Nice Guy)는 결혼이 늦어진다."는 말이 있다. 모두에게 호감을 받지만, 그 누구도 매력을 느끼지는 못하는 것이다. 고객을 매료시키는 회사가 되기 위해서는 먼저 당신에게 불필요한 고객을 멀리하는 것부터 시작해야 한다.

혼란스러워지는 것을 즐겨라

지금까지 우리는 스타 전략 구축법의 첫 두 단계, 즉 상품과 고객에 대해 알아보았다. 이제 겨우 두 단계를 거쳤을 뿐이지만, 이미 당신은 라이프사이클에서의 위치 판단, 상품 콘셉트의 전달력, 수직·수평 확장, 고객 획득 비용 등 경쟁 회사가 한 번도 생각해보지 못한 개념들을 접하고 있다.

그런데 이쯤 되면 당신도 혼란스러워지지 않을까 싶다. 여러 방향에서 질문을 던지면 여러 방향에서 정보가 쌓이기 시작한다. 그러나 그 과정에서 해결책이 보이지 않는다. 어떤 차트를 보더라도 만족스러운 답, 즉 오른쪽 위의 '이상적인 영역'에 도달할 수 있는 방법을 찾지 못한다. "바로 이거구나!" 하고 두 눈이 번쩍 뜨일 만한 획기적인 전략이 필요하다. 속 시원한 아이디어가 나오지 않아 기대와 불안이 교차하면서 혼란스러워지기 시작한다.

그러나 혼란스러워지기 시작했다는 것은 매우 긍정적인 신호다. 혼란스럽다는 것은 지금까지의 사고방식만으로는 더 이상 해결할 수 없는, 다면적인 관점을 갖게 되었다는 뜻이기 때문이다. 혼란 없이는 창조도 없다. 창조적인 해답을 얻기 위해서는 그 혼란스러운 상태를 유지해야 한다. 그리고 그 혼란을 더욱 키워나가야 한다.

전략을 창조하는 과정은 반드시 다음의 네 단계를 거친다.

- 1단계: 전략이 없다는 사실조차 알지 못한다.
- 2단계: 전략이 없다는 사실을 알았다. 하지만 전략을 수립하지 못한다.
- 3단계: 전략이 보이기 시작한다. 하지만 아직 확신할 수 없다.
- 4단계: 이것이 바로 해답이다! 당장 실행해보자.

당신은 지금 이 두 번째 단계에 있다. 즉, 당신의 회사에 전략이 없다는 사실을 알았지만, 아직 그 전략을 수립하지 못하고 있는 상태다. 이 두 번째 단계가 가장 혼란스러운 시기다. 혼란스러워지기 시작하면 그동안 억눌려 있던 부정적인 사고가 고개를 든다.

"이런 식으로는 잘될 리가 없어."

"이 책의 저자가 말한 부분이 여기서 틀렸어."

이처럼 그동안 의심스러웠던 부분을 어떻게든 증명해보려 한다. 이 과정에서는 욕구 불만이 쌓이고 좌절하기 쉽다. 물론, 이 과정을 건너뛰고 곧바로 세 번째 단계로 나아가고 싶을 것이다. 하지만 시간이 얼마나 걸리든 네 단계를 모두 거치게 되는 것은 필연적이다. 좌절하지 않고 세 번째 단계로 나아가려면 먼저 혼란을 즐기는 법을 배워야 한다. 혼란을 즐기는 것이 가장 중요하다. 혼란스러워졌다는 것은 당신이 이미 두 번째 단계를 지나 세 번째 단계로 넘어갈 준비가 되었다는 신호다. 혼란을 피하지 말고 긍정적으로 받아들여라. 혼란을 즐기며 한 발짝씩 나아가면 결국 다음 단계로 올라갈 수 있다.

예를 들어,

"차트를 사용해봤지만 내 비즈니스가 어디에 위치하는지 알 수 없다."

"차트에 비즈니스를 위치시켜 봤지만, 이게 맞는지 확신이 없다."

"차트에서는 왼쪽 아래에만 위치하게 되는데, 어떻게 해야 오른쪽 위로 갈 수 있을지 모르겠다."

이러한 불안과 의문들이 떠오를 것이다. 그러나 걱정할 필요는 없다. 이것은 좋은 징조다. 당신이 알지 못했던 것을 깨달았다는 것만으로도 이미 큰 진전을 이룬 것이다. 아직 이해가 되지 않아도 괜찮다. 이 단계에서 모든 것이 명확하게 보일 만큼

이 책이 얕은 내용만을 담고 있는 것은 아니다. 계속해서 책을 읽다 보면 차트들 간의 상호 작용을 통해 갑작스러운 발상을 얻게 될 것이다.

혼란스러운 상태를 그대로 받아들이고, 무조건 앞으로 나아가라. 혹시 지금 미간을 찡그리고 있지는 않은가? 그렇다면 좋은 아이디어는 나오지 않는다. 이것은 단지 두뇌 운동에 불과하므로 가벼운 마음으로 임해야 한다. 창의력을 발휘하려면 끊임없이 고민하고, 그 후에는 그 문제를 잊는 것이 중요하다. 그럼 이쯤에서 커피 한 잔 마시며 잠시 휴식을 취해보자.

PART 4. 요 약

1. 올바르게 고객을 선정하면 고객도 그 회사를 선택한다. 반대로 고객 선정이 잘못되면 고객도 그 회사를 선택하지 않는다. 상대하고 싶은 고객과 그렇지 않은 고객을 명확히 구분하고, 상대하고 싶은 고객과만 거래를 유지하면 수익률이 상승한다.

2. 아무리 유망한 타깃 고객이라 생각해도 그 고객을 획득하는 데 드는 비용이 높다면 잘 팔리는 구조를 구축할 수 없다. 예상 고객을 쉽게 찾고, 영업에 시간과 비용을 많이 들이지 않는다는 두 가지 관점에서 생각해야 한다.

3. 영업 사원만이 실제 매출을 올려주는 주역이다. 따라서 실행 가능한 전략은 인간의 감정을 무시하고는 절대로 구축될 수 없다.

4. 고객을 불러오는 영향력 있는 고객을 찾으면 상승하는 에스컬레이터를 타고 성장할 수 있다.

5. 기업 입장에서 차별화는 선이고 획일화는 악이다. 둥글고 모나지 않은 회사를 지향하기보다는 뾰족하고 개성 있는 회사를 만들어야 한다. 뾰족한 회사를 싫어하는 고객이 생기는 것은 당연한 일이다. 모두에게 미움을 받지 않는 회사라면 이미 위험 신호가 깜빡이기 시작한 것이다.

PART 5

경쟁 우위를 창출하기 위한
접근법

최강의 경쟁 전략은 싸우지 않는 것이다

기업 전략이 무엇인지 물으면 대부분 먼저 라이벌 회사와의 경쟁을 떠올린다. 라이벌 회사보다 뛰어난 상품을 만들고 더 저렴한 가격에 판매하며 질 좋은 서비스를 제공하려고 생각한다. 그리고 최고 품질을 지향하는 일류 기업이 되어야만 이 치열한 경쟁 사회에서 살아남을 수 있다고 믿는다. 이와 같은 생각을 하는 사람에게 내가 지금부터 할 이야기는 다소 엉뚱하게 들릴지도 모른다.

최강의 경쟁 전략이란 싸우지 않는 것이다. 싸우지 않고 이기자는 말이다. 그래도 싸움을 피할 수 없다면 심각한 상황에 빠지기 전에 그만두어야 한다.

싸움의 목표는 경쟁사보다 우위에 있다는 것을 고객에게 입증하는 데 있지 않다. 경영자로서 당신이 타인보다 우수하다는 것을 증명하는 것이 목적이어서도 안 된다. 경쟁을 피하거나 철수를 결정했다고 해서 불이익을 받는 것도 아니다. 싸움의 궁극적 목적은 간단히 말해 수익을 창출하는 것이다. 경쟁을 통해 얻은 수익이든 경쟁 없이 얻은 수익이든 계좌에 입금되면 동일하다. 어렵게 번 돈이라고 이자율이 더 높아지거나 쉽게 번 돈이라고 세금을 더 많이 내는 것도 아니다.

만약 경쟁 없이도 수익을 창출하고, 즐기면서도 돈을 벌 수 있다면 누구나 그 길을 택할 것이다. 그렇다면 어떻게 해야 그 길을 걸을 수 있을까? 싸움이 시작되기 전에 싸움이 일어나지 않도록 머리를 써야 한다. 싸움이 이미 시작되었다면 상황이 악화되기 전에 그만둘 방법을 모색해야 한다. 이를 위해 다음 네 가지 측면에 중점을 두고 전략을 고민해야 한다.

- 시장 공략의 난이도 (시장 내 틈새를 찾는다)
- 고객 관점에서 본 자사(또는 자사 상품)의 우위성
- 가격 커뮤니케이션(가격의 명확성 및 타당성)
- 진입 장벽과 철수 장벽

시장 공략의 난이도 (틈새시장을 찾아라)

Part 1에서 필자는 가전제품을 수입하여 판매했던 경험에 대해 이야기했다. 이제 그때 필자가 저질렀던 가장 큰 실수를 고백하고자 한다.

미국의 가전제품은 마치 미국 자동차처럼 과거 여러 차례 일본 시장에 도전했지만 실패를 거듭해온 역사를 가지고 있다.

일본 시장은 결코 쉬운 시장이 아니다. 하지만 속으로 이렇게 생각했다.

"과거에 실패했던 것은 전략이 잘못됐기 때문이다. 나는 MBA에서 철저히 사업 전략을 배웠으니, 적절한 전략만 세우면 성공할 수 있을 것이다."

필자는 그렇게 맹목적으로 믿었다. 지금 생각해보면 그 믿음이 불행의 시작이었다. 그 후 몇 년 동안 거의 잠을 자지 못할 정도로 일했다. 그리고 문제들이 끊임없이 터져 나왔다. 비관세 장벽이 있었고, 수입 컨테이너는 폭풍으로 지연되었으며, 환율은 매일 변동했다. 물류 시스템은 처음부터 다시 구축해야 했고, 기술 매뉴얼, 제품 책임법(PL법)의 라벨 작성, 제품 디자인, 패키지 디자인, 브로셔 제작, 애프터서비스 네트워크 구축, 대형 매장에 대한 영업, 개인 사용자 대상의 통신 판매, 광고, 기자 회견, 전화 상담까지 모두 혼자서 처리해야 했다.

그렇게 열심히 일했음에도 불구하고 매일 문제가 생겼다. 게다가 일본 경쟁사의 제품 개발 속도는 매우 빨랐다. 미국 제품이 히트하면 1년이 채 되지 않아 경쟁 제품을 만들어내는 것이다. 다음 문제, 또 다음 문제… 끊임없이 경쟁사들이 등장했다.

그제서야 나는 깨달았다. 다른 사람들도 똑같이 열심히 노력했지만 성공하지 못한 이유가 있었다.

인간의 능력 차이는 그리 크지 않다. 내가 노력했다고 해서 성공할 것이라는 생각은 순전히 자만심이었다.

치열한 경쟁의 장에 뛰어들어 "내가 하면 성공할 수 있다"고 생각하는 것만큼 인생을 허비하는 일도 없다. 과거 수많은 사람의 실패 사례가 있음에도 그 교훈을 무시한 채 '뭐, 어떻게든 되겠지'라는 안일한 생각으로 싸움에 뛰어든 것이 필자가 저지른 가장 큰 실수였다.

어리석은 자는 '내가 하면 된다'고 생각한다.

현명한 자는 어리석은 자도 할 수 있는 일을 선택한다.

내 사고방식은 180도 바뀌었다.

싸우지 않고 돈을 벌기 위한 첫 번째 원칙은, 치열한 경쟁이 벌어지는 시장에 처음부터 발을 들이지 않는 것이다. 사업을 시작하려면 안정적인 시장을 선택해야 한다. 여유롭게 운영되는, 나이 든 부부가 운영하는, 그리고 특별한 전문 지식 없이도 적정 수준의 수익을 낼 수 있는 시장이 바로 목표다.

"다소 세련되지 않고, 전문적인 경영보다는 가업에 가까운 곳이다"라고 느껴지는 시장에 진입하는 것이 현명하다. 경쟁이 치열하기 때문에 품질이 향상되고, 뛰어난 상품이 제공될 수 있다는 주장도 있다. 분명 그 말도 일리가 있다. 하지만 일본이 치열한 경쟁 시장에서 고군분투할 때 미국은 소프트웨어 산업에서 독보적인 위치를 확보했다.

다시 강조하지만, 목적은 강해지는 것이 아니다. 돈을 버는 것이다. 이를 위해 시장에 진입할 때 두 가지 축을 고려해야 한다.

- 시장 성숙도: 여유롭게 돈을 벌고 있는가, 아니면 치열한 경쟁이 벌어지고 있는가?
- 제품 전환도: 고객이 기존 경쟁사 제품에서 쉽게 갈아탈 수 있는가, 아니면 어려운가?

시장의 성숙도

유유자적하며 돈을 벌고 있는 시장이란, 더 구체적으로 말하자면 전화번호부나 업계 잡지를 넘겨봐도 독보적인 기업이 존재하지 않는 업종들이 모여 있는 곳이다. 광고를 보면 회사 이름과 취급 품목, 전화번호만 적혀 있으며, 마치 명함을 크게 확대한 듯한 광고들이 가득하다. 가격에 대한 언급은 없고, '견적 무료'라는 말만 큼지막하게 적혀 있다. 게다가 홈페이지에 Q&A란이 있긴 하지만, 이메일을 보내도 며칠이 지나도 답변이 오지 않는다. 이런 회사들이 모여 있는 업계는 결속력이 없으며, 조금만 공부한 늑대가 나타나면 양떼들처럼 흩어지고 만다.

반면, 치열한 경쟁이 벌어지고 있는 시장에서는 웬만한 회사들이 텔레비전 광고를 내보내며, 깔끔한 브랜드 이미지를 통일하여 전국적으로 체인 사업을 전개하기도 한다. 이들의 홈페이지는 아마존 닷컴처럼 풍부한 정보량을 자랑하며, 매출로 바로 이어지도록 면밀히 계산되어 만들어진다. 최신 기술을 보유한 덕분에 메일을 보내면 자동으로 답변이 돌아오는 시스템도 갖추고 있다. 이러한 업종들이 모여 있는 시장은 이미 고도의 경쟁 체제에 돌입했기 때문에 진입하려면 각오가 필요하다.

전화번호부를 찾아보는 것이 디지털 시대에 맞지 않는 전근대적인 방식처럼 보일 수 있지만, 사실 이는 비장의 카드라 할 수 있다. 예를 들어, 연봉 1억 엔을 받는 직원으로 유명한 주식회사 미스미는 원래 금형업체로 시작했다. 이 회사는 대면 판매를 일체 하지 않고 카탈로그만으로 전국의 공장에서 주문을 받는 방식을 채택했다. 제4장에서 배운 것처럼 영업에 드는 시간과 노력을 줄여 고객 획득 비용을 대폭 줄인 것이 이 회사가 경쟁 우위에 설 수 있었던 원동력이었다.

그 후 미스미는 디자인 회사에 제도용품을 판매하고, 식당에는 조리된 식품을, 동물 병원에는 의료용품을 판매하며 연관성이 없어 보이는 시장들에 연달아 진출했다. 그 기준은 전화번호부를 참고해 두꺼운 섹션을 기준으로 진출 시장을 결정했던 것이다. 물론 전화번호부가 없는 업종도 있다. 그런 경우에는 업계 잡지나 신문을 참고하면 된다. 페이지를 넘겨보면 앞서 설명한 것처럼 명함을 확대해 놓은 듯한 광고나 무엇을 파는지 알 수 없는 이미지 광고가 가득하다.

특히 취미를 발전시켜 출발한 회사들이 모여 있는 시장은 공략하기가 매우 쉽다. 예를 들어 마케팅 컨설턴트인 사토 마사히로 씨는 미도리산고(녹색 산호)라는 잘 알려지지 않은 시장의 고객을 지원하면서 한두 가지 조언만으로 3개월 만에 해당 시장에서 고객 수를 두 배로 늘렸다.

기술 하나만 믿고 시작한 회사들이 많은 업종은 그야말로 황금 어장이다. 동물 실험용 약품, 특수 용도의 전자 스위치, 제품 원재료 교반기(Vortex Mixer) 등이 그 예이다. "이런 제품도 세상에 존재하는가?"라고 생각하게 만드는 시장이 바로 그 목표다. 이들은 독창성이 있고, 기술은 뛰어나지만 판매 방법을 모르는 경우가 많다. 기술은 뛰어나지만 마케팅은 문외한인 회사들이다. 이런 회사를 만나면 필자는 기쁨에 어깨춤을 추고 싶어진다. 마치 도깨비 방망이를 쥐고 있는 것처럼 살짝 두드리기만 해도 금은보화가 쏟아져 나올 것만 같다.

이처럼 '여유로운', '소박한', '기술 외길', '장인 정신', '취미' 등의 특성을 가진 시장은 아직 성숙기에 도달하지 않은 경우가 많다. 따라서 기본적인 준비만으로도 시장에 진입하거나(또는 이미 진출한 기업이 약간의 개선만 하더라도) 단기간에 업계 판도를 뒤바꿀 수 있다.

시장이 성숙하지 않은 경우에는 명확한 가격 설정, 통일된 이미지, 고객 중심, 마케팅 개선(홈페이지, 광고 등)을 우선적으로 진행해야 한다. 반면 시장이 성숙한 경우에는 경쟁사들이 대부분 동질화되어 있을 가능성이 높으므로 차별화를 도모하거나 제2장에서 설명한 것처럼 새로운 성장 곡선을 그릴 수 있는 분야를 발굴하는 것이 필요하다.

상품 교체의 난이도

여유로운 시장 중에는 경쟁 회사가 진입하기 어려워서 시장이 자연스럽게 보호되는 경우가 있다. 이러한 경우, 기존에 사용 중인 상품을 제거하지 않으면 새로운 상품을 판매할 수 없는 상황이 발생한다.

예를 들어, 1990년대 초반에 정수기가 엄청나게 팔렸다. 당시에는 시장 침투율이 아직 낮고 정수기를 보유한 가정이 적었기 때문에 전화 한 통으로도 상담이 쉽게 진행되었다. 수십만 엔짜리 정수기라도 현관에 들고 가기만 하면 팔리는 경우가 많았다. 게다가 필터를 정기적으로 교체해야 하기 때문에 지속적인 수익도 보장되었다. 지금으로서는 상상하기 어렵지만, 정수기 하나만으로도 상장을 고려할 정도로 고속 성장한 회사도 있었다.

하지만 1990년대 후반에 접어들면서 시장 침투율이 급격히 높아졌다. 이제는 거의 모든 가정에 정수기가 보급되어 있었고, 새로운 정수기를 판매하려면 기존에 설치된 정수기를 먼저 제거해야 하는 상황이 되었다. 이로 인해 상품의 포지셔닝이 매우 나빠졌으며, 고객의 '니즈'도 줄어들어 '반드시 필요한 제품'이라고 확신할 수 없게 되었다. 광고를 내고, 전화를 통해 제품을 설명해도 반응이 없고, 교체를 권유하는 것 자체도 어려워지면서 계약을 성사시키는 일이 점점 힘들어졌다.

이미 고객이 보유한 상품을 제거하고 새로 설치해야 하는 제품과 비교할 때, 설치가 필요 없는 제품은 동일한 수질 관련 상품이라도 진입이 훨씬 용이하다. 예를 들어, 물에 분말만 넣으면 즉시 미네랄워터가 만들어지는 상품이 대표적인 예다. 따라서 정수기를 판매하고자 한다면 설치가 필요 없는 간단한 제품을 먼저 판매해 고객의 신뢰를 얻은 후, 정수기를 제안하는 방식으로 사업을 전개하는 것이 훨씬 더 효과적이다.

기존 상품에서 어떻게 전환시킬 것인가

위와 같은 관점에서 판단해 보면 기존 상품이 이미 고객에게 널리 퍼져 있더라도 해결책은 분명히 존재하며, 그 방법을 찾아내면 크게 성장할 가능성도 있다.

하나의 예를 들어보겠다. 유한회사 카네요 판매는 된장과 간장을 통신 판매하는 회사다. 이 회사의 요코야마 에이사쿠 상무는 한때 가고시마산 된장과 간장을 전국적으로 통신 판매하고 싶다며 컨설팅을 요청해왔다. 그때 우연히 함께 있던 통신 판매업계의 한 사장이 이렇게 말했다.

"당신을 위해서 하는 말인데, 포기하시는 게 좋을 것 같습니다. 그 시장에 뛰어드는 건 맨발로 가시밭길을 걷는 것과 다름 없어요."

필자도 같은 생각이었다. 된장과 간장으로 매출을 올리기란 결코 쉬운 일이 아니다. 가고시마의 된장과 간장이 전국적으로 인정받을 수 있을지도 장담할 수도 없었다. 요코야마 상무는 큰 충격을 받았지만 쉽게 포기하지 않았다.

우선 신문에 작은 광고를 내고 샘플을 무료로 배포했다. 그러나 샘플을 받은 사람들 중 단지 4%만이 실제 구매로 이어졌다. 반응률을 최소한 세 배로 높이지 않으면 수익성을 맞출 수 없었고, 이대로라면 사업을 지속할 수 없었다.

왜 이런 결과가 나왔을까?

된장과 간장이라는 상품을 〈그림 5-1〉의 차트에 적용해 보면

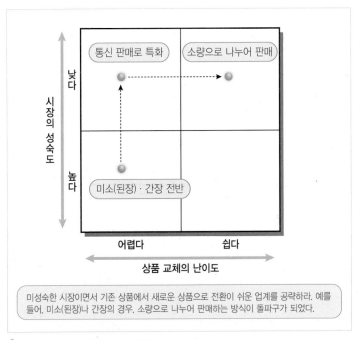

미성숙한 시장이면서 기존 상품에서 새로운 상품으로 전환이 쉬운 업계를 공략하라. 예를 들어, 미소(된장)나 간장의 경우, 소량으로 나누어 판매하는 방식이 돌파구가 되었다.

🧭 그림 5-1_ 시장 공략성 분석 차트

그 이유를 알 수 있다.

우선 시장은 이미 성숙했으며, 경쟁하는 대기업들이 많다. 이는 시장이 이미 견고하다는 것을 의미한다. 이런 강력한 경쟁자가 많은 시장에는 일반적으로 진출하지 않는 것이 좋다. 하지만 요코야마 상무의 경우, 된장과 간장 제조업은 가업이었기 때문에 다른 선택지가 없었다. 할 수 있는 것은 모두 시도해 보는 수밖에 없었다.

다음으로 기존의 된장과 간장에서 새로운 제품으로 교체하는 것이 얼마나 쉬운지를 검토해 보았다. 그 결과, 구입률이 낮은 이유를 예측할 수 있었다. 아무리 맛있는 제품이라도 아직 사용 중인 된장이나 간장이 남아 있다면 새로운 제품을 구입할 이유가 없었다. 그래서 구매 부담을 줄이기 위해 포장 단위를 더 작게 나누어 판매하기 시작했다. 그러자 구매자가 4%에서 무려 50% 이상으로 급증했다. 그 모든 일이 불과 3개월 만에 일어났다.

요코야마 상무는 이때 비로소 깨달았다.

"이제 팔리는 구조를 찾았다."

현재 그는 연 매출이 2,000만 엔에서 1억 엔을 훨씬 넘어섰다.

고객 관점에서 자사의 우위성을 찾아라

앞에서 언급한 '두뇌 운동' 결과, 시장에 강력한 경쟁자가 없고 기존 상품에서 자사 상품으로 쉽게 교체할 수 있는 시장이라면 싸우지 않고도 이길 수 있는 방법이 있다는 사실을 알았다. 이제 다음 단계는 고객 관점에서 본 자사 상품의 경쟁 우위성을 올바르게 파악하는 것이다. 여기서 중요한 점은 자사 관점이 아닌 고객의 시각으로 바라보는 것이다.

우선, 경쟁 우위성이란 무엇일까?

경영 전략 부문의 최고 권위자인 하버드 경영 대학원의 마이클 E. 포터 교수는 그의 저서에서 경쟁 우위를 다음과 같이 설명한다.

"기본적으로 경쟁 우위란, 기업이 고객을 위해 창출할 수 있는 가치에서 시작된다. 이때 그 가치는 창출하는 데 소요되는 비용을 초과해야 한다. 고객이 기꺼이 대가를 지불하는 가치란, 경쟁사 대비 낮은 가격으로 동등한 혜택을 제공하거나 더 높은 가격이더라도 그에 상응하는 차별화된 혜택을 제공하는 것을 의미한다." (《경쟁 우위의 전략》, p. 5.)

이 설명을 통해 경쟁 우위의 개념을 어느 정도 이해했을 것이다. 그렇다면 스스로에게 질문해보자.

당신 회사의 경쟁 우위는 무엇인가? "경쟁 우위라니, 그게 뭐죠?"라고 생각할 수도 있다. 하지만 걱정하지 말자. 이를 즉각 이해할 수 있는 사람은 아마도 하버드 MBA 학생 정도일 테니까. 그렇다면 실제로 경쟁 우위를 파악하기 위해서는 어떻게 해야 할까?

한 주택 건설업체 사장과의 대화를 예로 들어보자.

"고객이 왜 당신 회사에서 집을 짓나요?"

"밀폐성과 단열성이 뛰어나서요."

"정말 그렇습니까?"

"네, 저희 주택은 밀폐성과 단열성이 좋은데도 평당 단가가 저렴하니까요."

이것은 경쟁 우위를 제대로 파악하지 못한 사례다. 진정한 경쟁 우위는 다음 질문을 통해 밝혀낼 수 있다.

"비슷한 상품이 많은데, 왜 고객은 다른 회사에서 사지 않고, 반드시 당신 회사의 상품을 사야 하나요?"

이 질문을 다시 한 번 주택 건설업체 사장에게 해보자.

"비슷한 집들이 많은데도, 왜 고객들이 당신 회사에서 집을 지어야 할까요?"

"글쎄요, 집은 지어봐야 알 수 있는 거니까요."

"그렇다면 질문을 바꿔보죠. 기존 고객들은 왜 당신 회사에

60분 기업 최강 프로젝트

서 집을 지었을까요?”

“말씀드린 대로 밀폐성과 단열성이 뛰어나고 가격이 저렴해서요.”

“정말 그렇습니까?”

“아마도 그럴 겁니다.”

“최근에 당신 회사에서 집을 지은 고객은 누구죠?”

“나카지마 씨입니다.”

“그분은 왜 당신 회사에서 집을 지었을까요?”

“시청에서 일하시는데, 다른 사람의 소개로 저희와 계약했어요.”

“그분은 집을 지을 때 특별히 요구한 것이 있었나요?”

“외관과 구조에 대한 요구는 있었지만, 밀폐성과 단열성에 대해서는 제가 설명했을 때 선택한 것입니다.”

“그렇다면 나카지마 씨가 먼저 요구한 것은 아니군요?”

“네, 맞습니다.”

“그럼, 왜 그분은 당신 회사에서 집을 지으려고 했을까요?”

“아마도 신뢰감 때문이지 않을까요?”

“신뢰라면?”

“저희가 이 지역에서 대가족 주택을 많이 지었으니까요.”

“얼마나 많이 지었나요?”

“약 300채 정도 됩니다.”

“그 정도면 대단한 경력이군요. 이 지역에서 대가족 주택을 짓는 업체 중 몇 번째로 큰가요?"

"아마도 1위 아니면 2위일 겁니다. 경쟁 업체가 하나 더 있지만, 어느 쪽이 더 큰지는 잘 모르겠어요."

"그렇다면 1위일 가능성도 있군요?"

"그렇습니다."

이 대화를 통해서 본 이 주택 건설업체의 진정한 경쟁 우위는 무엇일까? 그 답은 대가족 주택 건설에서 지역 내 1위라는 점이다. 대가족의 요구를 세심하게 파악하여 가족 간의 유대감과 건강을 고려한 최고의 주거 환경을 제공하는 것이 고객 관점에서 본 진정한 경쟁 우위다. 밀폐성과 단열성은 그저 부가적인 요소일 뿐, 경쟁 우위는 아니다.

이 논점을 도식화하면 〈그림 5-2〉와 같다. 〈그림 5-2〉의 분석 차트는 두 가지 축으로 설명할 수 있다.

가로축은 고객 관점에서 자사 제품 또는 서비스가 얼마나 우수하다고 인식되는지이다. 예를 들어, 고객이 자사의 제품을 경쟁사보다 더 우수한 품질로 느끼는가? 이 품질에는 기술, 경험, 실적, 서비스 등 여러 요소가 포함된다. 가격은 다음 차트에서 다루므로 여기서는 제외된다.

세로축은, 그 우위성이 고객에게 명확하고 쉽게 전달되고 있는가이다. 이는 간과하기 쉬운 부분이지만 매우 중요하다. 아무리 우수한 품질의 제품을 가지고 있더라도 그 우수성이 고객에게 제대로 전달되지 않는다면 경쟁사 제품과 차별화되지

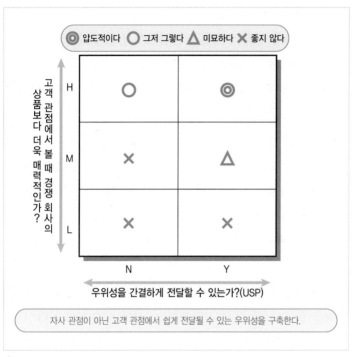

그림 5-2_ 경쟁 우위성 분석 차트

않는다.

전달되지 않는 경쟁 우위는 없는 것과 같다

당신도 느끼겠지만, 상품의 품질을 비교해보면 각 회사마다 뚜렷한 차이는 보이지 않을 수 있다. 그러나 세심하게 들여다 보면 분명 차이가 존재한다. 그 미세한 차이를 고객에게 명확히 전달할 수 있을 때 비로소 경쟁 우위가 생겨난다.

이처럼 자사 상품의 특징을 간결하게 전달할 수 있는 표현을 USP(Unique Selling Proposition, 독특한 판매 제안)라고 한다. 이는 다른 곳에서는 찾아볼 수 없는 판매 포인트를 의미한다. 앞에서 언급한 주택 건설업체에 적용한다면 USP는 특정 지역에서 가장 평판이 좋은 대가족용 주택 건설업체가 될 수 있다.

USP의 대표적인 사례로는 도미노 피자를 들 수 있다. 도미노 피자가 창업 당시 내걸었던 구호는 "뜨거운 피자를 30분 안에 배달합니다. 30분이 넘으면 무료입니다"였다. 당시만 해도 피자를 주문하면 한참을 기다려야 했고, 배달되는 동안 식어버리는 일이 많았다. 이것이 고객들의 가장 큰 불만이었다. 도미노 피자는 이 불만을 해결할 수 있는 시스템을 갖추고, 그 우위성을 한 마디로 쉽게 전달했다. 이것이 바로 USP이다. 덕분에 도미노 피자는 미국은 물론 전 세계로 급속히 성장할 수 있었다.

USP는 대기업들이 흔히 사용하는 단순히 이미지가 좋은 장식성 발언이 아니다. 예를 들어, 카네보의 "For Beautiful Human Life"라는 캐치프레이즈는 유명하지만, 원어민조차 알 수 없는 영어 표현이라고 비웃음을 사기도 했다. 이 문구가 기업 이미지에는 기여할 수 있을지 모르지만, 매출로 이어질 가능성은 크지 않다.

일반적인 규모의 회사는 설득 없이도 매출을 올릴 수 있도록 효과적인 USP를 고민하고 제작해야 한다. 왜냐하면 훌륭한 표현을 생각해내는 데는 비용이 들지 않으면서도 매출 증가에 큰 기여를 할 수 있기 때문이다. 많은 회사가 다른 회사와 동일한 상품을, 동일한 방식으로, 동일한 가격에 판매하고 있기 때문에 성과 역시 다른 회사와 비슷할 수밖에 없다. 결국, 성공적인 결과를 원한다면 자사의 강점을 한 마디로 나타낼 수 있는 USP를 만들어야 한다.

다음은 몇 가지 USP의 예시이다.

- 저희는 업계의 상식을 깨기 위해 끊임없이 노력합니다. 대형 주택 건설업체는 주택 가격의 10~12%가 광고비이지만, 저희 회사는 단 4.3%에 불과합니다. 브랜드에 얽매이지 않는다면 같은 가격으로도 더 나은 품질의 주택을 가질 수 있습니다.
- 부동산 업계에서 매물 매각까지 평균 180일이 걸립니다. 하지만 저희 고객의 82%는 90일 이내에 매각을 완료했습니다. 그 이유는 지속적인 광고를 통해 우량한 매입 고객을 대거 확보하고 있기 때문입니다.
- 저희는 중고차 시장에서 흔히 문제가 되는 주행 거리 조작을 하지 않습니다. 대신 가격은 다소 높지만, 수리 비용을 줄여드리고 1년간 품질 보증 제도를 제공합니다.
- 환상적인 라면, 맛이 없으면 돈을 받지 않겠습니다.

- 일생에 한 번 만날까 말까 한 명의를 당신의 주치의로 만들어드립니다.
- 포토리딩을 배우면 3일 만에 하루 한 권씩 책을 읽을 수 있습니다. 그렇지 않을 경우 수강료를 환불해드립니다.

이처럼 효과적인 USP는 고객에게 명확하게 전달되어야 하며, 자사만의 독특한 경쟁 우위성을 간결하게 표현할 수 있어야 한다.

USP는 어떻게 만들까

당신 회사의 우위성을 한마디로 표현해보라. 이렇게 질문하면 대부분의 회사는 즉각 답하지 못한다. 예를 들어, 일본 기타큐슈의 모지미나토에 위치한 '지지야'라는 건어물점을 보자. 이 가게의 USP는 "지지야의 건어물은 염즙이 다릅니다"라는 것이다. 하지만 이 USP는 처음부터 명확하게 존재했던 것이 아니다.

"지지야의 건어물은 뭐가 다른가요?"

"글쎄요, 건어물이니 대체로 비슷하지 않을까요?"

"하지만 손님들은 맛있다고 하잖아요."

"예, 한 번 드시면 계속 찾으십니다."

"그럼 비결이 뭘까요?"

"글쎄요, 특별히 다르진 않을 텐데요."

"굳이 말씀하시자면요?"

"굳이 말하자면, 염즙이 다릅니다."

"염즙이 뭐죠?"

"염즙은 간장게장에 쓰는 양념처럼 오랫동안 숙성된 액체입니다. 같은 항아리에 수십 년 동안 건어물을 절여두면 생선의 맛이 배어들어 깊은 맛을 내는 거죠. 저희는 30년 넘게 같은 항아리를 사용하고 있어서, 다른 곳에선 흉내 낼 수 없는 맛을 유지하고 있습니다."

이 대화처럼 자사 상품의 우위성을 물어보면 대부분의 회사는 당황하기 마련이다. 이는 고객의 관점에서 경쟁사와 비교해본 적이 없기 때문이다. 또한 판매자가 자신감이나 자부심이 없으면 자사 상품의 장점도 깊이 탐구하지 않는 경우가 많다.

이럴 때는 판매자의 자신감을 회복시키기 위해 "기존 고객은 왜 당신의 회사를 선택했을까요?"라고 물어 이미 성공한 경험을 상기시켜주거나, "굳이 말하자면 어떤 점이 좋습니까?"라고 질문해 작은 장점이라도 찾아내도록 유도한다.

USP는 도미노 피자의 사례처럼 고객의 불만을 바탕으로 만들어질 수도 있다. 그러므로 타깃 고객이 어떤 불만을 느끼는지 예측해보는 것이 중요하다. 고객이 언제 불만을 품고, 어떤 상황에서 큰 불안을 느끼는지 상상해보자. 이를 바탕으로 고객이 분노하는 상황을 묘사해보는 것이다.

도미노 피자는 "언제까지 기다려야 하지?", "또 식은 피자가 올 거야!"라는 고객의 불만을 완벽히 해소하는 문구, 즉 "뜨거운 피자를 30분 안에 배달합니다. 30분을 넘기면 무료입니다"라는 USP를 만들어냈다. 이 문구 덕분에 고객들은 "이런 회사를 기다려왔다!"고 느끼며 도미노 피자의 경쟁 우위를 실감하게 되었다.

가격의 표준성과 타당성 검토

앞서 차트에서는 고객 관점에서 품질 측면의 우위성을 검토했다. 이번에는 가격 측면에서의 우위성을 검토해보자.

일반적으로 가격은 저렴할수록 좋다고 생각하는 경향이 있다. 하지만 가격이 경쟁 우위로 이어지기 위해서는 고객이 가격을 어떻게 받아들이는지가 중요하다. 이는 다음 두 가지 관점에서 판단할 수 있다.

- 고객에게 가격이 명확하게 전달되고 있는가?
- 고객이 그 가격을 정당하다고 생각하는가?

고객에게 가격이 명확하게 전달되고 있는가

고객은 판매자만큼 가격에 대해 자세히 알지 못한다. 판매자는 항상 가격을 신경 쓰고 연구하기 때문에 무엇이 비싸고 저렴한지 쉽게 알 수 있지만, 구매자는 그 가격이 어떻게 결정되었는지 전혀 짐작할 수 없다.

욕실용 휴지처럼 구매 빈도가 높은 상품의 경우, 고객도 대략적인 가격을 알고 있기 때문에 가격이 구매 결정을 내리는 중요한 요소가 된다. 반면, 비석과 같은 구매 빈도가 낮은 상품은 대략적인 가격조차 예측하기 어렵다. 이러한 상품은 단순히 가격이 비싸서 구매를 망설이는 것이 아니라, 가격을 전혀 예상할 수 없기 때문에 두려워서 주저하는 것이다. 이는 긴자의 고급 레스토랑에 쉽게 들어가지 못하는 것과 비슷한 심리다. 따라서 구매 빈도가 낮거나 견적이 필요한 상품을 판매하는 업계에서는 가격표를 제시하는 것만으로도 매출이 크게 오를 수 있다.

이미 정찰 가격이 설정되어 있더라도, 상품의 종류가 많아지면 고객은 얼마를 지불해야 하는지 헷갈리기 쉽다. 이 경우에도 지불해야 할 금액을 정확히 예측할 수 없기 때문에 구매를 주저하게 된다. 이러한 문제를 해결하기 위해서는 개별 단가를 명확하게 알리거나, 총액을 쉽게 이해할 수 있는 방식으로 가격을 제시해야 한다.

예를 들어, 전자의 방법은 100엔 숍처럼 모든 상품을 동일한 가격에 판매하는 방식이고, 후자의 방법은 패스트푸드점의 세트 상품 판매 방식이다. 이 두 가지 방식은 계산을 간단하게 만들어 고객이 복잡하게 고민할 필요 없이 쉽게 구매 결정을 내릴 수 있게 한다.

고객은 머리를 쓰는 것에 대해 당신이 생각하는 것보다 훨씬 더 저항감을 느낀다. 따라서 가능한 한 편안하고, 쉽고 간단한 방법을 제공하는 것이 고객의 구매 결정을 돕는 중요한 요소이다.

고객이 가격을 정당하다고 생각하는가?

고객은 항상 가격이 정당한지 여부를 따진다. 자신이 느끼는 가치보다 가격이 높으면 구매를 주저할 것이고, 가격이 그보다 낮다면 구매를 결정할 가능성이 높다. 즉, 가격이 지나치게 높다고 느끼면 구매 결정에 신중해지고, 반대로 가격이 매우 유리하다고 느끼면 충동 구매를 할 수 있다. 여기서 중요한 점은 고객이 신중해지느냐 충동적으로 구매하느냐는 고객이 느끼는 가치에 의해 결정된다는 것이다.

느끼는 가치는 절대적인 가격과 다르다. 예를 들어 커피 한 잔이 180엔이라면 저렴하게 느껴지고, 800엔이라면 비싸게 느껴진다. 그러나 같은 커피라도 일반 커피숍에서 마시는 것과 일류 호텔에서 마시는 것 사이에는 느끼는 가치가 크게 다르다. 일류 호텔에서 마시는 커피는 절대적인 가격이 비싸지만, 느끼는 가치가 높기 때문에 그 가격은 정당하다고 받아들여진다. 다시 말해, 느끼는 가치를 높이면 가격도 정당하다고 여길 수 있다.

그렇다면 어떻게 느끼는 가치를 끌어올릴 수 있을까? 그 방

60분 기업 최강 프로젝트

법을 네 가지 예를 들어 설명하겠다.

첫째, 앞서 말한 리츠칼튼 호텔처럼 상품을 제공하는 환경이나 서비스의 품질을 높이는 방법이다. Part 2에서 동물적인 감각을 지닌 경영자로 소개한 주식회사 패스미디어의 스도 코지는 NTT의 ISDN 전화 회선을 할인 업체보다 세 배 높은 가격으로 판매했다. 절대적인 가격은 비쌌지만, NTT 대리점 중 전국 1위를 기록했다.

가격이 비싸면 고객이 불만을 가질 것이라 예상했지만, 실제로는 그렇지 않았다 "처음으로 설치하는 전화라 많이 걱정했는데, 정말 큰 도움이 되었습니다", "직원 요시오카 씨의 친절한 응대에 깊은 감동을 받았습니다" 등의 칭찬이 이어졌다. 이는 '저렴해야만 팔린다'는 가격에 대한 고정 관념을 깨트린 결과였다.

그렇다면 어떻게 느끼는 가치를 끌어올릴 수 있었을까?

다른 업체들이 단순히 전화 회선만 설치해주고 터미널 어댑터 등 설정은 고객에게 맡긴 것과 달리, 패스미디어는 누구나 쉽게 설정할 수 있는 완벽한 지원 시스템을 구축했다. 이처럼 구매 과정 전반에서 가치를 느끼게 하여 고객은 세 배나 되는 가격을 정당하게 받아들인 것이다.

둘째, 마치 홍수처럼 서비스를 베푸는 방법이다. 텔레비전 홈쇼핑에서 가격을 소개하는 방법을 떠올려보자.

"그런데 가격이 궁금하시죠?"

"이 정도 상품이니 비쌀 거라고 생각하시겠죠? 걱정 마세요. 사장님께 특별히 부탁해서 오늘은 파리의 쓰리스타 레스토랑에서도 사용하는 대형 냄비, 중형 냄비 세트에 소형 냄비 두 개까지 드리며 단 19,800엔에 모십니다."

"와, 짝짝짝!(관객의 박수 갈채)"

"게다가 지금 구매하시면 미니 사이즈 과일 칼, 특별 제작된 도마도 무료로 드리겠습니다."

이처럼 글로 보면 웃음이 나올 법한 판매 방식이지만, 텔레비전에서는 수십 년간 질리지 않고 반복되고 있다. 이 방식은 일본뿐 아니라 전 세계적으로도 공통적으로 사용된다. 이는 그만큼 판매량을 끌어올리는 데 효과가 있다는 것을 의미한다.

이 방식이 효과적인 이유는 고객의 관심이 본래 구매하려던 상품에서 서비스 상품으로 이동하면서, 본래 상품의 절대적인 가격에 대한 관심이 약해졌기 때문이다. 서비스 상품 자체는 사실 그렇게 대단한 상품이 아닐 수도 있지만, 전체적인 양을 보면 가치가 높아 보인다.

《혀 잘린 참새》이야기에서는 큰 상자와 작은 상자 중에서 선택해야 하는 상황이 나오는데, 작은 상자를 선택하면 좋았겠지만 대부분 사람들은 큰 상자를 선택한다. 이는 사람들이 질보다는 양에 더 반응하는 경향이 강하다는 것을 보여준다.

셋째, 투자 회수 기간을 명확히 하는 방법이다. 이 방법은 특히 법인을 대상으로 하는 상품에 유효하다. 투자 회수 기간은 법인이 구매 결정을 내릴 때 무의식적으로 가장 많이 사용하는 판단 기준 중 하나다. 이 기간을 명시함으로써 다소 비싼 상품이라도 그 가격을 정당화할 수 있게 한다. 예를 들어 100만 엔짜리 상품의 투자 회수 기간이 3개월이라면 "3개월 후에는 100만 엔이 모두 회수되고 그 후로는 이익을 창출할 것입니다"라고 강조할 수 있다. 경영자의 입장에서 보면 구매하지 않는 것이 오히려 손해가 된다. 이처럼 상품의 특징을 장시간 설명하는 것보다 짧은 시간 안에 회수가 가능하다는 점을 설명하는 것이 가격을 정당화하는 데 더 효과적이다.

넷째, 완전히 다른 고가의 상품과 비교하는 방법이다. 예를 들어 900엔짜리 사과를 판매하려고 한다면 900엔이라는 가격은 매우 비싸 보인다. 보통은 "이 사과는 정말 맛있기 때문에 비쌀 수밖에 없다"라고 맛을 강조하며 가격을 정당화하려고 한다. 하지만 이는 같은 상품 카테고리 내에서의 비교이기 때문에 900엔이라는 가격을 쉽게 정당화하기 어렵다.

이때 사과와 고급 멜론을 비교해본다.

"이 사과는 평범한 사과가 아닙니다. 환상의 사과라고 불리며 그 맛은 고급 멜론을 능가합니다. 고급 멜론은 3,000엔에서 5,000엔인데 이 사과는 단돈 900엔입니다."

이처럼 완전히 다른 고가 상품과 비교하면 느끼는 가치를 높일 수 있다.

마지막으로, 가격 커뮤니케이션 능력을 판단하기 위해 Part

2에서 설명한 '신축처럼 보이는 개조'의 위치를 차트로 확인해보자. '신축처럼 보이는 개조'는 기존의 증개축 분야에 속한다. 증개축의 경우, 가격 커뮤니케이션 분석 차트에서 왼쪽 아래에 위치하게 된다. 먼저 견적을 받기 전까지는 비용을 예측할 수 없기 때문에 가격의 명확성이 매우 낮다. 또한, 견적 금액의 정당성도 다른 회사와 비교해보지 않고는 판단할 수 없다. 그 결과, 여러 회사에서 견적을 받아야 하는 상황이 발생한다.

반면, '신축처럼 보이는 개조'는 증개축이 아닌 저가 신축 주택이라는 위치를 차지하고 있다. 이 경우 가격 커뮤니케이션 차트에서의 위치는 어떻게 될까? 우선, 가격의 명확성 면에서 크게 개선되었다. 평당 가격이 ○만 엔이라고 명시할 수 있기 때문이다. 또한, 가격의 정당성은 "신축 주택의 1/3 가격으로 신축과 같은 효과를 얻을 수 있다"는 메시지를 통해 충분히 전달된다. 즉, 이 상품은 차트에서 오른쪽 상단에 위치하게 된다.

일반적으로 가격이 저렴한 것이 경쟁력이라고 생각하기 쉽지만, 이는 일부 대량 할인 판매점에서만 통용되는 상식이다. 많은 업계, 특히 구매 빈도가 낮은 상품을 판매하는 업계에서는 고객이 "얼마에 살 수 있을까?"라는 대략적인 가격조차도 알지 못한다. 비싼 상품을 강매당할까봐 불안해하면서도 "얼마인가요?"라고 물어보는 것이 고작이다. 이처럼 어둠 속에서 불안해하는 고객에게 단순히 손을 내밀어 불을 밝혀주는 것만으로도 가격 우위성을 확보할 수 있는 경우가 많다.

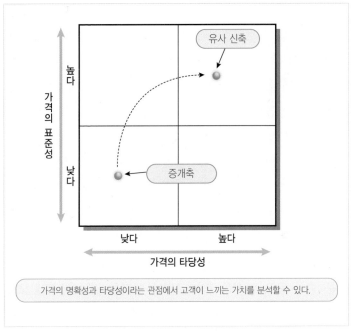

가격의 명확성과 타당성이라는 관점에서 고객이 느끼는 가치를 분석할 수 있다.

 그림 5-3_ 가격 이해도 분석 차트

진입 장벽을 어떻게 높일까

경쟁 전략에서 매우 중요한 두 가지 과제가 있다. 하나는 경쟁 회사의 시장 진입을 어떻게 막을 것인가이고, 다른 하나는 경쟁 회사와의 경쟁에서 에너지가 소모될 때 어떻게 신속하게 철수할 수 있을 것인가이다. 보통 규모의 회사들이 전략을 세울 때는 이 두 가지 문제를 깊이 고민하지 않는 경향이 있다. 하지만 비즈니스의 라이프사이클이 점점 짧아짐에 따라 이 두 가지 문제는 점점 더 중요해지고 있다.

먼저 진입 장벽에 대해 생각해보자.

대기업은 풍부한 자본력과 앞선 기술력을 활용해 진입 장벽을 쌓을 수 있다. 하지만 중소기업은 경쟁 업체가 시장에 진입하는 것을 완전히 막기는 어렵다. 대부분의 제품이 유사하며, 많은 회사가 동일한 공급처에서 자재를 구매하고 있기 때문이다. 차별화를 하더라도 광고 문구, 상점 인테리어, 로고, 간판, 상품 종류 등으로 제한된다. 그러나 이러한 것들은 쉽게 모방될 수 있다.

또한 정보 교환의 속도가 매우 빨라진 오늘날, 기업의 성공요인은 금세 노출되기 마련이다. 인터넷에서는 홈페이지 디자인을 쉽게 도용할 수 있고, 색만 바꾸어 유사한 방식으로 판매할 수 있다. 결국 산업이 성장하면 경쟁사의 진입을 막는 것은 거의 불가능하다. 동일한 지역에서 광고 전단지를 뿌릴 경우, 그 반응률은 단순 계산으로도 절반으로 떨어질 수 있다. 실제로 성장기에 접어든 상품의 경우 경쟁사의 진입으로 인해 전단지의 반응률이 수개월 안에 20~30%로 급감하는 경우가 있다. 이는 기존 비즈니스 구조로는 더 이상 수익을 창출할 수 없다는 것을 의미하며, 기업의 생존 문제가 발생하게 된다.

이런 상황에서 진입 장벽을 구축하는 것은 중요한 과제이다. 따라서 경쟁사가 시장에 진입하기 전에 미리 장벽을 쌓아야 하고, 이미 경쟁사가 진입한 경우에는 자사의 경쟁 우위를 유지할 수 있는 대책을 마련해야 한다.

진입 장벽을 구축하기 위해서는 다음과 같은 전형적인 방법들을 사용할 수 있다.

- 전략을 숨긴다: 소책자만 배포하는 소규모 광고를 이용해 고객이 되어보지 않으면 어떤 사업인지 알 수 없게 한다.
- 수익이 적어 보이게 한다: 경쟁사가 "최근 광고를 자주 내던데, 반응이 어떤가요?"라고 물으면 "별 반응이 없습니다"라고 답변한다.
- 모방을 역이용한다: "왜 우리 광고를 모방할까요?"라는 식의 광고를 낸다.
- 상표 등록: 효과적인 네이밍으로 경쟁력을 확보하고 의장 등록, 상표 등록, 특허 신청 등을 한다.
- 저작권 주장: 전단지나 광고 표현에 저작권 표시를 붙여 방어수단으로 활용한다.
- 디자인 일관성 유지: 차기 제품과 디자인의 일관성을 유지해 다른 회사가 쉽게 모방할 수 없도록 한다.
- 소모품 의존성 부여: 자사 소모품만 사용 가능하게 만들어 이

익을 창출한다. 예를 들어, 복사기 판매 자체는 큰 수익이 없지만 소모품 판매로 수익을 얻고, 소모품은 자사 제품만 사용 가능하게 한다.

- 정기 계약 체결: 정기 배송 계약이나 정기 유지 보수 계약을 체결해 고객과의 관계를 유지한다.
- 고객과의 감정적 유대 강화: 고객과의 정기적인 연락을 통해 개인적인 유대를 강화한다.
- 다양한 고객층 확보: 낮은 가격대의 상품으로 경쟁사가 진입하지 못하도록 복수의 상호를 사용해 다양한 고객층을 확보한다.

이러한 진입 장벽을 설정하는 것은 중요하지만, 그럼에도 불구하고 경쟁사의 진입을 완전히 막을 수는 없다. 따라서 진입 후의 대응이 더욱 중요하다.

내부적으로 전략 구축 능력이 있다면 고객과의 커뮤니티를 형성하는 것이 가장 좋은 대응 방법이다. 이렇게 하면 경쟁사가 진입하더라도 큰 영향을 받지 않으며, 오히려 이를 계기로 자사에 대한 고객의 충성도를 높일 수 있다.

한 가지 예로, 부동산 회사가 특정 지역에서 토지 매각과 동시에 건물을 짓는 상품을 제공한 적이 있었다. A사는 경쟁사보다 먼저 이 방식을 도입해 많은 고객을 확보했다. 그러자 B사가 거의 동일한 상품을 들고 시장에 진입했다. 결국 고객들이 A사에 와서 "B사는 당신 회사를 모방한 것이 아닌가요?"라고 물었다. 그 결과 A사에 대한 고객의 신뢰는 더욱 커졌다. 경쟁사의 진입이 오히려 A사에 대한 고객의 충성도를 강화한 것이다. 반면, B사는 "당신 회사는 모방품에 불과하다"는 비난을 받으며 신뢰를 잃었다.

B사가 발 빠르게 대처할 수 있는 회사였다면 A사와 완전히 다른 전략으로 재출발할 수 있었을 것이다. 이 경우, 자사의 장점과 비교 우위를 다시 검토하고, 이를 바탕으로 전략을 수정했을 것이다. 이렇게 서로의 강점을 인정하면 두 회사는 더 이상 라이벌이 아닌 선의의 경쟁자가 될 수 있다.

이와 같은 사례는 여러 산업에서도 찾아볼 수 있다. 동일 지역에 있는 두 제과점을 예로 들면, 한 제과점은 신선한 빵을 즉석에서 굽는 데 강점을 가지고 있고, 다른 제과점은 편안한 휴식 공간을 제공하는 데 강점을 가지고 있다. 두 제과점이 함께 전단지를 배포했을 때, 그 반응률이 매우 높았다. 이처럼 모든 것을 혼자 해결하려 하기보다는 각자의 강점을 활용해 공생하는 것이 훨씬 더 효과적일 수 있다.

철수 장벽을 어떻게 낮출까

이제 마지막으로 고려해야 할 중요한 사항은 철수 전략이다. 대부분의 회사가 이 부분을 간과하는 경향이 있지만, 철수 전략은 매우 중요한 요소이다. 사업을 시작할 때는 기대감이 커서 그 사업이 영원히 지속될 것이라는 착각을 하게 된다. 그러나 사업이 영원히 지속될 것이라는 생각은 환상에 불과하다.

미국의 컨설팅 회사 매킨지(McKinsey)의 조사에 따르면 1920~30년대 S&P 500 기업의 평균 수명은 65년이었으나 1960년대에는 25~35년, 1990년대에는 15년으로 단축되었다. 2010년에는 기업의 평균 수명이 10년 정도로 예상되었으므로 철수 준비 없이 사업을 시작하는 것 자체가 큰 위험을 감수하는 것이다.

원활하게 사업을 철수하는 것은 사업 전반에서 얻을 수 있는 수익을 보장하는 데 매우 중요하다. 하지만 철수 전략에 대해 논의되는 경우는 거의 없다. 대부분의 사람들은 실패를 고려하지 않고 성공만을 기대하며 사업을 시작하기 때문이다.

필자 역시 사업을 청산한 경험이 있는데, 이는 매우 고통스러운 과정이었다. 그동안 결산상 이익을 내던 사업도 청산을 시작하면 큰 적자에 빠질 수 있다. 장부상 자산으로 기록된 것

60분 기업 최강 프로젝트

들이 실제로는 거의 가치가 없는 경우가 많다. 예를 들어 사무실 가구나 장비는 장부상 자산으로 기록되지만, 청산할 때는 팔리지 않고 오히려 폐기 비용이 발생할 수 있다.

더욱이 청산 비용도 만만치 않다. 모든 재정을 명확히 정리하지 않으면 청산 자체가 불가능하다. 이 과정에서 직원들에게 급여를 계속 지급해야 하며, 회계사와 변호사 등도 관련되어 그 비용 역시 부담이 된다. 청산 작업은 누구나 꺼리는 일이므로 동기 부여가 낮아져 평소 업무보다 훨씬 더 힘들다. 따라서 실제 손실은 예상했던 것보다 훨씬 클 수 있다.

따라서 기업의 계속성을 기대하기 어려운 이 시대에는 처음부터 철수 위험을 신중히 검토한 후 사업을 운영해야 한다. 구체적인 대처 방법은 다음과 같다.

1. 최대한 재고를 보유하지 않는다.
2. 현금 회수를 원칙으로 하고, 외상 매출금을 쌓지 않는다.
3. 정규직 대신 시간제 직원을 고용한다.
4. 장기 리스나 대출을 피하는 등 보수적인 재무 정책을 따른다.

고객들은 재고를 보유하고 외상 매출금을 연장해주길 원할 수 있지만, 이러한 요구를 받아들이면 큰 위험을 초래할 수 있다. 위험을 감수하지 않으면 수익을 얻을 수 없다는 경영자도 있지만, 재고 유지로 인해 발생하는 수익이 충분하지 않다면 비즈니스는 무너질 수밖에 없다.

지금까지는 사업을 지속하는 것이 미덕으로 여겨졌으며, 사업을 중단하는 것은 고객을 배신하는 것으로 받아들여지기도 했다. 하지만 야마이치 증권이나 소고 그룹이 파산했을 때 고객들이 큰 문제를 겪지 않은 것처럼, 당신의 회사가 파산하더라도 특별히 큰 문제가 되지 않는다. 오히려 철수 시기를 놓치

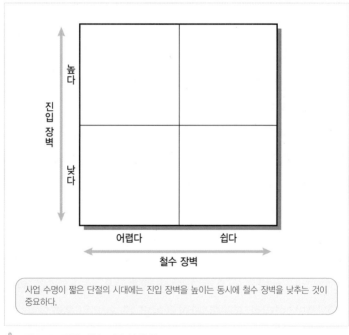

사업 수명이 짧은 단절의 시대에는 진입 장벽을 높이는 동시에 철수 장벽을 낮추는 것이 중요하다.

그림 5-4_ 진입, 철수 장벽 분석 차트

고 대책을 마련하지 못하는 것이 더 큰 위험이다. 철수 장벽이 높으면 철수해야 할 때 철수하지 못하고, 새로운 사업으로의 전환도 이루어지지 않으며, 결국 사업과 함께 회사의 수명도 끝나게 될 수 있다.

경쟁사가 있어야 발전한다

이 장에서는 싸움을 피하고 즐겁게 이익을 창출하는 경쟁 전략에 대해 네 가지 관점에서 살펴보았다. 그 핵심 포인트를 간단히 요약하면 다음과 같다.

- 빈틈이 있는 시장을 찾는다.
- 자사의 강점을 극대화하고 이를 간결하게 표현한다.
- 가격의 명확성 및 정당성을 높인다.
- 진입 장벽을 높이고 철수 장벽을 낮춘다.

우수한 전략을 구축하는 본질은 내부 환경을 분석해 자사의 강점을 발견하고 이를 강화하는 데 있다. 그리고 외부 환경을 분석해 자사에 유리하게 작용하는 요소들을 최대한 끌어오는 것이다. 다시 말해, 전략이란 자사의 강점을 극대화하고, 사업 환경의 변화에 능동적으로 대응하는 것이다. 사업 환경은 끊임없이 변하며, 그 변화의 흐름을 막을 수는 없다. 그리고 그 변화를 촉진하는 원동력 중 하나가 바로 경쟁사다.

고전적인 전략 이론은 경쟁사를 모두 무너뜨리는 것을 최종 목표로 삼고, 그 방법을 가르친다. 하지만 조금만 깊이 생각해보면 경쟁사를 완전히 제압한다는 견해는 현실적이지 않다. 예를 들어, 미국 자본주의가 자국의 이상과 다른 세계를 '악의 축'으로 간주해 일시적으로 제거한다고 해도 몇 년 후면 새로운 형태로 다시 등장하는 것처럼, 경쟁 기업도 제압하더라도 반드시 다른 형태로 나타나게 마련이다.

변화의 흐름을 멈출 수 없는 이상, 이상적인 상황은 경쟁사를 무너뜨려 라이벌 관계를 없애는 것이 아니라 오히려 앞서 언급한 제과점 사례처럼 경쟁사를 파트너로 받아들이고, 그들의 시장 진입을 자사에 유리하게 활용하는 것이다. 이러한 선의의 경쟁 속에서 서로의 강점을 발전시키는 관계가 되어 더 나은 환경을 만들어갈 수 있다. 이처럼 변화에 적응하는 것이 진화의 전제 조건이라면 경쟁사도 결국 당신의 성장을 돕는 존재라고 볼 수 있다.

1. 가장 강력한 경쟁 전략은 싸우지 않는 것이다. 부득이하게 싸워야 한다면 수렁에 빠지기 전에 그만두는 것이 중요하다. 고생해서 번 돈이라고 이자가 높은 것도 아니고, 쉽게 벌었다고 해서 세금이 더 부과되는 것도 아니다.

2. 좋은 시장은 한가로운 시장이다. 한가롭게 운영되는 시장, 노부부가 꾸려가며 별로 공부하지 않는 것 같아도 잘 유지되는 시장은 공략할 가치가 있다.

3. 진정한 경쟁 우위는 다음 질문에 대한 답으로 나타난다.
"비슷한 상품이 많은 상황에서 고객은 왜 다른 곳에서 사지 않고, 굳이 당신의 회사에서 구매해야 하는가?"

4. 좋은 품질의 상품을 가지고 있다고 하더라도 그 우수성을 고객이 이해할 수 있는 언어로 전달하지 못하면 품질이 낮은 상품과 차별화되지 않는다. 작은 차이를 명확하게 전달할 수 있느냐에 따라 실제 경쟁력이 결정된다.

5. 가격은 흔히 저렴할수록 좋다고 생각되지만, 그보다 더 중요한 것은 가격에 대한 고객과의 소통 능력이다.

6. 사업 수명이 짧아지는 시대에는 진입 장벽을 높이는 것과 동시에 철수 장벽을 낮추는 것이 중요하다.

PART 6

회사를 빠르게 성장시키는
숫자 게임의 전략

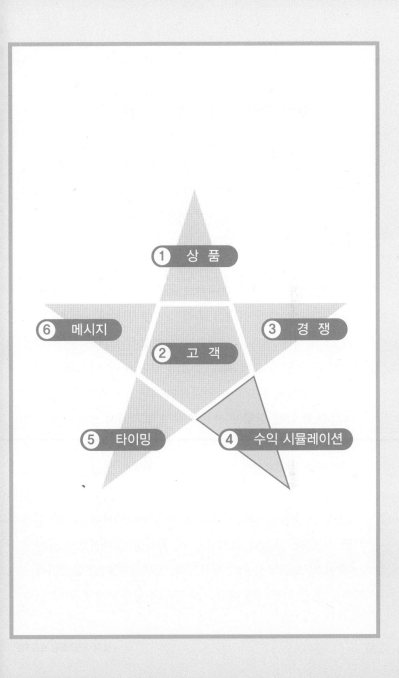

효율적인 마케팅 방법은 무엇인가

지금까지 스타 전략 구축법의 여섯 가지 단계 중 상품, 고객, 경쟁이라는 세 가지 측면에서 사업을 검토해왔다. 이 세 단계를 잘 이해하고 있다면 당신의 회사는 다음과 같은 장밋빛 미래를 맞이할 수 있다.

고객에게 상품을 명확하게 설명했더니 "마침 제가 찾던 상품이네요!"라며 흔쾌히 구매한다. 이 고객은 지속적으로 해당 상품을 구매할 뿐만 아니라 관련 상품까지 함께 구매한다. 게다가 그 고객은 새로운 고객들을 끊임없이 소개해 준다. 경쟁 회사가 이 상황을 그저 지켜만 보고 있는 사이, 어느새 당신의 회사는 시장에서 독보적인 위치를 차지하기 시작한다.

이러한 꿈 같은 상황은 상품을 목표 고객에게 명확하게 설명하는 것에서 시작된다. 하지만 실제 비즈니스에서는 그 전에 선행되어야 할 단계가 있다. 바로 고객에게 상품을 보여주는 것이다.

"그럼, 고객에게 상품만 보여주면 되는 건가?"라고 쉽게 생각할 수 있다. 그러나 실제로는 이 작업을 효과적으로 실행하는 것이 비즈니스 성공의 핵심이다. 아무리 뛰어난 상품이라도 고객을 영업 사원이나 매장으로 유도하지 못한다면 판매할 수 없다.

전국의 수많은 사람들 중에서 우수한 잠재 고객을 발굴하여 그들을 영업 사원 앞이나 매장으로 이끌어내야 하는 작업을 생각하면 시작도 하기 전에 막막할 것이다.

이 작업이 바로 마케팅이다. 그리고 이 마케팅 방법에 따라 압도적인 경쟁력을 갖춘 비즈니스 모델을 구축할 수 있다.

거리전인가 근접전인가

마케팅 방법을 결정할 때 가장 먼저 검토해야 할 것은 최종 사용자와의 거리다. 즉, 거리전을 선택할 것인가, 근접전을 선택할 것인가를 결정해야 한다. 거리전이란, 주로 도매업자나 판매 대리점을 통해 최종 사용자에게 상품을 판매하는 방법이다. 반면, 근접전은 최종 사용자나 그와 가까운 소매점 등을 통해 직접 상품을 판매하는 방법이다.

란체스터 전략의 권위자인 다케다 요이치의 이론에 따르면 거리전은 강자, 즉 시장 점유율이 가장 높은 기업이 취하는 전략이다. 반면, 그 외의 기업들은 근접전을 선택해야 한다. 근접전은 광고 투입량이나 영업 사원 수가 대기업보다 열악하더라도 그로 인한 불리함이 적기 때문이다. 다시 말해, 대기업이 도매업자를 통해 고객과 간접적으로 거래할 때, 소규모 회사는 고객과 직접 대면 판매를 하더라도 경쟁에서 크게 불리하지 않다. 또한, 초기에는 고객의 구매 욕구를 자극해야 하기 때문에 근접전이 더욱 효과적일 수 있다.

근접전을 택하는 회사는 여러 가지 이점을 누릴 수 있다. 우선 중간 유통 마진을 줄여 수익률을 높일 수 있다. 또한, 거래처가 늘어나면서 가격 주도권이 판매자에게 생긴다. 그 결과, 외상 매출금을 빠르게 회수할 수 있어 현금 흐름 관리에 유리하다. 더불어 고객 수가 많아지면 위험이 분산되므로 경영이 안정된다. 물론 사무 처리가 비효율적으로 운영될 수 있지만, 최근에는 회계 시스템의 전산화, 인터넷 활용, 아웃소싱 등을 통해 충분히 해결할 수 있다.

근접전을 할 때는 가능하면 최종 사용자에게 직접 다가가 영업하는 것이 좋다. 영업 대상자의 범위가 매우 넓기 때문이다. 따라서 모든 대상자에게 동일한 시간을 할애할 수는 없으며, 그중에서도 구매 가능성이 높은 고객에게 우선적으로 접근해야 한다. 이를 위해서는 잠재 고객이 스스로 구매 의사를 표현하도록 만들어야 하며, 이는 비용 효율적으로 고객을 끌어들이는 방법이기도 하다. 이러한 방법을 위해 다이렉트 마케팅이 반드시 필요하다.

다이렉트 마케팅이란 고객에게 직접 영업 메시지를 전달하고, 자료 요청이나 주문을 받는 방법이다. 통신 판매가 그 전형적인 예이며, 그 외에도 장의업, 주택 리모델링, 보험, 학원, 피부 미용업, 재활원, 차량 검사 대행업 등이 주로 전단지나 DM을 활용해 고객을 유치하는 다이렉트 마케팅을 사용한다.

지금까지 도매업자를 통해 판매하던 업체가 유통 비용을 절감하기 위해 도매업자를 거치지 않고 전국 소매점과 직접 거래한다고 가정하자. 이 경우에도 텔레마케팅이나 DM을 통해 직접 접근하게 되므로 다이렉트 마케팅 방식을 활용한 것으로 볼 수 있다.

이처럼 고객과 직접 접촉하는 다이렉트 마케팅의 장점을 활용해 간접 판매에서 직접 판매로 전환하는 업체들이 늘어나고 있다. 그러나 기대한 만큼 매출이 오르지 않거나 적자가 확대되어 결국 포기하는 회사도 많다. 이런 결과가 발생하는 이유는, 다이렉트 마케팅에는 간접 판매와는 다른 고유 원칙이 존재하지만, 이를 무시하고 사업을 시작하기 때문이다.

다이렉트 마케팅은 숫자 게임의 일종이다. 매우 체계적인 판매 방법으로, 이 숫자 게임의 원칙을 이해하면 성장 속도도 빨라질 수 있다. 실제로 통신 판매 회사를 보면 불과 얼마 전까지 연매출 5억 엔이었던 회사가 60억 엔까지 성장하는 예가 적지 않다.

이 장에서는 회사를 빠르게 성장시킬 수 있는 숫자 게임의 원칙에 대해 살펴보겠다.

절대로 손대면 안 되는 비즈니스

숙자 게임의 기본 조건은 다음의 공식에 따른다. 이 공식이 성립하지 않으면 사업을 시작해서는 안 된다. 아무리 오랜 기간 노력해도 절대 수익을 낼 수 없기 때문이다..

제1 원칙: 고객 평생 가치(LTV) ≥ 고객 획득 비용

고객 평생 가치(LTV: Life Time Value)란, 한 고객이 회사와 거래하는 기간 동안 기업에 기여하는 재정적 공헌도의 총합을 의미한다. 즉, 한 명의 고객이 평생 동안 당신의 회사에 얼마나 많은 수익을 가져다줄 수 있는지를 나타낸다. 예를 들어, 한 레스토랑에서 고객이 매달 평균 한 번 방문하고, 매번 5,000엔의 이익을 가져다준다고 가정해보자. 이 고객이 평균 1.5년 동안 레스토랑을 계속 방문한다고 하면 5,000엔(한 번 방문 시의 이익) × 12회(연간 방문 횟수) × 1.5년 = 90,000엔이 고객 한 명의 평생 가치(LTV)가 된다.

이 레스토랑이 새로운 고객을 유치하기 위해 전단지를 주변에 배포했다고 가정하자. 전단지 배포에 10만 엔이 들었고 그 결과 10명의 고객을 확보했다면 한 명의 고객을 획득하는 데 드는 비용은 1만 엔이다. 즉, 1만 엔을 투자하여 고객 한 명을 확보한 셈이며, 1.5년 후에는 이 1만 엔의 투자가 9만 엔의 수익으로 돌아오게 된다. 은행에 예치하는 것보다 훨씬 높은 수익률을 기대할 수 있는 것이다.

이 예를 위의 공식에 적용하면 다음과 같다.

9만 엔(고객 평생 가치) > 1만 엔(고객 획득 비용)

이 경우 제1 원칙을 충족하므로 전단지를 더 많이 배포할수록 고객 수가 증가하게 된다. 당신은 단순히 신문에 전단지를 끼워 넣기만 하면 된다. 전단지가 영업 사원이 되어 고객을 데려오는 것이다.

그렇다면 고객 평생 가치(LTV)와 고객 획득 비용이 동일한 경우는 어떻게 될까? 이 경우는 고객에게 9만 엔을 투자해서 그 고객이 9만 엔의 수익을 가져다주는 셈이다. 얼핏 보면 별다른 이점이 없어 보일 수 있지만, 이러한 고객이라도 주변 지인이나 친구를 소개해줄 가능성이 있으므로 충분한 이점이 있다. 즉, 추가 비용 없이 새로운 고객을 확보할 수 있다면 그 후의 추가적인 상승 효과를 기대할 수 있기 때문에 여전히 더 많은 고객이 필요하다.

그런데 10만 엔을 투자해서 전단지를 배포했지만, 고객을 단 한 명밖에 확보하지 못했다면 어떻게 될까? 이 경우 고객 획득 비용은 한 명당 10만 엔이 된다. 이렇게 되면 앞서의 부등식이 반대로 바뀐다.

$$9만 엔(고객 평생 가치) < 10만 엔(고객 획득 비용)$$

이 경우, 사업을 아무리 열심히 해도 상황은 점점 나빠지기만 한다. 밤늦도록 일해도 이익이 날 가능성은 없다. 고객 한 명이 10명의 지인을 소개해줘도 수익과 비용이 겨우 맞을 뿐이다. 결국 처음부터 패배가 예정된 게임에 참여하고 있는 것이다. 하지만 많은 회사들은 전단지를 배포하지 않으면 매출이 줄어들 것이라고 생각하기 때문에 중독된 듯이 계속 광고를 하게 된다.

재투자금이 사업에서 얻어질 수 있는가

자금이 충분한 기업은 앞서 설명한 공식만 확인하면 된다. 하지만 최근 은행이 대출을 꺼리는 상황에서는 사업의 성장을 대출에 의존할 수 없다. 따라서 성장에 필요한 자금은 사업 자체에서 확보해야 한다. 이를 위해서는 더 엄격한 수치 기반의 전략이 필요하다. 이 과정을 공식으로 표현하면 다음과 같다.

제2 원칙: 단기간(가급적 3개월 이내)에 얻을 수 있는 고객 가치 > 고객 획득 비용

다시 레스토랑의 예를 들어 설명해보자.

앞서 예시에서 레스토랑의 고객 획득 비용은 1만 엔이었다. 이 경우 고객이 두 번 방문하면 투자액을 회수할 수 있으며, 세 번째 방문부터는 매번 5,000엔의 이익이 전부 남게 된다. 그러나 만약 고객 한 명당 얻을 수 있는 매회 이익이 1,000엔으로 줄어든다면 투자 비용을 회수하는 데 1년이라는 긴 시간이 걸린다. 그동안 투자 금액 회수에 오랜 시간이 소요되면서 매달 현금 부족 상황에 직면할 수 있다.

물론 이런 경우에도 투자금 회수 시점까지 회사를 유지할 수 있다면 결국 수익은 흑자로 전환될 것이다. 하지만 안타깝게도 은행은 그만큼 오래 기다려주지 않는다. 매월 자금이 유출되는 상황이라면 은행은 대출을 중단할 것이다. 그러므로 은행 대출에 의존하지 않고 사업에서 창출되는 수익을 통해 성장할 수 있는 구조를 만들어야 한다.

즉, 무차입 경영 구조를 구축해야 한다는 뜻이다. 이를 위한 방법은 두 가지가 있다.

- 단기간에 얻어지는 매출 이익을 극대화한다.
- 고객 획득 비용을 최소화한다.

매출 이익은 연료와 같다

비즈니스 구조를 구축할 때 대부분의 사람들이 간과하는 중요한 두 가지 사실이 있다.

1. 재구매가 활발한 상품의 경우, 매출 이익률이 최소 70~80% 이상 확보되어야 한다.
2. 재구매가 활발하지 않은 상품의 경우, 첫 구매에서 얻는 이익이 최소 10만 엔 이상이어야 한다.

이 수치는 어디까지나 기준일 뿐이지만, 이 조건을 충족하지 못할 경우, 마치 바닥이 없는 독에 물을 붓는 것과 같아서 시간이 지날수록 현금이 부족해진다. 그럼에도 불구하고 이 조건을 충족하지 않고 사업을 이어가는 회사들이 많은 것이 현실이다. 결과적으로 돈을 버는 곳은 은행뿐이다.

그렇다면 왜 이 수치가 적용되어야 할까? 이유는 간단하다. 신규 고객 한 명을 유치하는 데 필요한 광고 비용은 처음부터 어느 정도 고정되어 있기 때문이다. 그 광고 비용을 회수하려면 매출 이익률이 높거나, 구매 빈도가 높은 상품이어야 한다. 그렇지 않으면 도저히 수익을 낼 수 없다.

예를 들어, 당신이 매우 뛰어난 품질의 화장품을 출시했다고 가정하자. 그 화장품은 사용해보면 누구나 효과를 확신할 만한 제품이고, 원가도 낮아서 저렴하게 판매할 수 있다고 판단했다. 그래서 '이 화장품으로 비즈니스 성공을 이룰 수 있을 것'이라고 결심했다고 하자.

그러나 현실적으로 고객을 어떻게 유치할 수 있을까? 우선 고객이 제품을 사용해보도록 샘플을 제공해야 한다. 이를 위해 전단지를 배포할 계획을 세운다. 샘플 요청 한 건을 얻는 데 드는 비용은 얼마나 될까?

전단지 2,000장을 배포했을 때 반응이 한 건이라고 가정하고, 전단지를 제작하고 배포하는 데 드는 비용이 장당 10엔이라면, 샘플 요청 한 건을 얻는 데 총 2만 엔의 비용이 소요된다.

다시 말해, 샘플을 무료로 제공하는 데에만 2만 엔이 들게 된다. 이는 마치 "2만 엔을 드릴 테니, 제발 샘플을 받아주세요."라고 말하는 것과 같다. 수많은 사람 중에서 자사 제품에 관심을 가지고 샘플을 요청하는 사람을 찾기 위해서는 이처럼 많은 비용이 든다. 이러한 비용을 다이렉트 마케팅 용어로 '자료 1개당 청구 비용(CPI: Cost Per Inquiry)'이라고 부른다.

하지만 이야기는 여기서 끝나지 않는다. 샘플을 받았다고 해서 구매로 이어진 것은 아니다. 아직까지는 예상 고객일 뿐이며, 진정한 고객은 돈을 지불하고 실제 제품을 구입한 사람을 의미한다. 그렇다면 샘플을 사용한 후에 제품을 구매할 확률,

즉 성약률은 얼마나 될까?

매우 긍정적인 시나리오를 가정해도 성약률은 20~25% 정도일 것이다. 일반적으로는 10% 정도만 되어도 성공적인 편이다. 경우에 따라서는 단 한 명도 구매하지 않는 상황도 발생할 수 있다.

가장 이상적인 시나리오를 생각해보자. 성약률이 25%라고 가정하면, 4명 중 1명이 구매한다는 뜻이므로 고객 한 명을 획득하는 데 2만 엔(CPI) × 4 = 8만 엔의 광고비가 든다. 여기에 샘플 제작 비용과 발송 비용을 추가하면 총 10만 엔에 달할 수 있다. 결국 당신은 10만 엔을 들여 신규 고객 한 명을 확보한 셈이다. 이러한 비용을 다이렉트 마케팅에서는 '주문 1개당 비용(CPO: Cost Per Order)'이라고 부른다.

이처럼 높은 비용을 지출하더라도, 고객이 두 달에 한 번씩 제품을 구매하고 그 관계가 평균 2년간 유지된다면 최종적으로는 이익을 볼 수 있다. 자금이 충분한 대기업이라면 이러한 비용을 감당하면서도 신규 고객을 확보하는 데 문제가 없을 것이다. 그러나 자금이 부족한 일반 기업들은 철저한 분석과 관리가 필요하며, 그렇지 않으면 자금은 계속해서 소모될 뿐이다.

왜 실패의 길로 들어서는 사람이 많은가

위의 사례는 실제 수치와 크게 다르지 않다. 아무리 뛰어난 화장품이라도 이 정도 수치에 불과하다. 따라서 수익률이 상당히 높거나 지속적으로 사용되는 상품이 아니면 채산을 맞추기 어렵다. 대부분의 회사가 직접 판매를 시작하면서 실패하는 이유는 이러한 숫자 게임의 평균치를 모르기 때문이다. 이는 다이렉트 마케팅을 모르는 사람들의 시뮬레이션에서 잘 드러난다.

"전단지는 1,000장에 3건 정도의 반응이 있다고 하니까 샘플 청구가 3건쯤 있겠지. 그리고 이 화장품을 사용해 보면 두 명 중 한 명은 구매할 거야. 와, 대단하군! (웃으며) 절반만 맞아도 금방 부자가 될 수 있겠는걸."

이렇게 숫자를 근거로 원가를 산정하고, 매우 저렴한 판매 가격을 책정해 버린다. 경쟁 상품과 비교해도 가격이 저렴하기 때문에 반드시 팔릴 거라고 생각한다. 그러나 실제 결과는 기대와 크게 다르다.

"이럴 리가 없어! 분명 전단지를 뿌렸을 텐데!"

이렇게 외치게 된다. 이러한 비즈니스에 손을 대면 매출 총이익률이 낮기 때문에 고객에게 투자한 금액을 단기간에 회수할 수 없다. 그 결과, 자금이 장기간 유출되면서 경영에 압박이

가해진다. 실제로 이러한 실수를 저지른 후에 내게 컨설팅을 의뢰하는 사람들이 적지 않다.

문제는 이 시뮬레이션의 전제인 '1,000장에 3건'이라는 숫자가 문제다. 이 수치는 1970년대에 통용되던 고전적인 수치일 뿐, 오늘날에는 전혀 적용되지 않는다. 만약 그 수치가 여전히 유효하다면 누구나 몇 개월 안에 억만장자가 될 것이다. 오늘날의 숫자 게임은 매우 엄격해졌다.

리모델링 회사의 경우, 전단지 4,500장을 배포했을 때 겨우 한 통의 전화가 온다고 한다. 전단지 한 장당 비용은 약 5엔이며, 1건의 전화 요청당 약 2만 2,500엔이 소요된다. 3건의 전화 중 한 명이 계약을 하면 한 건당 전단지 비용만으로 6만 7,500엔이 소요된다. 여기서 제품 원가와 직원 비용을 제하고 나면 남는 것이 거의 없다. 게다가 리모델링은 자주 이루어지는 것이 아니기 때문에 최소한 10만 엔 이상의 매출 이익을 내지 못하면 직원 급여도 지급하기 어렵다.

학원의 경우, 전단지 7,000장을 배포했을 때 한 통의 전화가 온다고 한다. 전단지 비용은 앞서와 같이 5엔이라고 가정하고, 세 명 중 한 명이 등록하면 고객 한 명을 유치하는 데 약 10만 엔이 소요된다. 월 수강료가 2만 엔이라면 전단지 비용을 회수하는 데 5개월이 걸린다. 강사료와 임대료를 고려하면 단기간에 수익을 내기 어렵다. 실제로 대기업에서 퇴직금을 투자해 학원 프랜차이즈에 가입했지만, 대부분 매달 용돈 수준의 수입

밖에 얻지 못했다고 한다. 초기 투자 비용을 회수하는 데만 최소 3년이 걸린다고 한다.

이 수치는 주로 광고를 통해 고객을 모을 때 쉽게 계산할 수 있지만, 점포를 운영하는 경우에는 잘 인지되지 않는다. 점포 앞을 지나는 사람들을 모두 잠재 고객이라고 착각하기 쉽기 때문이다. 하지만 예상 고객을 실제 고객으로 끌어들이기 위해서는 추가 비용이 발생하고, 점포 유지 비용도 만만치 않다.

매달 소요되는 비용을 신규 고객 수로 나누어 보면 자신이 예상보다 훨씬 많은 비용을 지불하고 있다는 사실을 깨닫게 된다. 그제야 "왜 매달 자금이 부족할까?"라는 의문이 풀리게 된다.

이러한 구체적인 내용은 대부분의 사업 전략서나 창업 지침서에 잘 언급되지 않지만, 매우 중요한 지표다. 물론 이 기준을 충족하지 않더라도 피와 땀, 그리고 노력으로 성공을 이끌어 낼 수는 있다. 하지만 인간은 본래 나태한 경향이 있기 때문에 그 정신력이 오래 유지되기는 어렵다. 설령 오래 유지되더라도 수익 차원에서는 큰 차이가 생긴다. 수익은 비즈니스 모델에 의해 결정되는 것이지 사람의 능력이나 노력에 따라 결정되는 것이 아니기 때문이다.

따라서 "왜 이렇게 열심히 일하는데도 돈이 모이지 않을까?" 하고 한탄하기 전에, 수익이 확실한 비즈니스 모델을 구축하는 것이 중요하다. 다시 말해, 사업을 시작하기 전에 반드시 수익성을 검토하고 제2원칙을 충족하는지 확인해야 한다.

이 점을 당신에게 강력히 권한다.

지금까지의 내용을 차트로 정리해 보자. 〈그림 6-1〉에서는 특정 상품을 판매함으로써 고객에게서 얻을 수 있는 평생 가치를 볼 수 있다. 이 차트에서 오른쪽 위에 위치한 상품일수록 매출 총이익액이 크다. 따라서 이런 상품은 비즈니스의 성장을 가능하게 해 주며, 자금 대출 없이도 사업을 운영할 수 있는 시

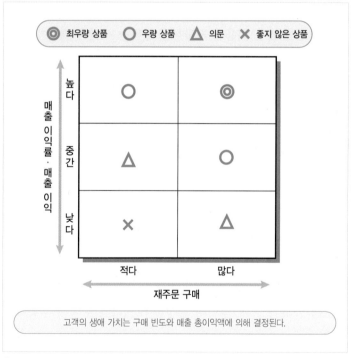

◎ 그림 6-1_ 고객 평생 가치 분석 차트

스템을 구축할 수 있다.

그러나 제2원칙을 충족하는 비즈니스는 어디서나 찾을 수 있는 것이 아니다. 만약 운 좋게 발견했다 하더라도, 그 비즈니스는 아직 다이아몬드의 원석에 불과하다. 그것을 연마하고 발전시키기 위한 노력이 필요하다.

그래서 앞서 언급한 차트에서 두 축의 위치를 각각 개선할 필요가 있다. 즉, 매출 총이익률과 매출 총이익액을 높이고 동시에 구매 빈도를 높이는 전략을 생각해야 한다. 이제 각각의 위치를 개선하는 방법에 대해 예를 들어 생각해 보자.

매출 총이익률과 매출 총이익액을 어떻게 늘려갈 것인가

"매출 총이익률을 70~80% 확보해야 한다고? 그런 상품이 있을 리가 없잖아."

대부분 이렇게 말하며 놀라게 된다. 왜냐하면 일반적으로 소매점의 매출 총이익률은 많아야 40% 정도이기 때문이다. 그러나 다이렉트 마케팅을 운영하는 회사, 예를 들어 통신 판매 회사에 가서 교섭을 해보면 매출 총이익률 60% 정도에서 교섭이 시작된다. 물론 실제 교섭이 이루어지는 매출 총이익률은 그보다 더 높게 끝나는 경우가 대부분이다. 필자는 대형 양판점과 주로 협상하던 경험이 많아서 매출 총이익률이 그렇게 높다는 사실에 매우 놀랐다. 양판점에서 요구하는 매출 총이익률은 약 30% 정도였고, 실제로는 그보다 더 낮은 경우가 많았기 때문이다.

그런데 다른 회사와의 교섭에서 매출 총이익률이 많아야 60%가 상한선인데, 필자는 지금 그보다 높은 70~80%를 매출 총이익률의 기준으로 요구하고 있다. 그러니 "정말 가능할까?"라며 의심하는 사람들이 많은 것도 당연하다. 하지만 실제로 성장 중인 회사들의 매출 총이익률은 이 정도 수준이다. 유명한 화장품이나 건강식품 회사의 재무제표를 보면 경상 이익이 20%를 넘는 곳이 있다. 이는 그 회사들의 원가가 매우 낮다는 것을 의미한다. 매출 총이익률이 90%를 넘는 경우도 많을 것이다. "유통 마진을 절감하자!"라는 선전 문구가 있어서 소매점보다 저렴한 것처럼 보일 수 있지만, 사실은 높은 매출 총이익률이 필요하다.

"매출 총이익률이 70~80%나 되는 상품이 있을 리가 없어!"라고 말하며 포기하는 것도 하나의 방법이다. 나중에 큰 어려움을 겪기 전에 처음부터 포기하는 것이 나을 수도 있다. 하지만 잠깐 생각해 보자. 찾기 어렵기 때문에 그런 상품을 찾은 사람은 더 큰 성공 가능성을 얻게 된다. 사실 70~80%라는 수치는 신규 사업을 시작할 때, 첫 번째 상품에서 필요한 매출 총이

60분 기업 최강 프로젝트

익률의 기준일 뿐이다. 어느 정도 사업이 안정되면 그 수준을 달성하지 못해도 상관없다. 40%나 50%의 매출 총이익률로도 충분하다. 그러므로 모든 상품에서 70~80%의 매출 총이익률을 달성해야 한다는 의미는 아니다. 다시 말해, "초기 상품의 매출 총이익률이 이 정도는 되어야 현금 흐름상 안전합니다."라는 조언이었다.

물론 70~80%의 매출 총이익률을 보장하는 상품이 쉽게 발견될 리는 없다. 만약 그런 상품이 발견된다면 오히려 그 상품이 팔리지 않는 재고 상품일 가능성을 의심해 봐야 한다. 매출 총이익률이 70~80%인 상품은 마치 다이아몬드 원석을 갈고 닦은 것처럼 어렵게 얻어지는 결과다. 그러므로 그 목표에 최대한 다가가도록 노력하는 것만으로도 충분하다.

이제 자사 상품의 매출 총이익액과 매출 총이익률을 끌어올릴 수 있는 몇 가지 방법을 살펴보자.

부가가치를 창출한다

상품의 매출 총이익은 한정되어 있지만, 서비스를 추가하면 그 서비스 부분의 매출 총이익률은 100%가 될 수 있다. 예를 들어, '와인 선택 요령'이 담긴 비디오를 판매할 때 소믈리에의 조언을 받을 수 있는 특전을 제공한다. 단순히 비디오를 판매하는 것에 그친다면 유사한 다른 상품들과 비교되기 쉽고, 가격에 한계가 생긴다. 그래서 '당신만을 위한 와인 전문가'라는 콘셉트를 추가해 와인 선택 상담 서비스를 함께 제공하는 형태로 상품의 가치를 높인다.

약간의 사양을 변경을 한다

최근 가전 매장에서 프라이빗 브랜드 상품을 많이 볼 수 있다. 이러한 상품들은 보통 유명 제조사의 재고 모델에 약간의 사양을 변경해 출시된 것이다. 예를 들어, 필자가 이전에 OEM 업체와 협상할 때는 에어컨 표면에 금줄을 넣어 이미지를 바꾸거나 전자레인지를 유행하는 색상으로 칠하는 방법으로 가격을 높인 적이 있다. 이러한 간단한 사양 변경을 통해서도 매출 총이익률을 높일 수 있다.

패키지 상품으로 구성한다

몇 해 전에는 컴퓨터와 프린터, 컴퓨터 교재를 묶어 컴퓨터 학습 패키지로 판매한 사례가 있다. 1970년대에는 전기 기타와 앰프, 기타 교본을 세트로 판매하여 크게 성공한 적도 있다. 또한, 새해가 되면 '새 생활 응원'이라는 이름으로 필요한 가전 제품을 세트로 묶어 판매하는 경우가 있는데, 이것도 패키지화의 한 예이다. 즉, 필요한 상품을 한꺼번에 세트로 제공하여 개별적으로 구매하는 것보다 더 비싸지만 소비자는 선택의 번거로움을 피하기 위해 이를 선호하게 된다.

타깃 고객을 세분화한다

타깃 고객을 세분화하고 그에 맞는 상품을 제공함으로써 가격을 올릴 수 있다. 예를 들어, 졸음 방지 드라이버 전용 음료, 중장년층을 위한 에스테틱 살롱, 고소득층 전용 회원제 스포츠 클럽 등이 있다. 상품이나 서비스 내용은 거의 동일하지만, 이름이나 라벨을 변경함으로써 더 높은 가격을 설정할 수 있다.

생산자를 명시한다

식품에서는 '○○ 씨의 엄선된 토마토'나 '○○ 셰프의 궁극 디저트'와 같이 생산자를 명시하는 방법이 유행하고 있다. 이렇게 생산자를 공개함으로써 일반 상품과 차별화하고, 매출 총이익률을 상승시킬 수 있다. 이러한 방식은 식품 외에도 다양한 분야에 적용 가능하다.

두 단계의 가격을 설정한다

신용카드에 골드카드와 실버카드가 있듯이, 상품의 가격을 두 단계로 나누는 방법이 있다. 고급형과 표준형 두 가지 상품을 준비해 두면 소비자는 '구매할지 말지'가 아니라 'A를 살지 B를 살지'를 선택하게 되어 구매율이 높아진다. 또한, 비싼 상품을 선호하는 고객이 항상 있기 때문에 평균 구매 금액도 증가할 수 있다.

매우 비싸서 일반적으로 구매하기 어려운 상품을 포함시키는 것도 한 가지 방법이다. 예를 들어, 컴퓨터 교재의 경우, 전문가용으로 비싼 라이선스 패키지를 몇 개 준비해두는 것이다. 실제 수요는 거의 없겠지만, 가끔 이를 구매하는 고객이 나타날 경우 구입 단가를 크게 올릴 수 있다. 신용카드 사용 금액에 따라 BMW를 경품으로 제공하는 사례도 있었는데, 이 경품을 받으려면 약 3억 엔어치의 상품을 구입해야 했다. 이런 마케팅이 가능한 이유는, 현실적으로 달성하기 어려운 조건에도 불구하고 포인트를 모으기 위해 과도하게 소비하는 비상식적인 사람들이 있기 때문이다.

구매 빈도를 어떻게 높일 것인가

정기 배송 프로그램 가동

처음으로 특정 회사와 거래하는 고객은 심리적으로 불안할 수 있다. 거래 경험이 없기 때문에 혹시 후회하지 않을까 하는 걱정 때문이다. 그렇기 때문에 최종적으로 큰 문제 없이 거래가 끝나면 고객은 우선 안도하게 된다. 그래서 처음 얼마간은 그 회사에 대해 긍정적인 감정을 유지한다. 이 기회를 놓치지 않고 정기적으로 상품을 배송하는 서비스를 시작하는 것이 중요하다. 이를 정기 배송 프로그램이라고 부른다. 예를 들어 녹즙, 클로렐라, 다시마, 무취 마늘과 같은 건강식품은 그 특성상 정기 배송 프로그램을 통해 판매되는 경우가 많다.

21일 고객 감동 프로그램

앞서 설명한 대로, 신규 고객은 첫 구매 후 얼마간은 긍정적인 감정을 가지고 있다. 그러나 회사가 고객의 기대에 부응하지 못하면 고객은 금방 싫증을 내고 떠난다. 따라서 고객이 긍정적인 감정을 갖고 있는 동안, 즉 구매 후 21일 동안 최소 3번 정도는 고객과 접촉해야 한다. 그 과정에서 개인적인 유대감을 형성해 고객 이탈을 방지하고 구매 빈도를 높일 수 있다.

스탬프 카드 도입

스탬프 카드를 발급할 때는 카드를 발급한 후 즉시 첫 번째 혜택을 제공하는 것이 중요하다. 많은 업체가 스탬프 카드를 발급하기 때문에 자사의 카드를 고객이 지갑에 넣고 다니도록 유도하는 것이 최우선 과제다. 또한, 스탬프 10개를 채워야 혜택을 받을 수 있는 구조라면 고객은 카드를 지갑에 넣지 않으려 할 수 있다. 빠른 혜택 제공이 중요하다.

기한 한정 쿠폰 발행

처음 구매한 고객은 가급적 짧은 기간 내에 세 번의 재방문을 유도해야 한다. 경험상 한두 번 방문한 고객은 이탈할 가능성이 높지만, 세 번 이상 방문한 고객은 그 회사에 대한 애착을 느끼고 지속적으로 방문하는 경우가 많다. 따라서 처음 구매한 고객에게는 기한이 있는 쿠폰을 발행해 빠른 재방문을 유도하고, 단골 고객으로 만드는 것이 중요하다.

상품 교환권 발행

상품 교환권은 원가가 거의 들지 않으면서도 10장 세트를 발행할 경우 10배의 매출을 올릴 수 있다. 게다가 사용되지 않고 서랍 속에 방치될 가능성도 있어 회사 입장에서는 매우 유리한 방법이다. "이런 상품 교환권도 있었나?"라는 반응을 보일 수 있는 사람이라도 이를 한 번 사용하면 반복 구매로 이어질 수 있다. 필자가 있는 회사 근처의 빵집에서도 상품 교환권을 발행해 매출을 올리고 있다. 또한 양복점이나 백화점에서는 일정 금액을 포인트로 적립하여 할인된 가격에 상품을 구매할 수 있는 방식을 사용하고 있다.

동반 구매 유도

동반 구매 유도는 일종의 충동 구매를 자극하는 방식이다.

과거 패스트푸드점에서 "여기에 감자튀김을 함께 드릴까요?"라는 질문을 자주 들었을 것이다. 이 방법은 관련 상품을 함께 제안할 때 고객의 약 10~20%가 추가 구매를 하게 만드는 매우 효과적인 방법이다. 영업 능력이 없어도 간단히 구매 단가를 높일 수 있다.

이상은 매출 총이익률, 매출 총이익액, 그리고 구매 빈도를 높이기 위한 몇 가지 방법에 불과하다. 하지만 이러한 방법을 통해 고객의 평생 가치를 높이고, 비즈니스 운영에 필요한 현금을 매출 총이익에서 조달할 수 있다.

신규 사업에 착수하기 전에 이러한 방법들을 충분히 고려하여 수익을 극대화할 방안을 마련하는 것이 중요하다. '이 사업은 성공할 것이다'라는 직감만으로 성급하게 시작하는 것은 벼랑 끝을 향해 달려가는 것과 다름없다.

이러한 숫자는 대부분의 책이나 경영 세미나에서 다루지 않지만, 기업 비밀에 속할 정도로 중요한 정보다. 비즈니스 모델을 구축하는 데 있어 필수적인 정보이기 때문이다. 숫자에 기초하지 않은 단순한 전략이나 계획만으로 사업을 추천하는 풍조가 있으며, 이것이 많은 신규 사업의 실패로 이어진다.

이러한 상황에서 창업자들에게 안일하게 창업을 권장하고 실패에 대한 책임을 지지 않는 것은 매우 화가 나는 일이다.

반대로, 이 숫자 게임을 제대로 이해하고 나면 그다음부터는 어려울 것이 없다. 홍보를 많이 하면 할수록 고객이 모이고 현금이 자연스럽게 들어오기 때문이다. 실패할 위험이 줄어드는 이유는 실패할 비즈니스에는 애초에 참여하지 않기 때문이다. 그러므로 사업을 시작하기 전에 철저한 시뮬레이션을 통해 비즈니스 모델을 신중히 구축하는 것이 중요하다.

참고로, 필자가 숫자 게임을 연구할 때 사용한 기준을 〈표 6-1〉에 정리해 두었으니 참고하기 바란다.

💡 표 6-1_ 판매에 용이한 매체와 특징

(일반 소비자 대상)

매 체	특 징
전단지	1. 종이 비용이 필수적으로 발생하므로 자료 청구당 단가가 높아진다. 2. 어떤 업자도 사용할 수 있는 방법이므로 신뢰성이 낮다. 3. 지면이 많아 상품 설명을 충실하게 할 수 있다. 4. 상권이 협소해도 가능하므로 소매점에는 필수적인 도구다. 5. 반응률은 상품에 따라 다르지만, 일반적으로 0.03%~0.1% 사이의 자료 요청이 있다. (예: 학원은 5000~7000매에 1건의 전화, 리모델링은 잘될 경우 3500매에 1건의 전화, 주택 전시장은 1세트당 67만 엔이 든다.) 6. 특이한 형태의 전단지는 일반적으로 반응이 좋다. 7. 전단 배포의 비용 대비 효과는 높지만, 그만큼 시간과 노력이 많이 든다.
특수 정보지	1. 자료 청구당 단가는 비교적 저렴하다. 2. PR 기사로 다뤄지는 경우가 많아 전단지보다 신뢰성이 높다. 3. 지면이 한정되어 있어 상품 설명이 어렵고, 2단계 광고가 된다. 4. 상권이 협소해도 가능하다. 5. 독자층이 적기 때문에 결과적으로 얻을 수 있는 건수가 적다. 6. 일반적으로 자료 청구당 2500~5000엔 정도의 비용이면 허용 가능한 수준이다.

60분 기업 최강 프로젝트

매 체	특 징
일반 잡지	1. 자료 청구당 단가는 일반적으로 높다. 이를 낮추기 위해 기획 광고를 선택할 수 있다. 2. 신뢰성은 잡지의 인지도에 따라 다르지만, 전단지보다는 높다. 3. 기획 광고를 할 경우 지면이 한정되어 있어 상품 설명이 어려워 2단계 광고가 된다. 4. 전국 상권에 적합한 상품에 유리하며, 통신 판매에 자주 활용된다. 5. 반응이 좋은 잡지는 신속하게 반응률을 파악할 수 있다.
신문	1. 안내 광고나 기획 광고는 자료 청구당 단가가 매우 저렴할 수 있으며, 때로는 1000엔 이하로도 가능하다. 2. 신뢰성이 높지만, 그만큼 심사가 엄격하다. 특히 통신 판매, 에스테틱, 결혼 상담, 건강식품 업체는 주의해야 한다. 2단 광고로 게재하면 큰 문제가 없다. 3. 지면의 한계로 2단 광고가 적합하다. 4. 지역 상권에서 활용할 수 있으나 상권이 너무 넓어질 수 있다.
라디오	의외로 비용이 저렴하지만, 전화번호를 전달하는 데 어려움이 있어 다이렉트 마케팅에는 부적합하다.
텔레비전	인지도를 높이는 데 매우 효과적이다. 직접 대응의 요소를 포함한 광고를 제작해야 한다. 예를 들어 샘플 제공 및 자료 요청을 위해 전화번호를 적도록 유도하는 것이 좋다.
틈새 매체	신문 구독료 징수 시 배포되는 소책자의 광고는 반응이 좋지만, 비용이 많이 든다. 제빵 신문, 농업 관계자 신문, 국철 OB 신문, 건설 관계자 신문, 쌀 가게 배포 신문 등도 있다. 비용 대비 성약률이 높아 통신 판매 업체에는 유용하다.
퍼블리시티	1. 신뢰성이 매우 높아 성약률이 높다. 2. 무료로 게재되지만, 게재 여부는 매체의 판단에 따른다. 보도될 수 있도록 아이디어를 잘 내야 한다. 3. 게재된 기사는 영구적으로 활용할 수 있으며, 홍보 자료에 포함시켜 신뢰성을 높일 수 있다. 4. 기사를 전단지에 삽입해 반응을 더욱 끌어올릴 수 있다.

매 체	특 징
인터넷	1. CPI, CPO가 모두 낮으며, 매우 효과적인 매체다. 2. 예산이 적다면 메일 매거진 발행이나 검색 엔진 순위 향상에 노력해야 한다. 3. 약 10만 엔 정도의 예산이 있으면 메일 광고로 빠르게 구매 고객을 확보할 수 있다. 4. 전국 상권에 통용될 상품에 강점을 가진다.
전화번호부	1. 필요할 때 정보를 찾기 위해 사용된다. (예: 의사, 도시락 배달, 리모델링, 사진 촬영, 흥신소, 에스테틱, 영어회화 학원, 이사 등) 2. 갑작스럽게 필요할 때 유용하다. 3. 신뢰할 수 있는 업체를 찾기 위해 대형 광고를 낸 3곳 정도에 전화를 걸어보고, 가격이 저렴하거나 인상이 좋은 곳을 선택한다. 4. 효과적으로 표현한다. (예: "전화를 걸기 전에 체크해야 할 3가지 포인트를 아시나요?")
텔레마케팅	1. 다양한 명부를 활용한 텔레마케팅은 매우 효과적이다. 샘플 제공 시 광고보다 저렴하게 가능하다. 2. 전화 상담원의 능력에 따라 성과가 달라진다. 3. 텔레마케팅이 성공하면 매우 높은 비용 대비 효과를 얻을 수 있다.

법인 대상

매 체	특 징
전단지	1. 판매 대상이 제한되지 않은 상품의 영업에 효과적이다. (예: 문구용품 통신 판매, OA 기기 등은 모든 법인을 대상으로 할 수 있다.) 2. 우편으로 발송하면 반응이 좋은 편이다.
팩스 DM	1. 판매 대상 업체 데이터가 많을 경우에 유용하다. 대상 데이터 수는 적어도 5,000개 이상이어야 한다. 2. 한 번의 DM으로는 제한된 반응만 얻을 수 있으므로 여러 번 발송해야 한다. 3. 반응률은 0.52% 정도이며, 성과가 좋으면 57%까지 상승할 수 있다. 4. 만약 500개의 데이터만 있을 경우, 최대 10건 정도의 자료 청구를 얻을 수 있다. 5. 전국의 대부분 법인을 대상으로 발송하면 예상 고객을 효율적으로 찾을 수 있다.

60분 기업 최강 프로젝트

매 체	특 징
우편 DM	1. 대상 업체의 팩스 데이터가 적을 경우, 우편 DM이 효과적이다. 2. 여러 단계로 접근할 수 있어 반응률을 점차 높일 수 있다. 첫 번째 DM에서 반응률이 1%라면 세 번째 DM에서는 2%까지 높이는 것을 목표로 한다. 3. 신규 고객 확보에는 엽서가, 최종 단계에서는 봉투가 효과적이다.
텔레마케팅	1. 효과적이다. 특히 상권이 좁은 지역에서 반응을 높이려면 필수적이다. 2. ① 많은 데이터에서 담당자를 파악한 후 텔레마케팅으로 접근하는 방법과 ② 데이터가 적을 경우 텔레마케팅으로 담당자를 파악한 후 DM을 통해 접근하는 방법이 있다. 데이터의 양에 따라 전략이 달라진다.
방문 판매	1. 모든 법인을 대상으로 할 수 있다. 2. 기존 거래처 주변을 타깃으로 방문 판매를 진행하는 것이 효과적이다.
전문 업계 잡지	1. 업계 종사자들이 꼼꼼하게 읽는 잡지인지 여부를 판단하는 것이 중요하다. 그런 잡지라면 매우 효과적이다. 2. 상권은 전국 단위를 대상으로 한다. 지역 상권에는 적합하지 않다.
인터넷	1. 전국적으로 판매되는 상품이나 대상 법인 수가 많은 경우 매우 효과적이다. 2. 자동 메일을 통해 여러 차례 접근할 수 있는 시스템을 갖추는 것이 필수적이다.

💡 표 6-2_ 고객 획득 시 가격대에 따른 성약률의 기준

고객의 감정	가격대	성약률
매우 저항감이 있음	• 법인: 30만 엔 이상 • 소비자: 3만 엔 이상	2~3%
저항감이 있음	• 법인: 10만 엔 이상 • 소비자: 3만 엔 이상	5%
약간의 불신감	• 법인: 5만~10만 엔 • 소비자: 5,000~7,000엔	7~8%
시도해볼 만함	• 법인: 5만~10만 엔 • 소비자: 5,000~7,000엔	11~12%
좋은 상품이라고 느낌	• 법인: 1만~3만 엔 • 소비자: 5,000~7,000엔	20~25%
구매에 부담이 없음	• 법인: 5,000~7,000엔 • 소비자: 1,000~2,000엔	30~40%

이상의 수치는 어디까지나 시뮬레이션을 위한 참고 지표이며, 지역적 특성이나 상품 특성에 따라 다를 수 있다. 참고할 지표가 없다면 시뮬레이션 자체가 불가능하기 때문에 일부러 이러한 기준을 제시했다.

이상으로, 자료 청구율과 성약률을 기준으로 삼으면 신상품을 취급하기 전에 수익 예측이 가능할 것이다.

60분 기업 최강 프로젝트

라이프사이클별 메시지 전달 방법

위의 수치를 기준으로 어느 정도의 수익을 예상할 수 있다. 하지만 실제로 그 숫자가 정확히 맞아떨어지는 비즈니스는 거의 없다. 성장기에 들어서면 자료 청구율과 성약률이 함께 상승하면서 사업이 활기를 띠겠지만, 도입기와 성숙기에는 그만큼 원활하지 않다. 그래서 고객 획득 비용을 줄이고 단기간에 투자 비용을 회수할 수 있는 방법을 검토해야 한다. 이것이 제2 원칙을 따르는 일이다.

고객 획득 비용을 절감하려면 지금까지 각 장에서 검토한 것처럼 타깃 고객을 더 좁혀보거나 상품의 부가가치를 높이는 방법 등을 고려할 수 있다. 하지만 그와 동시에 고객에게 메시지를 전달하기 위해 소요되는 광고 및 홍보 비용을 어떻게 낮출 것인가에 대한 연구도 필요하다.

〈그림 6-2〉는 라이프사이클의 각 단계(주기)별로 효율적으로 메시지를 전달할 수 있는 방법을 종합한 것이다. 이러한 방법을 통해 각 주기마다 더 적은 비용으로 효율적인 메시지 전달을 실현할 수 있다.

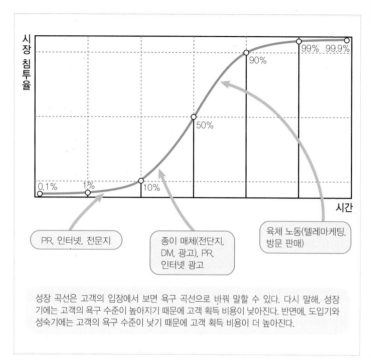

성장 곡선은 고객의 입장에서 보면 욕구 곡선으로 바꿔 말할 수 있다. 다시 말해, 성장기에는 고객의 욕구 수준이 높아지기 때문에 고객 획득 비용이 낮아진다. 반면에, 도입기와 성숙기에는 고객의 욕구 수준이 낮기 때문에 고객 획득 비용이 더 높아진다.

그림 6-2_ 라이프사이클의 시기별 메시지 전달 방법

도입기

상품 도입기에는 그 상품에 대한 인지도가 거의 없는 것이 당연하다. 아무리 좋은 상품이라도 고객이 알지 못하면 반응할 수 없다. 따라서 이 단계에서는 고객 획득 비용이 매우 높아진다. 이 시기에는 우선 인터넷에서 이메일 매거진을 발행하여 입소문을 확산시키고, 신문이나 잡지에 저렴한 비용으로 작은 광고를 게재할 필요가 있다. 또한 타깃 고객을 명확히 설정하고 DM을 발송하는 방법도 고려할 수 있다. 가장 효과적인 방법을 하나만 꼽자면 매스컴(언론 매체) 활용을 추천한다.

매스컴은 뉴스, 즉 새로운 정보를 다루는 것을 좋아하기 때문에 도입기에 활용하기 적합하다. 현재 인터넷 쇼핑몰로 잘 알려진 회사들도 인터넷 도입기에 매스컴 보도를 활용해 별다른 비용을 들이지 않고 고객을 확보하고 비교적 쉽게 기반을 잡은 경우가 많다. 매스컴을 활용해 자연스럽게 광고하는 방법을 퍼블리시티(publicity)라고 하는데, 이 방법만 제대로 활용할 수 있다면 도입기에 상상을 초월하는 효과를 거둘 수 있다.

매스컴에 기사가 실리면 신뢰성을 확보할 수 있어 광고보다 성약률을 높일 수 있을 뿐만 아니라 장기적인 효과도 얻을 수 있다. 일반적으로 광고의 경우 첫 3일 동안이 반응의 절정기지만, 매스컴에 게재된 경우에는 몇 개월이 지나도 전화가 걸려온다. 또한 미디어 믹스(media mix)도 가능해 매스컴에 실린 기사를 점포 앞에 현수막으로 걸거나 DM에 포함시키면 집객률과 성약률이 더욱 높아진다.

영국 버진 그룹의 창업자인 리처드 브랜슨을 떠올려 보라. 그는 요트를 타고 대서양을 횡단하고, 열기구를 타고 대서양을 건너는 등 매스컴의 주목을 받으며 거의 비용을 들이지 않고 버진 그룹의 이름을 전 세계에 알렸다. 그 자신의 도전 정신을 기업 이미지로 승화시킨 것이다. 그 가치를 광고비로 환산하면 적어도 수십억 엔은 넘을 것이다.

실제로 성공한 많은 회사들을 보면 매스컴에 게재된 기사가 성공의 계기가 된 경우가 많다. 예를 들어 주식회사 프로액티브가 그러한 사례다. 이 회사의 주력 상품인 티탄 테이프는 몇 년 전만 해도 잘 알려지지 않았던 전형적인 도입기 상품이었다. 하지만 건강 잡지에 소개되고, 이어서 텔레비전의 건강 관련 프로그램에 방영되면서 급속하게 성장했다.

프로액티브도 도입기에는 전단지를 통한 광고를 시도했으나 투자 대비 기대만큼의 효과가 없어서 계속할지 망설였다. 그러다 텔레비전에 소개되는 시점에 맞춰 대량의 전단지를 배포했는데, 3일~1주일 사이의 반응이 10배 정도로 급증했다. 이렇게 상황에 맞게 적절히 대응함으로써 첫 구매 시 광고비를 회수하는 비즈니스로 성장할 수 있었다.

그 후 티탄 테이프가 일반 가정에 널리 알려지면서 성장기에 접어들자, 이번에는 과감하게 5단짜리 신문 광고를 진행했다. 그 결과 3,000건 이상의 반응이 쏟아져서 응대할 수 없을 정도였고, 며칠 만에 3년치 고객을 확보할 수 있었다.

정리하자면, 도입기에는 매스컴을 활용해 거의 비용을 들이지 않고 고객을 유치하고, 성장기에 접어들면 대대적인 광고를 시작하는 것이다. 이처럼 라이프사이클 단계에 맞춰 광고 전략을 달리하는 것이 비즈니스 성공의 비결이다.

성장기

도입기를 지나면 이제 성장기에 접어든다. 성장기에 들어서면 그동안 쌓아온 영업 실적이 기반이 되어 쉽게 궤도에 오를 수 있다. 이 시기, 즉 비즈니스 라이프사이클의 '여름'에 해당하는 성장기는 적은 비용으로도 많은 고객을 유치할 수 있는 시기다. 따라서 광고와 홍보에 투자한 비용을 빠르게 회수할 수 있다. 약간의 실수를 해도 돈이 들어오므로 복잡하게 고민하지 말고 최대한 많이 팔아야 한다.

구체적인 방법으로는 지금까지의 광고 전략을 과감히 수정하여 전면 광고로 전환하고, 전단지를 대량으로 배포하는 것을 추천한다. 이 시기에는 마케팅의 질보다는 양과 속도를 우선시해야 한다. 만약 이 시기에 광고비를 아끼며 소극적으로 대응하면 성장의 급류에 올라타지 못할 수 있으니 주의해야 한다.

보험 대리점의 사례로, 전단지를 대량으로 배포한 결과 1년 내에 업계 최고 실적을 올린 예가 있다. 돌이켜보면 이는 보험 산업이 성장기에 접어든 시기에 대량의 전단지를 배포함으로써 많은 고객을 확보할 수 있었던 것이다.

일정 수의 고객을 확보한 후에는 소개를 통해 새로운 고객을 얻을 수 있어 영업이 더 안정적으로 진행된다. 예를 들어, 고객이 10명일 때는 매달 한 명의 고객을 소개받기도 어렵겠지만, 고객이 500명일 경우 1%의 소개율만 있어도 매달 5명의 새로운 고객을 확보할 수 있다. 이처럼 성장기에는 양을 중시한 광고 전략을 통해 고객 기반을 확대하고, 그 이후에는 안정적인 경영 궤도에 오를 수 있다.

성숙기

마지막으로 성숙기에 접어들면 앞서 〈그림 2-2〉에서 언급한 것처럼 차별화를 통해 새로운 성장 곡선을 만들어야 한다. 그렇지 않으면 광고에 대한 반응이 급격히 떨어지게 된다. 이를 위해서는 필자가 육체 노동형이라고 부르는 접근법, 즉 고객에게 더욱 가까이 다가가는 영업을 해야 한다. 구체적으로 말하면 전화 응대나 직접 방문을 통한 영업 방법이다.

이 시기가 되면 영업 사원들은 결코 한가할 수 없으며, 방문한 곳에서 물을 맞는 일도 실제로 일어날 수 있다. 정신력으로 이겨내는 것이 불가능하진 않지만, 자신이 하강하는 에스컬레이터에 타고 있다는 사실을 잊지 말아야 한다. 시간이 갈수록 영업은 점점 더 어려워지고 경쟁은 더 치열해질 것이라는 점을 명심해야 한다. 더 나아가, 성숙기 상품은 매스컴에서도 거의 주목받지 못한다. 그러나 일상생활에서 화제가 될 가능성이 있는 상품이라면 매스컴의 관심을 끌어 새로운 돌파구를 찾을 수 있다.

예를 들어, 앞에서 소개한 건어물 가게 '지지야'도 한때 매우 어려운 상황에 처한 적이 있다. 매출이 급감하여 전단지 제작은 고사하고 우표를 살 돈조차 없어 DM 발송도 어려웠다고 한다. 그래서 비용을 들이지 않고 고객을 모으기 위해 머리를 싸매고 고민하기 시작했다.

가게의 대표 아키타케 사장은 먼저 가게가 위치한 모지코 지역의 역사를 돌아보았다. 그 과정에서 이곳이 과거 메이지 시대부터 '바나나 경매 판매'로 유명했던 지역임을 알게 되었다. 그는 바나나 경매 판매를 연습하기 시작했고, 관광객의 관심을 바나나 경매 판매로 끌어들인 뒤 자연스럽게 자신의 가게로 유도하여 맛있는 건어물을 시식하게 하고 선물로 구매하도록 유도했다.

관광객뿐만 아니라 일반 주민들까지 타깃으로 삼기 위해 바나나를 연상시키는 탈을 만들었다. 그 탈을 쓰고 '바나나맨'이 되어 매스컴의 관심을 유발했다. 바나나맨 복장을 하고 신칸센에도 탑승하여 더 많은 화제를 불러일으켰다. 그 결과, 바나나맨이 1년 동안 23회 이상의 취재를 받았고, 평범한 연예인보다 더 유명해졌다.

아키타케 사장의 근성은 버진 그룹의 리처드 브랜슨도 감탄할 만한 수준이었다. 물론 여기까지 해야 한다고 권할 수는 없지만, 성숙기에 접어든 상품을 되살리기 위해서는 새로운 돌파구를 찾는 것이 중요하다는 사실을 깨닫게 되었을 것이다.

직업에 귀천은 없다 하지만

　지금까지 수익 시뮬레이션에 대해 살펴보았다. 그리고 이제는 내가 비즈니스를 숫자 게임이라고 말한 이유도 어느 정도 이해되었을 것이다.

　직업에는 귀천이 없지만, 비즈니스에는 분명 돈을 버는 모델과 그렇지 않은 모델이 존재한다. 돈을 벌지 못하는 모델은 아무리 열심히 일해도 빚더미에 앉기 쉽다. 반면, 돈을 버는 비즈니스 모델은 그저 비즈니스에 몰두하고 묵묵히 일하는 것만으로도 끊임없이 성장해 나간다.

　그리고 이러한 돈을 버는 모델과 그렇지 않은 모델의 차이는 숫자 게임을 얼마나 잘 알고 있느냐에 달려 있다. 이렇게 중요한 사항인데도 숫자 게임의 평균적인 수치는 거의 언급되지 않았다.

　내가 이 평균적인 수치를 알지 못했기 때문에 매우 큰 어려움을 겪었고, 몇 천만 엔에 이르는 돈을 헛되이 쏟아부었다. 내가 이미 겪은 실패를 거울삼아 당신은 같은 실수를 반복하지 않기를 바란다.

　여기 제시된 평균적인 수치를 이해하고 "이 정도로 팔리지 않는 물건이었나!" 하고 놀라며 새로운 출발을 준비할 수 있다면 필자로서는 매우 다행이다. 이는 그토록 치명적인 사실을 모른 채 사업을 시작하는 실수를 피할 수 있게 하고, 강한 의지만 있다면 모든 어려움을 극복할 수 있는 지혜를 찾아낼 수 있도록 하기 때문이다.

1. 비즈니스에서는 상품에 대한 수요가 저절로 발생하는 것이 아니라 구매자의 구매 욕구를 자극해야 한다. 이를 위해서는 고객 정보가 반드시 필요한데, 직접적인 접근 방식이 가장 쉽게 성과를 올리는 방법이다.

2. 다이렉트 마케팅은 일종의 숫자 게임이다. 체계적인 판매 방식을 이해하고 숫자 게임의 규칙을 올바르게 파악하면 매우 빠르게 성장할 수 있다.

3. 무차입 경영을 달성하려면 다음의 부등식을 기억하라.
   단기간(가능한 3개월 이내)에 창출되는 고객 가치 > 고객 획득 비용

4. 무차입 경영을 위한 두 가지 기준은 다음과 같다.
   ① 재구매가 자주 이루어지는 상품의 경우, 매출 이익률이 70~80% 이상이 되도록 해야 한다.
   ② 재구매가 자주 이루어지지 않는 상품의 경우, 첫 번째 구매에서 매출 이익이 10만 엔 이상이어야 한다.

60분
기업 최강
프로젝트

PART 7

고객이 원하는 영업 타이밍

언제 나아가고 언제 물러서야 할까

어디를 가든 물건을 잘 파는 점원과 그렇지 못한 점원이 있다. 잘 파는 점원은 묵묵히 서 있기만 해도 물건이 척척 팔려나간다. 반면, 잘 팔지 못하는 점원은 열심히 고객을 응대해도 물건이 거의 팔리지 않는다. 그 차이는 도대체 어디에서 비롯되는 것일까?

정답은 고객에게 말을 거는 타이밍에 있다.

한 예로, 가전 매장의 TV 코너에서 벌어질 수 있는 상황을 생각해 보자. 고객이 TV 코너에 들어서자마자 말을 걸면 대부분의 고객은 귀찮아하며 자리를 떠난다. 그런데 물건을 잘 파는 점원은 무심한 듯 바쁜 척하며 타이밍을 살핀다. 그러다가 고객이 리모컨이나 TV를 만지기 시작하면 그때 말을 건넨다.

"텔레비전을 찾는 중이신가요?"

"네, 이게 새로 나온 모델인가요?"

"새 모델을 찾고 계신가 보군요."

이렇게 자연스럽게 대화에 들어가는 것이다. 리모컨을 만지기 시작한 고객 중 약 70%가 실제로 구매를 결정한다고 한다.

이처럼 영업 사원은 고객에게 말을 거는 타이밍에 따라 해충이 되기도 하고 천사가 되기도 한다. 고객이 원하지 않을 때 말

60분 기업 최강 프로젝트

을 걸면 해충처럼 미움을 사고, 반대로 원할 때 말을 걸지 않으면 불친절하다고 느끼게 한다. 타이밍이 맞으면 상품 설명을 간단히 해도 물건이 팔린다.

그러면 언제 나서고 언제 물러나야 할까?

상품의 품질이나 가격이 아무리 좋아도 고객에게 제안하는 타이밍에 따라 매출은 크게 달라진다. 그래서 스타 전략 구축법의 5단계에서는 매출을 늘리기 위한 필수 요소인 판매 타이밍에 대해 검토해야 한다.

판매 타이밍은 두 가지 측면에서 생각해 볼 수 있다.

첫 번째는 고객의 외부 환경 변화에 맞춘 타이밍이다. 아무리 훌륭한 제안을 하더라도 고객의 반응은 계절, 날씨, 경제 동향, 법률 등 외부 환경의 변화에 따라 달라질 수 있다. 따라서 같은 방식으로 영업을 하더라도 매출에 큰 차이가 난다.

예를 들어, 어린이 카시트 착용이 법으로 의무화되면 그동안 별로 주목받지 못하던 카시트가 갑자기 잘 팔리기 시작한다. 아이가 있는 부모들은 어쩔 수 없이 카시트를 사야 하기 때문이다. 이런 상황은 자동차용품이나 유아용품을 판매하는 회사에는 좋은 기회가 된다. 이때는 간단한 마케팅만으로도 고객의 반응을 쉽게 얻을 수 있다. 그러므로 같은 비용으로 영업을 하더라도 고객 반응이 좋은 시기를 포착하는 것이 중요하다.

두 번째는 고객의 내부 환경 변화에 맞춘 타이밍이다. TV 판매 사례로 돌아가면 고객이 매장에 도착해 상품을 구입하기까지 여러 가지 심리적인 단계를 거친다. 고객의 심리적 변화 과정을 차례대로 살펴보자.

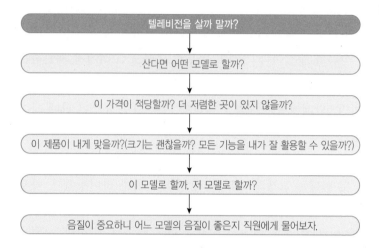

이런 심리적인 변화를 겪은 뒤에야 고객은 직원에게 말을 건넨다. 점원은 이러한 고객의 심리 변화에 맞춰 적절한 타이밍에 대응해야 한다. 타이밍이 너무 이르거나 늦어도 매출로 이어지지 않는다. 스스로를 고객 입장에서 생각해보라.

텔레비전을 살까 말까 고민하고 있을 때, 직원이 말을 건넨다.

"(밝은 목소리로) 무엇을 찾고 계신가요?"

"아니요, 그냥 보고 있는 중입니다."

이처럼 고객의 내면에 있는 구매 타이밍과 판매자의 접근 타이밍이 맞지 않으면 거래는 성립하지 않는다.

그렇다면 이 미묘한 타이밍을 어떻게 정확하게 파악할 수 있을까? 그리고 전략을 세울 때 그것을 어떻게 활용해야 할까? 이제 고객의 외부 및 내부 환경 변화에 맞춘 판매 타이밍을 포착하는 방법에 대해 좀 더 자세히 알아보자.

외부 환경에 따라 타이밍을 포착하라

앞서 언급한 것처럼 외부 환경이란 계절, 날씨, 경제 동향 등 고객이 스스로 조절할 수 없는 상황을 말한다. 외부 환경의 변화로 인해 상품에 대한 욕구나 필요성이 높아지면 동일한 예산을 들여 광고나 홍보를 하더라도 고객의 반응이 훨씬 좋아진다. 다시 말해, 반응하는 고객이 많아지므로 1인당 고객 획득 비용이 낮아진다는 뜻이다.

좀 더 쉽게 설명해 보자.

1인당 고객 획득 비용이 낮아지면 예산이 충분하지 않아도 많은 고객을 확보할 수 있다. 즉, '고객 획득 바겐세일'이 열리는 것과 같다.

앞서 언급한 어린이용 카시트 사례를 다시 살펴보자. 원래는 어린이용 카시트를 통해 신규 고객을 유치하려면 막대한 예산이 필요했다. 그러나 갑자기 외부 환경이 변하면서 어린이를 차에 태우는 모든 운전자는 반드시 어린이용 카시트를 장착해야만 했다. 이를 구매하지 않으면 법적 처벌을 받게 되는 것이다. 이런 상황에서 어린이용 카시트 판매 업체를 운영하고 있다면 어떻게 할 것인가?

당연히 법 제정 시기를 계산해 재고를 늘리고, 어린이용 카시트 전문 업체로 자리매김하기 위해 노력할 것이다. 또한, 법 제정 직전과 직후에 여러 차례에 걸쳐 전단지를 배포하고, 타깃 연령대의 아이를 둔 가정 목록을 확보해 DM을 발송할 수도 있다. 이 시기에는 고객의 반응률이 평소보다 두 배 이상 높아져 매우 저렴한 비용으로 신규 고객을 확보할 수 있다. 이처럼 고객 획득 바겐세일이 열리는 타이밍을 제대로 포착하면 적은 비용으로 우량 고객을 확보할 수 있다.

우량 고객은 황금알을 낳는 거위와 같다. 바겐세일을 통해 이 황금알을 낳는 거위를 확보할 수 있다면 이를 잘 관리해 짧은 기간 내에 투자 비용을 회수할 수 있다. 그리고 잘 관리하기만 하면 장기적으로 지속적인 수익을 창출할 수 있다. 하지만 대부분의 회사는 바겐세일이 열리고 있다는 사실조차 인식하지 못하는 경우가 많다. 그들은 오히려 거위값이 비싼 시기에 고객을 확보하려 한다.

그렇다면 이제 적은 비용으로 고객을 확보하기 위해 바겐세일 기간을 올바르게 포착하는 방법에 대해 알아보도록 하자.

60분 기업 최강 프로젝트

바겐세일형 상품인가, 상설 할인형 상품인가

'고객 획득 바겐세일'이라는 행사가 실제로 존재할까?

만약 존재한다면 그 시기는 언제일까?

상품에는 '바겐세일형' 상품과 '상설 할인형' 상품 두 가지가 있다. 이 두 가지 상품의 차이는 〈그림 7-1〉을 통해 알 수 있다. 결론부터 말하자면 구매 빈도가 높은 상품은 고객이 언제든지 저렴하게 구매할 가능성이 높다. 또한 구매 타이밍을 쉽게 파악할 수 있는 상품은 바겐세일 행사가 열리는 상품으로 볼 수 있다.

예를 들어, 쌀, 단오 인형, 비석이라는 세 가지 상품을 통해 설명할 수 있다.

쌀은 생활필수품으로 일정한 주기마다 구입해야 하기 때문에 구매 빈도가 비교적 높다. 따라서 언제든지 저렴한 비용으로 고객을 획득할 수 있다. 구체적으로 말하자면 쌀가게 주인이 전단지를 배포하면 시기에 크게 구애받지 않고 300~500장 중 한 건 정도의 고객 반응을 얻을 수 있다. 즉, 고객 한 명을 획득하는 데 큰 비용이 들지 않기 때문에 '상설 할인형' 상품이라고 할 수 있다.

그렇다면 단오 인형은 어떨까? 이 인형은 평생 한 번만 구매

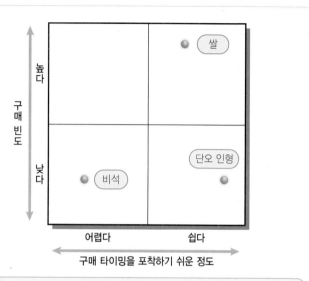

이 차트를 통해 '상설 할인형(Everyday Low Price)'인지 아니면 '바겐세일형'인지 알 수 있다.

참고: 세로축은 고객이 얼마나 자주 구매하는지를 나타낸다. 이 척도는 어디까지나 상대적인 기준이므로 매우 엄격하게 측정할 필요는 없다. 대략적인 기준으로 3개월에 한 번 이상 구매하는 상품은 구매 빈도가 높다고 볼 수 있다. 반면, 1년에 한 번 이하로 구매하는 상품은 구매 빈도가 낮다고 생각하면 된다.

🧭 그림 7-1_ 구매 타이밍 분석 차트

하는 상품이다. 따라서 1년 내내 고객에게 접근할 수 없다. 시기를 고려하지 않고 광고나 홍보를 하면 아무런 반응을 얻지 못할 가능성이 크다. 이로 인해 고객 획득 비용은 매우 높아지게 된다. 하지만 구매 타이밍을 파악하기는 매우 쉬운 상품이다. 5월 단오 전에 집중적으로 고객에게 접근하면 된다. 출생

60분 기업 최강 프로젝트

기록을 비롯한 아이 생일 관련 데이터베이스를 통해 타깃 고객을 선별하여 DM을 발송하면 된다. 이렇게 하면 성숙기에 있는 상품임에도 불구하고 비교적 저렴한 비용으로 고객을 획득할 수 있다. 이런 상품은 '바겐세일형' 상품이라고 할 수 있다.

비석의 경우는 단오 인형과 마찬가지로 평생 한 번만 구매하는 상품이다. 구매 빈도가 매우 낮으며, 구매 타이밍을 예측하기도 어렵다. 사람은 언제 사망할지 알 수 없고, 사망했다고 해서 반드시 비석을 구매하리라는 보장도 없다. 따라서 비석은 '상설 할인형' 상품도, '바겐세일형' 상품도 아닌 경우에 속한다. 그래서 원가가 거의 들지 않는 돌을 재료로 사용하면서도 100만 엔을 넘는 비석이 흔히 팔리는 것이다. 이런 상품은 고객 획득 비용이 매우 높기 때문에 높은 마진을 남기지 않으면 사업이 성립되지 않기 때문이다.

초보자도 컨설턴트가 되는 방법

적절한 타이밍을 포착할 수 있다면 더 저렴한 비용으로 고객을 획득할 수 있다. 이제 당신이 위의 세 가지 상품을 판매하는 회사의 컨설턴트가 되었다고 가정해보자.

첫째, 쌀은 '상설 할인 가격(Everyday Low Price)'으로 고객을 획득할 수 있다. 하지만 구매 빈도가 높고 구매 타이밍까지 정확하게 파악할 수 있다면 고객 획득 비용을 더욱 줄일 수 있다. 그렇다면 쌀의 경우 구매 타이밍을 정확히 알 수 있는 방법은 무엇일까?

가장 쉬운 방법은 햅쌀이 나오는 시기를 활용하는 것이다. 햅쌀이 나올 시기에는 차트상에서 오른쪽 상단에 위치하게 되므로 가장 효율적으로 고객을 획득할 수 있다. 예를 들어, 햅쌀이 나올 때 "한 봉지 1,000엔, 맛이 없으면 돈을 돌려드립니다"라는 식으로 판매할 수 있다. 이런 대담한 마케팅 전략을 시도할 때 많은 사람이 돈을 돌려달라고 할까 봐 걱정할 수 있다. 그러나 실제로는 환불을 요구하는 사람은 거의 없다는 사실을 알게 될 것이다.

이 방법을 통해 신규 고객을 경제적으로 효율적으로 모을 수 있다. 그 후에는 고객과의 신뢰 관계를 쌓아 평생 고객으로 만들어 나가는 것이 중요하다. 처음에는 다소 비용이 들 수 있지만, 평상시보다 짧은 시간 안에 많은 고객을 확보할 수 있다.

둘째, 단오 인형의 경우, 가장 큰 제약은 구매 빈도가 매우 낮다는 점이다. 구매 빈도를 높일 방법이 있을까? 안타깝게도 한 사람이 여러 개의 인형을 구매할 수 없으므로 차트상의 위치를 변경하는 것은 불가능하다. 따라서 컨설턴트로서 해결책은 일 년 내내 판매 가능한 상품을 추가하거나, 구매 타이밍이 명확한 다른 상품을 추가하는 것이다. 예를 들어, 추석 관련 상품을 추가하는 것을 고려할 수 있다.

셋째, 비석의 경우, 구매 빈도가 낮고, 구매 타이밍을 예측하기 어렵다는 점이 모두 한계로 작용한다. 이 경우, 장기적인 전략이 필요하다. 예를 들어, 옥외 광고나 전화번호부 광고를 장기적으로 운영하는 것이나, 병원, 장례식장 등 관련 업체와의 협력을 통해 고객을 확보하는 방법을 생각해 볼 수 있다. 이러한 전략은 비록 해당 업계에 익숙하지 않더라도 성공의 열쇠가 될 수 있다.

| 칼럼 |

오른쪽 상단의 세계를 상상하면 전략적 대응 방법이 생긴다

〈그림 7-1〉의 타이밍 분석 차트를 통해 전략적인 실마리를 얻는 방법을 사례로 설명해보자. 잉크 카트리지 재활용품을 판매하려는 회사가 이 상품의 특성을 이 차트에 적용시킨다면 어떻게 될까? 잉크 카트리지 재활용품은 프린터를 교체하는 경우와 비교해 구매 빈도가 압도적으로 높다. 프린터 사용 빈도에 따라 다르겠지만, 보통 두 달에 한 번 정도 교체해야 할지도 모른다.

그렇다면 다음 구매 타이밍을 정확히 예측할 수 있을까? 사실, 구매 타이밍을 정확히 포착하기란 쉽지 않다. 언제 잉크 카트리지가 다 떨어질지 명확히 알 수 없기 때문이다. 이렇게 되면 차트는 〈그림 7-2〉와 같은 모양이 될 것이다.

구매 타이밍을 파악하기 어려운 점이 이 상품을 판매하는 데 있어 한계로 작용한다. 그렇다면 이 차트상에서 오른쪽 상단의 이상적인 세계로 이동시킬 수 있을지 고민해보자.

현실 세계에서는 잉크 카트리지가 다 떨어졌을 때 다음과 같은 상황이 발생할 수 있다.

• 사장: 잉크 카트리지가 다 떨어졌네!
• 직원: 그러면 얼른 주문하겠습니다.

그러고는 비싼 정품 카트리지를 주문한다.

그렇다면 오른쪽 상단의 이상적인 세계에서는 어떨까? 이 경우 잉크 카트리지가 언제 다 떨어질지 완벽하게 파악할 수 있다. 그래서 카트리지를 교체할 시점에 다음과 같이 전화만 걸면 된다.

"현재 사용 중인 잉크 카트리지와 동일한 품질로, 40% 더 저렴한 재활용 카트리지를 판매하고 있습니다. 1시간 내에 배달이 가능한데, 어떻게 하시겠습니까?"

이와 같은 방식으로 영업을 할 수 있다면 성사율은 매우 높아질 것이다. 이는 어떤 의미에서는 현실적이지 않은 상황처럼 보일지도 모른다. 하지만 여기서 발상이 확장된다.

"가정용 비상약처럼 잉크 카트리지의 여유분을 미리 보내 두고, 나중에 실제로 사용할 때 돈을 받는 방식은 어떨까?"

이러한 판매 방식을 다시 차트에 맞춰 위치시켜 본다면 구매 타이밍을 완벽하게 포착할 수 있게 된다. 더 나아가, 고객의 프린터 사용 빈도에 맞춰 정기적으로 잉크 카트리지를 보내주는 정기 배송 프로그램에 가입하도록 유도할 수 있다. 그 후에는 별도의 영업 활동을 하지 않아도 자동으로 매출이 발생하는 구조를 만들 수 있게 된다. 이처럼 간단한 발상이 때로는 강력한 경쟁력의 원천이 될 수 있다.

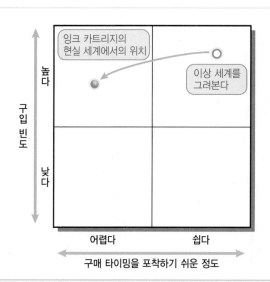

이 차트를 통해 '상설 할인형(Everyday Low Price)'인지 아니면 '바겐세일형'인지 알 수 있다.

참고: 세로축은 고객이 얼마나 자주 구매하는지를 나타낸다. 이 척도는 어디까지나 상대적인 기준이므로 매우 엄격하게 측정할 필요는 없다. 대략적인 기준으로 3개월에 한 번 이상 구매하는 상품은 구매 빈도가 높다고 볼 수 있다. 반면, 1년에 한 번 이하로 구매하는 상품은 구매 빈도가 낮다고 생각하면 된다.

그림 7-2_ 이상적인 세계와 현재 상황을 연결하는 것이 전략적 발상의 근원

바겐세일을 위한 4가지 타이밍

지금까지 다양한 상품을 차트에 위치시키면서 구매 타이밍을 포착하는 데 한계가 있는 상황에 대해 검토해 보았다. 그리고 이상적인 상황을 상상함으로써 그러한 한계를 극복하고 전략적 대응 방법을 찾을 수 있었다. 이제, 그 한계를 극복하기 위해 특히 중요하게 고려해야 할 시기와 이벤트에 대해 알아보자. 이를 네 가지 예로 나누어 설명하겠다.

계절 변동

대부분의 상품은 계절에 따른 변동이 있다. 예를 들어, 이 책의 판매에도 계절적 변동이 존재한다. 12월부터 1월까지는 연중 매출이 절정에 달하지만, 2월에는 주춤하고 3월부터 다시 상승세를 탄다. 화장품의 경우, 여름철에는 판매가 줄어들다가 가을이 되면 여름에 생긴 기미나 주름을 없애기 위해 다시 수요가 늘어난다. 제모 제품도 봄철에 피부 노출이 많아지면서 판매가 활발해지지만, 가을이 되면 급격히 감소한다.

이와 같은 계절 변동은 대부분의 상품에서 찾아볼 수 있다. 여기서 중요한 것은, 계절적으로 수요가 적은 시기에 고객에게 접근하면 효율이 크게 떨어진다는 점이다. 같은 비용을 들여 광고나 홍보를 하더라도 반응률이 40~60까지 하락할 수 있다. 즉, 고객 획득 비용이 그만큼 높아지는 셈이다.

계절적 변동을 고려하지 않으면 전략 방향을 놓칠 수 있다. 예를 들어, 매년 9월이 되면 많은 회사가 다음과 같은 질문을 하며 컨설팅을 의뢰한다.

"6월까지는 괜찮았는데, 그 이후로 광고 반응이 급격히 줄었습니다. 그래서 광고 문구를 전면 수정했는데, 어떻게 보십니까?"

이러한 회사들은 보통 5~6월에 광고를 집행하고 어느 정도 반응을 얻는다. 그러다 7월에 두 번째 광고를 집행했을 때 반응이 줄어들면 광고 문구를 바꾸면 더 나을 것이라고 생각하고 8월 광고를 수정한다. 하지만 반응은 이전보다 절반 이하로 떨어진다. 그러다 결국 9월이 되면 전면적으로 광고를 수정하게 된다.

하지만 이런 반응률 저하는 대부분 계절적 변동이 원인인 경우가 많다. 그 결과, 잘되던 광고나 상품이 단순한 판단 착오로 인해 다시는 사용되지 않는 경우가 생길 수 있다.

이처럼 계절 변동을 이해하지 못하는 경영자는 작은 변화에도 놀라며 전략을 자주 수정하게 된다. 그러나 그런 시기에는 굳이 비싼 비용을 들여 고객을 확보하려 하지 말고, 회사 내부를 정비하거나 가족과 함께 휴가를 보내는 것이 더 나을 수도 있다.

기념일

매출이 주춤할 때는 기념일을 활용하는 것이 효과적이다. 법인 창립 기념일이나 고객의 생일에 축하 메시지를 담은 DM을 발송하는 방법이 대표적이다. 이를 실천한 회사들은 매출 증가를 체감한다고 말한다. 이처럼 기념일을 활용하는 것은 가장 간단하면서도 확실하게 매출을 촉진할 수 있는 방법이다.

만약 당신이 식당의 컨설턴트가 되어 매출에 따라 보수를 받는다고 가정해보자. 이럴 경우 확실하게 매출을 올리는 방법은 고객의 생일에 DM을 보내는 것이다. 단지 그것만으로도 매출이 10~20% 상승할 수 있다. 또한 생일은 요일이나 공휴일과 상관없이 꾸준히 고객을 확보할 수 있는 좋은 기회다.

이처럼 간단한 방법이지만, 이를 실천하는 회사는 드물다. 많은 회사가 불황을 탓하며 아무런 대책을 세우지 않는다. 이는 게으른 경영자가 불황을 핑계로 일을 미루는 것과 다름없다. 생일 외에도 결혼 기념일, 입학식, 졸업식 등 다양한 기념일이 있으니 기념일을 고객의 날로 정하고 적극적으로 활용하자.

돌발 니즈

돌발 니즈란 구매 필요성이나 욕구가 갑자기 발생하는 상황을 말한다. 예를 들어, 태풍이나 장마가 발생했거나 지역 프로 축구팀이 우승했을 때가 그 사례다. 또는 자사 상품이 갑자기 TV에 소개되어 일시적으로 매출이 급증하는 경우도 있다.

이러한 상황은 돌발적으로 발생하지만, 결코 무시할 수 없다. 짧은 순간에 몇 년 치 고객을 한꺼번에 확보할 수 있기 때문이다. 예를 들어, 한 리모델링 회사는 초기 사업이 어려워 전단지를 배포해보았는데, 마침 폭우가 내리면서 전화가 끊이지 않았고, 이를 계기로 사업이 성공 가도를 달리기 시작했다는 실화도 있다.

수해가 발생하면 현명한 소매점은 '긴급! 수해 세일'을 연다. 이유는 '상품이 물에 젖어 대폭 할인(단, 품질에는 이상이 없습니다)'이라며 고객을 끌어들이는 것이다.

강제 니즈

강제 니즈란 외부 환경의 변화로 인해 구매 필요성이 높아지는 상황을 말한다. 예를 들어, 어린이 카시트 착용 의무화나 세법 개정 등이 이에 해당한다. 이러한 강제 니즈는 마감 기한 직전까지 고객 반응이 거의 나타나지 않는 경우가 많다. 카시트 착용 의무화의 경우, 몇 달 전부터 광고를 강화한 회사들은 고객 반응이 없다고 실망할 수 있다.

그러나 고객이 관심이 없는 것은 아니다. 강제 니즈는 설날이나 크리스마스 준비를 미루는 것과 같이, 마감 직전이 되어야 니즈가 폭발적으로 증가하는 특성이 있다. 현명한 회사는 직전까지는 경쟁사의 광고를 지켜보다가, 마감 직전에 집중적으로 광고를 집행하는 전략을 취한다.

이처럼 예측 가능한 범위에서 '고객 획득 바겐세일'이 개최된다. 이 타이밍을 민감하게 탐지하고 적절한 시기에 고객을 확보하는 것이 중요하다. 반대로, 바겐세일 타이밍을 알 수 없는 경우에는 기존 고객을 대상으로 한 소개 캠페인이나 휴면 고객을 활성화하는 캠페인을 펼치는 것도 효과적인 방법이다.

이처럼 외부 환경의 변화를 적절히 활용하면 불필요한 비용 낭비를 줄일 수 있으며, 보다 예측 가능한 경영을 할 수 있게 된다.

내부 환경의 변화에 따른 타이밍

지금까지는 주로 고객의 외부 환경에 맞추어 영업 타이밍을 고려해왔다. 이제는 고객의 내면, 즉 구매에 이르는 심리적 변화에 초점을 맞춰보자.

앞서 언급한 텔레비전 예시에서 알 수 있듯이, 고객이 구매 의향이 없는 상태에서 영업을 시도하면 고객은 도망가 버린다. 반면, 고객이 구매할 준비가 되었을 때 적절히 대응하지 못하면 서비스가 불친절하다는 인상을 남기게 된다. 즉, 구매자의 구매 결정 과정과 판매자의 영업 과정이 일치하지 않으면 거

278

래는 원활하게 이루어지지 않는다는 것이다.

이처럼 고객의 내부 환경 변화에 맞춘 타이밍을 제대로 파악하는 것이 성공적인 영업의 핵심이다. 고객이 어떤 심리적 단계를 거쳐 구매에 이르는지 이해하고, 그에 맞춰 적절한 시점에 접근하는 것이 중요하다.

AIDA 이론과 ITQI 이론이란 무엇인가

고객의 구매 결정 과정을 설명하는 이론 중 하나로 AIDA 이론이 있다. AIDA는 관심(Attention), 흥미(Interest), 욕구(Desire), 행동(Action)의 머리글자를 딴 용어다. 일반적으로 사람들은 "이게 뭐지?" 하며 관심을 가지기 시작하고 흥미를 느껴 광고를 보게 된다. 그 후 상품에 대한 욕구가 점점 강해지면서 마지막 단계에서는 구매를 하거나 자료 청구 같은 행동을 취하게 된다.

AIDA 이론은 단일 상품을 판매하는 경우라면 광고에 그대로 적용해도 무방하다. 하지만 전반적인 영업 프로세스를 고려할 때는 고객이 여러 상품을 비교하는 단계를 놓쳐서는 안 된다. 다시 말해, 고객이 "사고 싶긴 한데, 이걸 살까 아니면 저걸 살까?"라고 비교 검토하는 단계가 존재한다는 점을 염두에 두어야 한다.

이 비교 검토 단계는 영업 사원이 접근할 때 성공과 실패를 가르는 중요한 시점이다. 이 단계에서 고객의 미묘한 심리 변화를 주의 깊게 살펴보는 것이 매우 중요하다. 고객의 심리를 면밀히 분석하기 위해서는 AIDA 이론에 추가적인 네 가지 과정도 고려해야 한다.

즉, 특정 상품에 대한 정보 수집(Information), 상품을 보고 만지는(Touch) 과정, 구매 정당화를 위한 확인·상담·질문(Question) 과정, 그리고 이 상품을 자신이 잘 사용할 수 있는지를 상상해 보는(Image) 과정이다. 필자는 이를 AIDA 이론에 더해 ITQI 이론이라고 부른다.(그림 7-3 참조)

이것을 앞서 예로 든 텔레비전 구매 과정에 적용해보자. 일반적으로 고객은 텔레비전을 사고 싶은 욕구가 생긴 후, 구체적인 구매 의지를 가지고 매장을 방문한다. 이때 매장에서 고객은 텔레비전이 필요한지 여부를 고민하는 것이 아니라, 특정 모델에 대한 정보를 수집(Information)하기 시작한다. 매장에서 이것저것 상품을 살펴보고, POP 광고나 카탈로그를 넘겨보기도 한다. 그 후 마음에 드는 상품을 직접 보고 만지는(Touch) 단계에 진입한다. 이 단계에서 고객은 여러 상품을 비교 검토하면서 몇 가지 모델로 선택지를 좁히게 된다.

고객이 선택지를 좁히면 자신이 내린 선택이 정당한지 확인

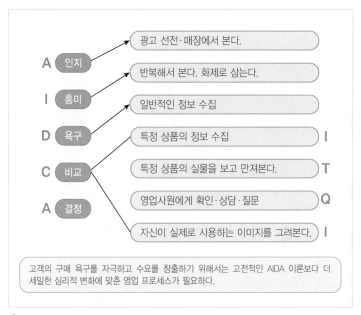

광고 선전·매장에서 본다.

A 인지

반복해서 본다. 화제로 삼는다.

I 흥미

일반적인 정보 수집

D 욕구

특정 상품의 정보 수집   I

C 비교

특정 상품의 실물을 보고 만져본다.   T

A 결정

영업사원에게 확인·상담·질문   Q

자신이 실제로 사용하는 이미지를 그려본다.   I

고객의 구매 욕구를 자극하고 수요를 창출하기 위해서는 고전적인 AIDA 이론보다 더 세밀한 심리적 변화에 맞춘 영업 프로세스가 필요하다.

🧭 그림 7-3_ 고객의 구매 결정 프로세스: ITQI 이론

하고, 모르는 부분에 대해 상담이나 질문(Question)을 하기 위해 처음으로 영업 사원에게 말을 건넨다. 마지막으로, 영업 사원과 이야기를 나누면서 고객은 이 제품을 구매한 후 자신이 사용하는 모습을 상상하게 된다.[이미지화(Image)] 이때 고객이 마음속에 그리는 이미지가 실제 구매로 이어지게 되는 결정적인 역할을 하게 된다. 따라서 고객이 모든 감각을 사용하여 멋진 이미지를 그릴 수 있도록 돕는 영업 사원은 매출 성과가 탁월할 수밖에 없다.

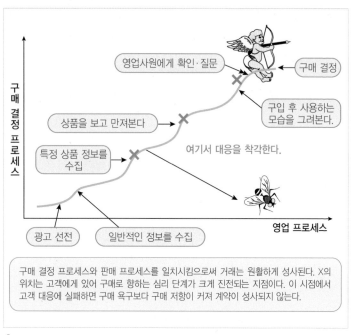

구매 결정 프로세스와 판매 프로세스를 일치시킴으로써 거래는 원활하게 성사된다. X의 위치는 고객에게 있어 구매로 향하는 심리 단계가 크게 진전되는 지점이다. 이 시점에서 고객 대응에 실패하면 구매 욕구보다 구매 저항이 커져 계약이 성사되지 않는다.

그림 7-4_ 해충이 될 것인가 아니면 천사가 될 것인가?

〈그림 7-4〉는 이러한 심리 변화를 영업 프로세스와 일치시키는 과정을 그래프로 나타낸 것이다. 〈그림 7-4〉에서 알 수있듯이 고객 심리가 다음 단계로 이동하기 전에 영업 사원이너무 앞서 나가면 구매 욕구보다 구매 저항이 더 강하게 생긴다. 따라서 영업 사원은 고객이 다음 구매 심리 단계로 이동하는 시점을 정확히 파악하기 위해 신중히 접근해야 한다.

구매 결정 프로세스와 판매 프로세스를 일치시킴으로써 거래는 원활하게 성사된다. X의 위치는 고객에게 있어 구매로 향하는 심리 단계가 크게 진전되는 지점이다. 이 시점에서 고객 대응에 실패하면 구매 욕구보다 구매 저항이 커져 계약이 성사되지 않는다.

구매자와 판매자의 타이밍을 일치시키는 두 가지 모델

고객의 내면에 있는 구매 결정 프로세스와 판매자의 영업 프로세스를 어떻게 일치시킬 수 있을까? 어떻게 하면 고객이 원하는 영업 방식을 알 수 있을까? 고객의 심리 변화를 판단하는 기준을 나타낸 것이 〈그림 7-5〉이다. 이제 이 차트에 있는 1단계 영업과 2단계 영업에 대해 설명하겠다.

1단계 영업은 야구로 비유하면 직구로 바로 판매하는 방식이다. 광고를 내보낸 직후에 바로 판매를 시도하는 모델이다. 예를 들어, "이런 특징을 가진 화장품이 2만 엔입니다. 구입을 원하시면 아래 매장에서 구매하세요"라는 방식의 영업이 여기에 해당된다.

반면, 2단계 영업은 우선 예상 고객을 모으는 데 집중하는 방

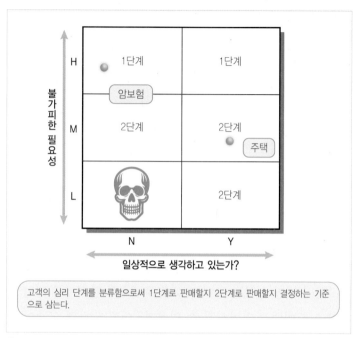

🧭그림 7-5_ 영업 프로세스 결정 차트

식이다. "먼저 한 번 사용해보세요. 무료 샘플을 드립니다"라는 광고로 예상 고객을 모으고, 샘플을 사용한 사람을 대상으로 다시 접근하는 방법이다. 샘플 제공 외에도 소책자나 가이드북을 무료로 배포해 예상 고객을 모으는 방법도 있다.

만약 상품이 꼭 필요한 제품이거나 고객이 구매하려고 이미 생각해본 적이 있는 제품이라면 고객은 서두르는 경향을 보인다. 따라서 우회하지 않고 1단계 영업 방식으로 바로 접근하

60분 기업 최강 프로젝트

는 것이 더 효율적이다. 반면, 꼭 필요하지 않은 제품이거나 고객이 전에는 생각해보지 않은 제품이라면 고객은 여전히 정보 수집 단계에 머물러 있기 때문에 2단계 영업 방식이 더 적절하다.

이제 주택과 암보험을 〈그림 7-5〉를 통해 비교해 보고, 각각 어떤 영업 방식이 적합한지 검토해보자.

주택을 구매하려는 고객은 긴급한 필요성을 느끼지 않는 경우가 많다. 대체로 '2년쯤 후에 집을 사면 좋겠다'는 식으로 막연히 생각하는 경우가 대부분이다. 즉, 주택을 구매하고 싶다는 생각은 항상 있지만, 긴급한 필요성을 느끼지는 않는 것이다. 따라서 차트를 통해 주택 구매의 위치를 확인하면 2단계 영업 방식이 더 적합하다는 것을 알 수 있다.

구체적으로는 "실수하지 않는 저가형 주택 선택법 – 절대로 후회하지 않는 20가지 비결"과 같은 소책자나 가이드북을 무료로 배포하여 예상 고객을 모으는 것이 1단계다. 그리고 자료를 요청한 고객 중에서 긴급한 필요성을 느끼는 고객에게 다시 접근하여 계약을 성사시키는 것이 2단계다. 이러한 고객에게 "평당 30만 엔의 저가형 주택이지만 고급 사양으로 꾸몄습니다"라고 접근하면 고객은 반응하지 않을 뿐만 아니라 강매하려는 인상을 받게 되어 오히려 역효과가 날 수 있다.

한편, 암보험의 경우는 어떨까? 평소에는 암보험에 대해 생각하는 사람이 많지 않다. 그러나 몇 달 후에 보험료가 인상된다거나 가까운 친구가 암으로 사망했다는 소식을 들으면 고객은 갑자기 긴급한 필요성을 느끼게 된다.

이러한 고객 심리를 차트에 맞춰보면 평소에는 관심이 없었지만, 긴급한 필요성이 생긴 경우에는 1단계 영업 방식이 적합하다는 것을 알 수 있다. 그래서 우회하지 않고 계약을 신속하게 진행하는 것이 더 효과적이다. 서류 작성도 간단하게 하고 계약 절차도 번거롭지 않게 처리하며 신뢰할 수 있는 보험사임을 강조하는 방식이 적합하다. 만약 이 고객에게 암보험에 대해 지나치게 상세하게 설명하면 복잡하게 느껴져 오히려 역효과를 낼 수 있다.

이처럼 1단계 영업과 2단계 영업의 선택은 상품의 특성뿐만 아니라 메시지 전달 매체(광고 매체)에도 영향을 받는다. 예를 들어, 전화번호부는 이미 구매 의사가 있는 고객이 어디에서 구매할지를 결정할 때 사용하는 매체다. 고객이 긴급한 필요성을 느끼기 때문에 1단계 영업 방식으로 접근하는 것이 효율적이다. 따라서 "지금 바로 전화하세요", "서둘러 예약하세요"와 같은 직접적인 표현이 더 적합하다. 여기에서 "아직 견적을 받지 않으셨다면 자세한 자료를 보내드리겠습니다"라는 표현을 덧붙이면 더욱 효과적일 것이다.

한편, 전단지를 보는 고객은 보통 '특별한 혜택이 있는 상품이 없을까?'라고 생각하며 구매 의사를 가지고 읽어본다. 이런 경우, 고객은 평소에 자주 생각해본 적이 있고 필요성을 느끼

60분 기업 최강 프로젝트

는 상품에 주목하게 된다. 차트에서 이 위치를 확인하면 1단계 영업 방식이 적합하다는 것을 알 수 있다. 따라서 "자료를 보내드리겠습니다"라는 2단계 방식보다는 1단계로 직접적인 접근이 더 효과적이라는 것을 알 수 있을 것이다.

구체적으로는, 충동 구매가 가능한 가격대의 상품을 판매하거나 설명회에 참여하도록 유도하여 영업 사원과의 접촉을 유도하는 것이 더욱 효율적일 수 있다. 일간지나 지역 소식지는 정보를 얻기 위해 읽는 매체이므로, 1단계 영업보다는 2단계 영업 방식이 적합하다. 사람들이 긴급한 필요성을 느끼면서 일간지나 지역 소식지를 읽는 경우는 드물기 때문이다. 하지만 전면 광고처럼 자세한 제품 정보를 제공할 수 있는 경우에는 1단계 방식만으로도 충분히 높은 반응을 얻을 수 있다.

이처럼 광고 매체에 따라 고객의 구매 결정 프로세스에서 나타나는 감정의 단계가 다르다. 따라서 효율적인 영업 프로세스를 구축하기 위해서는 고객의 감정 단계를 객관적으로 분석하여 차트에 맞추고, 이를 통해 적절한 타이밍에 맞춰 고객에게 접근해야 한다.

전쟁이 아닌 파도타기를 한다

이 장에서는 고객의 외부 환경과 내부 환경 변화에 따라 어떻게 고객에게 효과적으로 접근할 수 있는지를 검토했다. 외부와 내부 양측에서 적절한 구매 타이밍을 파악할 수 있다면 적은 영업 노력으로도 자연스럽게 신규 고객을 확보할 수 있다.

기존의 기업 전략론이 취해온 접근 방식을 보면, 먼저 현 상황을 분석하고 그 분석을 바탕으로 전략을 수립한 뒤, 최종적으로 전략을 실행하는 단계로 넘어간다. 일단 결정된 전략은 쉽게 변경할 수 없으며, 그 전략을 그대로 실행하면 매출이 상승할 것이라고 생각해왔다. 만약 결과가 좋지 않으면 이는 전략 자체가 아닌 실행 단계에서 오류가 있었다고 판단했다.

그러나 이런 생각은 교과서적인 세계에서나 통하는 이야기일 뿐이다. 현실 세계에서는 전략을 실행하는 동안에도 상황이 계속 변화하고 있다. 특히 오늘날처럼 변화가 극심한 시대에서는 싸우면서도 적절한 결정을 내려야 한다. 다시 말해, 현장에 있는 사람이 전략적 사고 능력을 가지고 신중하게 결정을 내려야 한다. 변화에 능동적으로 대응하는 능력이 있을 때 비로소 경쟁 우위를 확보할 수 있는 것이다.

교과서적인 기업 전략이 왜 실효성이 없는 전략으로 끝나버리는가? 그것은 그 전략이 변화에 대응하는 사고방식을 포함하지 않기 때문이다. 하지만 스타 전략 구축법은 변화에 대응할 수 있는 유연한 사고 프로세스를 제공한다. 이를 통해 업계, 경쟁사, 고객의 동향을 사전에 파악할 수 있으며, 적절한 타이밍에 가장 적합한 행동을 취할 수 있게 된다.

이것은 전쟁이 아닌 파도 타기에 비유할 수 있다. 상대방과 싸워 이겨야 하는 전쟁이 아니라 다가오는 파도에 자연스럽게 올라타는 서핑과 같다. 한 파도를 타고, 다음 파도로 가볍게 옮겨 타는 과정이다. 그리고 그 파도에 제대로 올라타게 되면 고객에게 외면받는 해충이 아닌, 고객을 매료시키는 천사가 될 수 있다.

PART 7. 요 약

1. 우량 고객은 황금알을 낳는 거위와 같다. 이러한 황금알을 낳는 거위를 고객 획득 바겐세일이 열릴 때 확보해야 한다.

2. 고객의 구매 욕구를 자극하고 수요를 창출하기 위해서는, 고전적인 AIDA 이론보다 더욱 세밀한 심리적 움직임을 고려한 ITQI 이론을 바탕으로 해야 한다.

3. 구매 결정 프로세스와 판매 프로세스를 일치시키면 계약 성사율이 높아진다. 이 두 프로세스가 일치하지 않으면 구매 욕구보다 구매 저항이 커져 계약이 성사되지 않는다.

4. 실질적인 전략을 실행하기 위해서는 현장에 있는 사람들이 전략적 사고 능력을 가지고 스스로 생각하고 결정을 내릴 수 있어야 한다. 즉, 회사 전체가 전략적 사고를 갖추는 것이 경쟁 우위를 확보하는 열쇠가 된다.

60분
기업 최강
프로젝트

PART 8

구매 욕구를 체계적으로
높이는 방법

비즈니스를 다각적으로 바라보기

이제 드디어 스타 전략 구축법의 마지막 단계에 도달했다. 얼마 남지 않았다. 고객을 끌어들이는 최강의 전략을 완성할 수 있는 순간이 코앞에 있다. 정상에 오르기 전에 지금까지 우리가 해온 것들을 간단히 복습해보자.

제1단계: 상품

앞으로 선풍적인 인기를 끌고 설명이 불필요할 정도로 상품 자체가 고객을 끌어올 수 있는 상품을 선택한다. 더불어, 하나가 팔리면 관련 상품으로 확장할 수 있어 상승하는 에스컬레이터 같은 상품을 선택한다.

제2단계: 고객

설득하지 않아도 먼저 사겠다고 요청하는 고객을 선택한다. 게다가 주변 사람들을 끊임없이 소개하는 영향력 있는 고객을 선택한다.

제3단계: 경쟁

경쟁 없이 선두 기업으로 올라설 수 있는 한적한 틈새시장을 선택한다.

제4단계: 수익 시뮬레이션

상품 매출 이익을 통해 비즈니스를 확장할 수 있는 무차입 경영 모델을 선택한다.

제5단계: 타이밍

고객을 적은 비용으로도 끌어들일 수 있는 고객 획득 바겐세일 시기를 정확히 포착하고, 그 시기에 황금알을 낳는 거위를 대량으로 확보한다.

위 내용대로 실행하면 아무리 무능한 경영자라도 실패할 수 없는 완벽한 시스템을 만들 수 있다. 즉, 능력 있는 경영자가 있어서 회사가 번영하는 것이 아니라, 누구라도 성공할 수 있는 비즈니스 모델을 구축하는 것이다.

많은 사람들이 성공적인 비즈니스 모델을 구축하지 못하는 이유는 비즈니스를 한 가지 측면에서만 바라보기 때문이다. 직관이 뛰어난 경영자는 다양한 차트를 종합적으로 분석해 다각적인 사고를 통해 성공의 조건을 찾아낸다.

비즈니스를 다각도로 보는 작업은 모든 분야의 전문가들이 무의식적으로 수행하는 것이다. 예를 들어 경주마를 평가하는 데 탁월한 사람은, 말을 보자마자 앞다리의 근육, 가슴 너비, 등 라인, 허리의 탄력, 털의 윤기, 발의 각도 등을 즉시 분석한다. 그 결과 경주마의 잠재력을 평가할 수 있다.

비즈니스도 이와 같다. 비즈니스의 달인은 사업을 보자마자 다각적인 시각에서 분석한다. 만약 달인에게 "어떻게 그런 수익 창출 아이디어가 떠오르나요?"라고 물으면 "그냥 그런 느낌이 들어서" 혹은 "직감입니다"라는 답을 들을 뿐이다.

달인의 무의식적인 결정 과정을 의식화함으로써 누구나 달인이 되는 속도를 높일 수 있다. 스타 전략 구축법은 비즈니스의 달인이 직감적으로 처리했던 사고 과정을 단계별로 제시하므로 누구든지 이 단계를 따라가면 정확한 판단과 창의적인 아이디어를 얻을 수 있다.

그렇다면 정말로 누구나 비즈니스의 달인이 될 수 있을까? 실제로 증명해보자.

이 책을 처음 집어들었을 때와 여기까지 읽은 지금, 당신의 비즈니스에 대한 사고 방식이 얼마나 바뀌었는가? 단지 책을 읽었을 뿐인데, 비즈니스에 대한 근본적인 시각이 변하지 않았는가?

예를 들어 친구가 "이 제품은 정말 좋아서 네가 팔아줬으면 좋겠어."라고 부탁했다고 하자. 이 책을 읽지 않은 사람은 이렇게 생각할 것이다.

"확실히 좋은 제품이네. 누군가 한 번 써보면 분명히 잘 팔릴 거야!"

그러나 사용하게 만들기까지 드는 비용조차 모른다.

반면, 이 책을 읽은 당신은 어떻게 생각할까?

"이 제품은 아직 도입기에 있군. 성장하려면 몇 년이 걸릴지 모른다. 게다가 좋은 상품이라도 콘셉트를 전달하기 어렵고, 예상 고객을 찾기 어려울 것 같다. 지금 이 상태로는 하강 에스컬레이터를 타는 것과 같다. 하지만 상황이 개선된다면 한 번 검토해볼 만한 가치는 있겠군. 스타 전략 구축법 차트를 이용해 제대로 분석해보자."

이처럼 비즈니스를 다각적으로 보는 능력을 배우면 이전에 "어떻게든 되겠지"라는 태도로 비즈니스를 했던 것이 얼마나 무모하고 위험한 일이었는지 깨닫게 될 것이다. 게다가 비즈니스를 다각도로 보는 작업은 결코 어렵지 않으며, 누구나 쉽게 할 수 있는 재미있는 과정이라는 것을 알게 될 것이다.

비즈니스는 두뇌 운동, 어른들의 게임이다. 이 게임의 규칙을 알게 되면 출근할 때마다 고객이 줄을 서는 회사를 만들 수 있다. 그리고 고객의 줄을 서게 만드는 마지막 단계는 메시지다. 스타 전략 구축법의 마지막 단계에서는 지금까지 세운 전략을 고객에게 매력적으로 전달할 방법을 고민한다. 아무리 뛰어난 상품을 뛰어난 고객에게 뛰어난 타이밍에 제공하더라도 마지막에 매력적인 언어로 전달하지 못하면 모든 노력이 수포로 돌아간다.

비즈니스는 덧셈이 아니라 곱셈이라는 점을 기억하자. 마지막 기어가 맞물리면 전략과 전술이 완벽하게 맞물려 돌아가기 시작한다. 지금까지 다뤘던 모든 요소가 곱셈으로 작용하여 강력한 비즈니스 모델이 탄생하게 되는 것이다.

그렇다면 고객이 구매를 망설이지 않도록 상품을 표현하는 방법은 무엇일까? 이는 전문 카피라이터의 직감적인 영역으로 여겨질 수 있지만, 실제로는 누구나 고객의 구매 감정을 체계적으로 제어할 수 있다. 이제 그 시스템에 대해 알아보자.

구매 욕구를 체계적으로 높이는 방법

고객의 감정을 구매로 유도하기 위해서는 다음 세 가지 관점에 주목해야 한다.

1. 니즈와 원츠 분석 차트: 고객의 니즈(필요성)와 원츠(욕구)가 현재 어느 위치에 있는가?
2. 문제의 초점화 및 시각화 차트: 단순한 니즈를 긴급한 필요성으로 끌어올리려면 어떻게 해야 하는가?
3. 행동 인센티브 분석 차트: 원츠를 억제할 수 없는 욕구 수준으로 끌어올리려면 어떻게 해야 하는가?

60분 기업 최강 프로젝트

우선, Part 3에서 설명한 니즈와 원츠 분석 차트를 활용해 상품의 위치를 정해보자. 이미 설명한 것처럼, 니즈가 있는 상품이란 "이것을 하지 않으면 안 된다"고 생각하게 만드는 상품이다. 이에 반해 원츠가 있는 상품은 "이것을 꼭 해야 한다"고 생각하게 만드는 상품이다.

따라서 니즈와 원츠가 매우 높은 상품이란 고객이 망설임 없이 구매하는 상품을 의미한다. 그러나 유감스럽게도 대부분의 상품은 고객의 니즈와 원츠가 충분히 반영되지 않아서 팔리지 않는 경우가 많다.

따라서 판매가 잘 되는 상품으로 변화시키기 위해서는 니즈와 원츠를 높이는 작업이 필요하다. 하지만 단순히 니즈(필요성)만 높이는 것이 아니라 긴급하고 불가피한 필요성을 느끼게 만들어야 하며, 또한 원츠(욕구)를 단순히 높이는 것에서 그치지 않고 억제할 수 없는 욕구로 만들 수 있도록 종합적으로 접근해야 한다.

불가피한 필요성을 느끼게 하는 방법

고객이 니즈(필요성)를 불가피한 필요성으로 느끼게 만들려면 어떻게 해야 할까?

'끓는 물 속 개구리' 이야기는 우리에게 익숙하다. 개구리를 냄비에 넣고 서서히 물을 끓이면 일정한 온도가 되었을 때 개구리가 튀어나올 거라고 예상하지만, 실제로는 그렇지 않다. 개구리는 뜨거워지는 물속에서 아무런 행동을 취하지 않고 그대로 삶겨 죽는다. 이 이야기의 사실 여부는 확실하지 않지만, 핵심은 개구리가 서서히 끓는 물 속에서 안주하다가 결국 아무런 행동도 하지 못한 채 죽음을 맞이한다는 것이다.

이러한 상황은 고객에게도 동일하게 적용될 수 있다. 고객들은 현재 상태에 위기의식을 느끼지 못한 채 편안함에 안주하고 있다. 그래서 아무리 당신이 좋은 상품을 제안해도 고객은 아무런 반응이나 행동을 보이지 않을 수 있다.

물론, 고객이 현재 상황에 전혀 불만 없이 진정으로 만족한다면 당신의 제안은 오히려 불필요하거나 귀찮은 일로 여겨질 수 있다. 하지만 많은 고객이 현재 상태를 개선하고 싶어 하면서도, 당장 큰 문제가 없다고 생각해 행동으로 옮기지 않는 경우가 많다. 결국 그들은 '끓는 물 속 개구리'처럼 점점 더 큰 문제에 직면하게 된다. 과식과 흡연이 해롭다는 것을 누구나 알고 있지만, 다이어트나 금연이 쉽지 않은 것과 같은 이치다. 따라서 고객이 필요성을 절실히 느끼고 행동으로 옮기도록 만드는 것이 당신의 핵심 과제가 된다.

그렇다면 이 안주하는 개구리가 삶기기 전에 행동하게 만들려면 어떻게 해야 할까?

60분 기업 최강 프로젝트

해결책은 바로 뱀을 등장시키는 것이다.

뱀이 나타나면 개구리는 불안과 당혹감에 휩싸여 평온을 잃게 된다. 이때 마음의 평정을 되찾기 위해 고객은 불가피하게 행동을 취하게 되고, 그제야 비로소 긍정적인 변화가 시작된다.

심리학에서는 이러한 행동 동기 부여 과정을 '반면 강화 활동'이라고 부른다. 즉, "언제까지 이런 상태로 머물러 있을 것인가?"라는 질문을 던지며 문제를 명확하게 드러내는 것이다.

이처럼 고객이 스스로 문제를 인식하게 하는 것이 첫 번째 과정이다. 그다음 두 번째 과정에서는 그 문제를 현실로 느끼게 하고, 오감을 통해 문제를 시각화하게 만들어야 한다. 이 두 가지 관점을 차트로 표현하면 〈그림 8-1〉과 같다.

• 문제를 초점화하는 질문: 고객은 어떤 상황에서 화를 낼 정도의 분노를 느끼는가? 어떤 일 때문에 뜬눈으로 밤을 지새울 만큼 고민하고 불안해하는가?

• 오감을 통해 문제를 시각화하는 질문: 고객이 느끼는 분노, 고민, 불안의 상황을 오감으로 표현한다면 어떤 이미지가 그려지는가?

이와 같은 질문을 통해 고객의 상황을 구체적이고 생생하게 드러내면 고객은 이전에는 미처 생각하지 못했던 극단적인 상

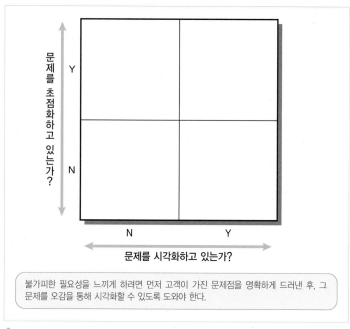

불가피한 필요성을 느끼게 하려면 먼저 고객이 가진 문제점을 명확하게 드러낸 후, 그 문제를 오감을 통해 시각화할 수 있도록 도와야 한다.

🌀 그림 8-1_ 문제의 초점화·시각화 차트

황을 상상하게 된다. 이로써 고객은 변화의 필요성을 절실히 체감하게 되는 것이다.

욕실 난방기를 판매하는 방법

욕실 난방기를 판매해야 한다고 가정해보자. 당신은 어떤 표현을 사용해 판매를 시도하겠는가? 이 책을 읽지 않은 사람은 다음과 같이 접근할지도 모른다.

60분 기업 최강 프로젝트

"저희 N사의 욕실 난방기는 짧은 시간 안에 추운 욕실을 따뜻하게 만들어 드립니다. 그래서 아이들이나 노인분들이 있는 가정에 꼭 필요합니다."

이 문구를 '니즈·원츠 분석 차트'와 '문제 초점화·시각화 차트'에 대입해 보면 차트에서 니즈와 원츠가 모두 낮다는 사실을 알 수 있다.(그림 8-2) 이래서는 판매로 이어지기 어렵다.

먼저, 고객의 니즈를 높이는 방법을 생각해보자.

이를 위해서는 문제의 초점화·시각화 차트에서 위치를 개선해야 한다. 앞서 언급했던 극단적인 질문을 적용해보자.

"고객은 어떤 상황에서 화를 낼 만큼 분노하는가?"

"고객이 어떤 문제 때문에 뜬눈으로 밤을 지새울 만큼 고민하고 불안해하는가?"

욕실이 추운 것 때문에 고객이 분노할 정도로 화를 내는가? 아마 그렇지 않을 것이다. 하지만 고객이 60세 이상의 노인이라면, 거동이 불편해질 수 있다는 가능성에 밤잠을 설칠 만큼 불안해할 수 있다.

이런 점에서 욕실 난방기의 편안함을 강조하기보다는, 욕실 난방기가 없는 경우 발생할 수 있는 위험성을 강조하는 것이 더 효과적이다. 따라서 다음과 같은 표현을 생각해볼 수 있다.

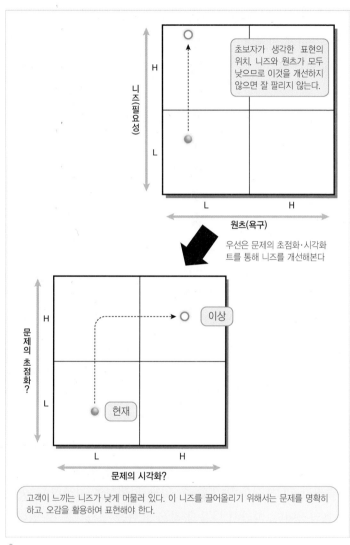

그림 8-2_ 초보자가 생각하는 욕실 난방기 판매의 위치

"경고! 60세 이상 어르신, 겨울철 욕실은 매우 위험합니다.

히트쇼크(heat shock)에 대해 들어보셨나요? 따뜻한 방에 서 갑자기 찬 욕실로 들어가면 혈압이 급격히 상승해 뇌출 혈이 발생할 수 있습니다. 특히 60세 이상 어르신들의 경우, 이로 인한 사망률이 교통사고 사망률을 웃돌 정도로 매 우 위험합니다."

이렇게 표현을 바꿈으로써 문제의 초점화를 더욱 명확하게 할 수 있다.

다음으로, 이 문제를 오감으로 생생하게 시각화해야 한다. 두 번째 질문을 적용해보자.

"고객이 느끼는 분노와 고민, 불안의 상황을 오감으로 표현 한다면 어떤 이미지가 그려지는가?"

이 질문에 대한 답으로, 평온했던 일상이 욕실에서의 갑작스 러운 사고로 인해 가족들이 간병을 해야 하는 상황으로 바뀌 는 모습을 상상할 수 있다. 그리고 그로 인해 화목했던 가정이 한순간에 우울한 간병 생활로 바뀌게 되는 모습을 떠올릴 수 있다. 이를 바탕으로 다음과 같은 표현을 만들어 볼 수 있다.

"거동이 불편해진 분들의 가장 큰 원인 중 하나가 바로 욕실에서 발생하는 히트 쇼크입니다. 순간적으로 어지러 움이 몰려오고 그대로 쓰러지고 맙니다. 구급차가 도착했

을 때는 이미 늦습니다. 오랫동안 이어온 행복한 가정의 일
상이 순식간에 고통스러운 간병 생활로 바뀔 수 있습니다."

이러한 극단적인 사례가 다소 과하게 느껴질 수 있지만, 이
런 방식으로 고객의 문제 인식 수준을 높일 수 있다는 점을 이
해할 수 있을 것이다. 그렇다면 오감을 통해 이미지를 떠올리
게 하는 이유는 무엇일까? 바로 사람들이 새로운 행동을 시작
할 때 가장 중요한 요소가 정신적 자극, 즉 마음속으로 하는 리
허설이기 때문이다.

사람들은 어떤 행동을 실행하기 전에 먼저 그 행동을 마음속
으로 그려본다. 마치 운동선수가 이미지 트레이닝을 하는 것
처럼. 머릿속으로 미리 상상해 보면 실제 행동으로 옮길 때 더
욱 자연스럽게 몸이 반응하게 된다. 반면에, 마음속으로 그려
볼 수 없는 행동은 실제로 실행하기가 매우 어렵다. 그러므로
고객이 자신의 상황을 선명하게 시각화할 수 있도록 돕는다면
실제 행동으로의 전환이 더욱 매끄럽게 이루어질 수 있다.

고객에게 억누를 수 없는 욕구를 느끼게 하려면

필요성(니즈)을 높일 수 있는 것처럼 욕구(원츠)도 체계적으로 높일 수 있다. 인간의 근본적인 욕구는 쾌락을 추구하고 고통을 회피하는 것이다. 따라서 행동으로 얻게 되는 쾌락(이익)이 크고, 행동하지 않아서 겪게 되는 고통(손실)이 클 때 욕구 수준은 높아진다. 게다가 행동의 결과로 얻는 혜택이 한정된 사람에게만 주어질 때, 고객은 긴박감을 느끼며 즉각적인 행동에 나서게 된다. 이러한 조건이 갖춰지면 광고나 홍보에 더욱 민감하게 반응하게 된다.

욕실 난방기의 예로 돌아가 보자.

먼저 처음에 제시했던 메시지, "저희 N사의 욕실 난방기는 단시간에 추운 욕실을 따뜻하게 해줍니다. 그러므로 어린이와 나이 드신 분이 있는 가정에 꼭 필요합니다." 이 메시지를 차트에 위치시키면 〈그림 8-3〉과 같다.

〈그림 8-3〉을 보면 알 수 있듯이, 처음 메시지에는 행동으로 인한 이익은 어느 정도 있으나, 행동하지 않았을 때의 손실은 거의 없다는 점을 알 수 있다. 그 결과 원츠(욕구)가 낮은 상태에 머물러 있는 것이다.

이것을 다음에 생각한 메시지, "경고! 60세 이상 어르신, 겨울

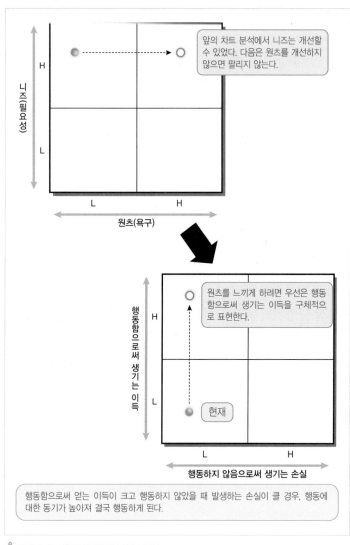

앞의 차트 분석에서 니즈는 개선할 수 있었다. 다음은 원츠를 개선하지 않으면 팔리지 않는다.

니즈(필요성)

H

L

L   H

원츠(욕구)

원츠를 느끼게 하려면 우선은 행동함으로써 생기는 이득을 구체적으로 표현한다.

행동함으로써 생기는 이득

H

L

현재

L   H

행동하지 않음으로써 생기는 손실

행동함으로써 얻는 이득이 크고 행동하지 않았을 때 발생하는 손실이 클 경우, 행동에 대한 동기가 높아져 결국 행동하게 된다.

그림 8-3_ 행동 인센티브 분석 차트

철 욕실은 매우 위험합니다"와 비교하면 어떤 차이가 있을까?

이 경우는 행동하지 않을 때의 손실을 강하게 부각시키고 있다. 따라서 이제는 행동으로 얻을 수 있는 이익을 더욱 높이는 방안을 모색해야 한다.

다음과 같은 표현을 예로 들 수 있다.

"천천히 생각해 보자", "생각하고 싶지 않다"라는 마음을 이해합니다. 하지만 실제로 간병을 해야 하는 상황이 되면 그때 "천천히 생각하자"라고 했던 것을 뼈저리게 후회하게 됩니다. 욕실 난방기 사용 비용은 하루에 커피 한 잔 값에 불과합니다. 게다가 따뜻함을 제공할 뿐만 아니라 비 오는 날에도 빨래 걱정을 할 필요가 없습니다. 마침 신제품 출시 기념으로 구형 모델을 40% 할인해 드리고 있습니다. 성능은 거의 동일합니다. 게다가 선착순 열 분께는 수건 건조기를 무료로 증정해 드립니다."

이와 같이 표현을 다듬으면 행동으로 얻는 이익과 행동하지 않을 때의 손실이 더욱 부각되면서 오른쪽 위로 이동하게 된다. 그 결과 고객은 저항하기 힘들 만큼 강한 욕구(원츠)를 느끼게 된다.

그렇다면 행동으로 인한 이익과 행동하지 않았을 때의 손실을 어떻게 구체적으로 느끼게 할 수 있을까? 몇 가지 예를 통해 생각해 보자.

행동으로 인한 이득을 느끼게 하는 방법

할인

행동으로 인한 이익을 느끼게 만드는 가장 쉬운 방법은 할인이다. 할인은 매출 이익에 직접적인 영향을 미치기 때문에 가능한 피하고 싶지만, 안타깝게도 신규 고객은 할인에 가장 민감하게 반응했다. 할인은 잠재 고객에게 매우 이해하기 쉬운 혜택이기 때문이다.

덤

할인으로는 매출 이익률이 충분하지 않을 때, 다음으로 생각할 수 있는 효과적인 방법은 덤을 주는 것이다. 예를 들어 "지금 다섯 개를 사면 한 개는 무료!"와 같은 방법이다. 덤을 주는 방식은 고객에게 상품 가격만큼의 이득을 주지만, 판매자에게는 원가만큼의 손실만 있기 때문에 할인보다 유리하다. 신규 고객에게는 큰 반응을 얻기 어렵지만, 이미 상품을 사용하는 기존 고객에게는 높은 효과를 낼 수 있다.

경품

할인 다음으로 효과적인 방법은 고객이 행동했을 때 보상을 주는 경품이다. 예를 들어 "샘플을 요청하신 분께 모두 멋진 여행 가방을 드립니다." 같은 방법이다. 하지만 경품도 고객의 반응에 따라 달라지므로 무조건 효과적이지는 않다. 예를 들어 국산 소고기를 주는 것보다 바닷가재를 경품으로 제공했을 때 반응이 더 좋은 경우가 있다. 즉, 고객이 스스로는 사지 않지만 받을 수 있다면 기꺼이 받고 싶은 경품이 더 좋은 반응을 얻는다.

경품의 양

일반적인 생각과는 달리, 경품의 질보다는 양이 고객 반응을 유도한다. 경품을 계속 제공함으로써 고객에게 많은 이득을 얻었다는 느낌을 주는 것이다. 예를 들어 침구를 구매할 때 "지금 구매하시면 1년치 욕실용 화장지를 무료로 드립니"라고 하면 즉각적인 반응을 끌어낼 수 있다. 침구 가격이 30만 엔인데 경품 가격은 수천 엔에 불과하지만 말이다.

선택받았다는 인식

Part 4에서 설명한 타깃 고객 설정과 마찬가지로, 모든 사람을 대상으로 하는 메시지는 자신과 관계없다고 생각하기 쉽다. 반대로 특정한 자신을 대상으로 한 메시지라고 느낄 때 고객은 "이런 상품을 기다리고 있었다"는 감정을 느낀다. 가장 간단한 방법은 '플래깅(Flagging)'이라는 기법을 사용하는 것이다, 특정 고객을 대상으로 한 광고 제목을 설정하는 방법이다. 예를 들어 "연간 주행 거리 3,000km 이하의 운전자에게 최대 46% 할인 혜택" 같은 식으로 타깃 고객을 구체적으로 명시하는 것이다.

시각화

행동으로 인한 이익을 더 극대화하려면 오감을 활용하여 표현하거나 고객이 그 행동을 상상할 수 있도록 시각적으로 표현하는 것이 효과적이다. 예를 들어 "이 장미는 ○○산입니다"라는 표현보다는 "이 장미로 사랑하는 사람의 마음을 사로잡지 못했다면 포기하셔도 좋습니다"라는 표현이 더 고객의 상상력을 자극한다.

내면의 욕구

일반적으로 사람들은 상품을 구매할 때 겉으로 드러난 이유보다 내면적인 욕구에 더 강하게 반응한다. 예를 들어 오토바이를 사는 이유는 오토바이를 원하기 때문이지만, 내면에는 오토바이를 타면 이성에게 인기가 있을 것이라는 욕구가 구매 동기로 작용한다. 이러한 내면의 욕구를 파악하면 고객의 반응을 크게 끌어올릴 수 있다. 예를 들어 한 인재 파견 회사가 '파견 사원의 비밀 이야기'라는 소책자를 DM과 함께 보냈을 때,

평소 1% 이하였던 반응률이 30%로 급증했다는 사례가 있다. 이는 내면의 욕구가 얼마나 중요한지를 보여준다.

이러한 다양한 방법을 통해 고객이 행동으로 옮기게 만들 수 있다.

행동에 대한 저항을 낮춰라

지금까지는 행동함으로써 얻을 수 있는 이익을 느끼게 하는 방법에 대해 알아보았다. 하지만 실제로 고객이 행동하게 하려면 행동에 대한 저항을 최대한 낮춰야 한다. 고객이 아무리 큰 이익을 얻을 수 있다 하더라도 행동을 가로막는 장애물이 있다면 첫걸음조차 떼지 못할 것이기 때문이다. 이익을 제시한 다음에는 그 행동을 방해하는 장애 요소나 불안 요인을 제거해야 한다. 이 방법은 〈그림 8-4〉를 이용해 생각할 수 있다.

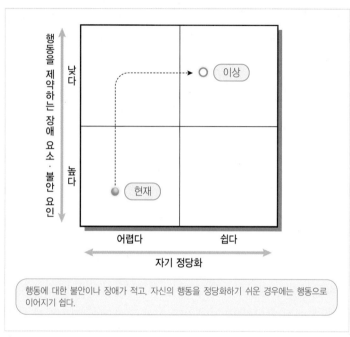

행동에 대한 불안이나 장애가 적고, 자신의 행동을 정당화하기 쉬운 경우에는 행동으로 이어지기 쉽다.

◎ 그림 8-4_ 행동 저항 분석 차트

행동을 방해하는 장애 요소나 불안 요인으로는, 예를 들어, 가격이 비싸서 살 수 없다, 사용법이 어려워 보인다, 괜찮게 보이지만 불편할 것 같다, 또는 업체를 신뢰할 수 없다 등의 이유가 있다. 이런 장애 요소를 제거하는 구체적인 방법으로는 보증서를 제공하는 것도 한 가지 방법이다. 요즘은 많은 업계에서 보증서를 제공하는 것이 일반적이어서 그것만으로는 행동에 대한 장애 요소를 완전히 제거하지 못할 수도 있다. 그러나

60분 기업 최강 프로젝트

보증서를 거의 제공하지 않는 업계에서 파격적인 보증을 도입하면 고객의 반응이 눈에 띄게 좋아질 수 있다. 예를 들어 한 라면 가게에서 "맛이 없으면 돈을 받지 않습니다"라는 보증 문구를 내걸었더니 다음 날부터 매출이 두 배로 늘었다는 사례가 있다.

불안 요인을 해소하는 방법으로는 신뢰성을 높이는 것이 중요하다. 가장 효과적인 수단은 고객의 의견을 적극 반영하고 이를 마케팅에 활용하는 것이다. 그 외에도 수상 경력, 허가 번호 명시, 회사의 설립 연수, 언론에 게재된 기사, 유명 인사와 함께 찍은 사진 등 다양한 방법을 활용할 수 있다. 이러한 자료들은 많을수록 효과적이기 때문에 가능한 모든 방법을 동원하는 것이 좋다.

〈그림 8-4〉의 가로축에 해당하는 자기 정당화는 구매 행위에 대한 죄책감을 해소하는 데 도움을 준다. 돈을 사용하는 데는 본래 저항감이 따르기 때문에, 그 행동을 정당화할 수 있도록 해야 한다. 고객에게 "이것을 사는 것이 정당하다"는 메시지를 전달하는 것이 핵심이다. 예를 들어 "이것은 그동안 열심히 살아온 당신을 위한 선물입니다"와 같이 말하거나, 투자 대비 비용 효과를 강조하는 방법도 있다. 이 밖에도 사회적 기여, 세금 절감 효과, 중고 판매 시 이점, 환경 보호 등을 강조하면 망설이는 고객의 결단을 도울 수 있다.

이제, 앞서 언급한 욕실 난방기의 예를 통해 행동 저항을 낮추는 방법을 생각해보자.

욕실 난방기를 설치하는 데 있어 가장 큰 장애 요소는 공사 중에 욕실을 사용할 수 없다는 불안감일 것이다. 이때는 공사 기간이 짧다는 점을 강조하거나 "고급 호텔 숙박권과 식사권을 무료로 드립니다"와 같은 경품을 제공하여 불안감을 기대감으로 바꿀 수 있다.

욕실 난방기를 구매하는 데 대한 자기 정당화는 가족을 위한 지출이라는 이유로 비교적 쉽게 이루어질 수 있다. 더 나아가 "이건 당신만을 위한 것이 아닙니다. 가족이 기뻐할 모습을 상상해보세요"라는 메시지를 전달할 수도 있다.

이처럼 장애 요소와 불안 요인을 줄이면 고객의 행동을 유도하는 데 큰 도움이 될 것이다.

행동하지 않았을 때의 손실을 느끼게 만드는 방법

지금까지는 행동함으로써 얻는 이득을 느끼게 하는 방법에 대해 살펴보았다. 이제는 행동하지 않음으로써 발생하는 손실을 어떻게 느끼게 할지 생각해보자. 일반적으로 광고나 홍보에서는 장점(이득)만을 부각시키고, 행동하지 않았을 때 발생하는 손실에 대해서는 거의 언급하지 않는 경우가 많다.

그러나 실제로 고객의 구매 심리를 보면 장점보다는 손실에 더 민감하게 반응하는 경우가 많다. 예를 들어, 브랜드 상품을 구매할 때 '이것을 사면 좋은 일이 생긴다'보다는 '지금 사지 않으면 후회할 것 같다'는 이유로 구매하는 경향이 있다.

그렇다면 어떻게 하면 고객이 행동하지 않았을 때 발생하는 손실을 느끼게 할 수 있을까?

두 가지 관점에서 생각해볼 수 있다. 〈그림 8-5〉를 참조해보자.

사람들은 "당신이 이미 병에 걸렸다"거나 "당신은 지금 위험에 노출되어 있다"는 경고를 들어야만 비로소 위험을 인식하게 된다. 욕실 난방기 사례에서도 단순히 쾌적성만을 강조했다면 고객은 자신이 처한 위험을 깨닫지 못했을 것이다. 이런 상황에서는 아무리 쾌적함을 강조해도 고객의 반응을 이끌어내기에는 충분한 동기가 되지 못한다. 그래서 '히트 쇼크'라는 건강상의 위험을 강조한 것이다. 즉, "당신은 이미 병에 걸렸고, 언제든 쓰러질 수 있습니다"라는 경고를 한 것이다

많은 사람은 자신이 병에 걸렸다는 사실을 인식하기 전까지는 아무런 행동도 취하지 않는다. 예를 들어, 암 진단을 받기 전에는 담배를 끊지 못하는 것과 같은 이치다. 따라서 상품을 판매할 때는 예방 관점보다는 치료 관점을 강조해야 한다. 예

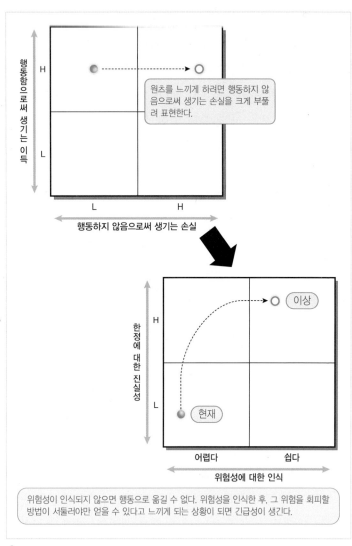

그림 8-5_ 긴급성 분석 차트

방 상품은 판매하기 어렵기 때문이다.

미국에서 방범용 경보기를 팔기 어려워했던 영업 사원이 있었다. "도난을 예방합시다"라는 메시지에 사람들은 거의 반응하지 않았다. 그러나 그는 최근 도난을 당한 가정에서는 방범용 경보기를 당연히 구입한다는 사실을 인지하고, 금요일에 고급 주택가에 "도난 사건이 계속 발생하고 있다"는 전단지를 돌렸다. 토요일에는 미리 눈여겨본 집의 정원에 담배꽁초를 떨어뜨리고, 일요일에는 저속한 잡지를 여기저기 뿌렸다. 그 후 월요일에 "최근 이 근처에서 도난 사건이 계속 발생하고 있는데, 방범은 잘 되어 있나요?"라며 자연스럽게 방문했다.

이처럼 고객이 미처 깨닫지 못했던 문제를 인식하게 하고 그 위험성을 지적함으로써 행동을 촉발할 수 있는 동기를 부여하는 것이 핵심이다.

단순한 한정 판매로는 더 이상 고객을 움직일 수 없다

고객은 단순히 위험이 임박했다는 사실만으로는 쉽게 행동하지 않는다. 초호화 유람선 타이타닉호가 좌초되었을 때 대부분의 승객들은 즉시 구명보트로 향하지 않았다. 그들은 적절한 조치가 이뤄질 것이라고 믿었기 때문이다. 하지만 배가 침몰할 것이라는 사실이 분명해지고 구명보트가 부족하다는 것을 알게 되었을 때, 승객들은 비로소 서둘러 행동하기 시작했다. 이처럼 위기를 회피할 수 있는 수단이 한정된 사람들에게만 주어질 때 긴급성이 생기고 행동으로 이어진다.

이때 중요한 것은 '한정'에 대한 신뢰성이다. 단순히 한정되어 있다는 사실만으로는 고객을 행동하게 만들 수 없다. 한정된 이유가 정말로 신뢰할 만한지, 고객이 믿을 수 있는지가 핵심이다. 예를 들어, 어떤 영어 회화 학원이 "입회비 무료 – 3월 31일까지"라는 현수막을 내걸었다고 하자. 그런데 4월이 되면 "입회비 무료 – 4월 30일까지"로 바뀌고, 5월에는 "지금 가입하시면 입회비 50엔"으로 바뀐다. '늑대가 온다'라는 이솝우화처럼 이런 한정 제안을 반복하다 보면 누구도 한정을 믿지 않게 된다. 그래서 한정 제안에는 명확한 이유가 필요하다.

욕실 난방기 예시에서 한정된 제안을 신뢰성 있게 전달하려면 어떻게 해야 할까?

"지금은 신제품 교체 시기이므로 구모델을 40% 할인된 가격으로 판매합니다. 성능은 거의 차이가 없습니다. 다만 재고는 15대 한정입니다. 더 이상 준비할 수 없기 때문에 이 안내장은 모든 분께 드리는 것이 아닙니다. 60세 이상

의 VIP 고객 352명께만 특별히 제공되는 혜택입니다. 선착
순입니다. 지금 바로 전화 주세요!"

이처럼 구모델 재고 한정이라는 점을 강조하면 한정 제안에
신뢰성을 더할 수 있다. 그 결과, 위험성에 대한 인식과 한정
제안에 대한 신뢰성이라는 두 가지 요소가 모두 확보되어, 행
동하지 않을 때 발생하는 손실을 강력하게 부각시킬 수 있다.

또 다른 방법으로는, 제품의 원료가 희소해서 생산량이 제한
된다든지, 노동력 부족으로 공급이 한정된다든지, 좌석 수가 제
한되어 있거나 이미 절반 정도가 예약되었다는 이유를 들 수 있
다. 또한, 지난번 세일에서는 30분 만에 모든 제품이 팔렸다는
식의 경험을 이야기할 수도 있다. 중요한 점은 무한정 제공할 수
있는 상품은 없으니 솔직하게 그 이유를 전달하는 것이다.

이처럼 고객의 감정을 자극할 수 있는 요소들을 하나하나 고
려해가며 차트에서의 위치를 개선하면, 결과적으로 고객의 니
즈와 원츠를 더욱 높일 수 있다.

이제 다시 욕실 난방기의 예시로 돌아가 보자. 처음에 제시
했던 메시지는 다음과 같았다.

"저희 N사의 욕실 난방기는 단시간에 추운 욕실을 데워
줍니다. 그러므로 어린아이나 나이 드신 분이 있는 가정에
꼭 필요합니다!"

차트를 이용해 수정한 메시지는 다음과 같다.

경고! 60세 이상 어르신, 겨울철 욕실은 매우 위험합니다

히트 쇼크(heat shock)에 대해 들어보셨나요? 따뜻한 방에서 갑자기 찬 욕실로 들어가면 혈압이 급격히 상승해 뇌출혈이 발생할 수 있습니다. 특히 60세 이상 어르신들의 경우, 이로 인한 사망률이 교통사고 사망률을 웃돌 정도로 매우 위험합니다. 거동이 불편해진 분들의 가장 큰 원인 중 하나가 바로 욕실에서 발생하는 히트 쇼크입니다. 순간적으로 어지러움이 몰려오고 그대로 쓰러지고 맙니다. 구급차가 도착했을 때는 이미 늦습니다. 오랫동안 이어온 행복한 가정의 일상이 순식간에 고통스러운 간병 생활로 바뀔 수 있습니다. '나중에 생각하자', '지금은 신경 쓰고 싶지 않다'는 마음 충분히 이해합니다. 하지만 실제로 간병을 하게 된 후에는 '그때 그렇게 미룬 것이 정말 후회스럽다'고 느낄지도 모릅니다.

욕실 난방기는 매일 마시는 커피 한 잔 정도의 비용밖에 들지 않습니다. 또한, 따뜻함뿐만 아니라 비 오는 날에도 세탁물을 걱정할 필요가 없습니다. 지금은 신제품 출시 시기이므로 구모델은 40% 할인된 가격으로 판매됩니다. 성능은 거의 차이가 없습니다. 다만 재고는 15대 한정입니다. 이 이상 물량을 늘릴 수 없기 때문에 이 안내장은 모든

분에게 드리는 것이 아닙니다. 60세 이상의 VIP 고객 352
명께만 제공되는 혜택입니다. 선착순이므로 지금 바로 전
화 주세요! 선착순 10명께는 욕실용 타월 건조기도 무료로
드립니다.

이 메시지는 상품 자체를 중심으로 생각한 것이 아니라 고객
의 감정을 구매로 유도하는 관점에서 역으로 구성한 것이다.
이전에는 판매 성공의 열쇠가 단순히 직감에 의존한다고 생
각해왔고, 따라서 회의 때마다 서로 다른 의견을 제시하고, 이
를 판단할 기준도 없었다. 결국 목소리가 큰 사람의 의견에 따
라 전단지나 카탈로그가 제작되었고, 그 결과는 도박에 가깝게
50:50으로 성패가 갈렸다.

그러나 이 장에서 설명한 것처럼, 고객의 구매 감정에 영향
을 미치는 요소를 하나하나 검토해 나가면 구매 저항을 줄이
고 긴급성을 느끼게 할 수 있다. 그렇게 되면 많은 자금을 들여
광고를 하기 전에 어느 정도 반응을 예측할 수 있는 메시지를
구축할 수 있게 된다.

경영자의 빛과 그림자

구매 감정을 고조시키는 일은 매우 체계적인 작업이라는 사실을 이제 알았을 것이다. 여기서 논의된 내용은 매우 강력한 노하우이기 때문에 당신 스스로의 도덕관과 윤리관을 바로 세워야 한다고 당부하고 싶다. 경영자의 마음가짐에 따라 아무 가치 없는 항아리라도 수백만 엔에 팔 수 있기 때문이다.

판매자는 고객에게 새로운 세계를 제시하는 안내자가 되어야 한다. 그렇지 않으면 아무런 부가가치를 창출할 수 없는 시대에 우리는 살고 있다. 그러나 그 안내자가 되어야 할 경영자가 윤리관을 지니지 않고 제공하는 상품이 모두 가짜라면 어떤 일이 일어날까?

실제로 중국산 다이어트 건강식품으로 사망자가 발생했고, 투자자들을 속여 자금을 모은 뒤 사라진 범죄자들이 적발되었다. 또한 '통증을 완전히 없애준다'는 허리 벨트 역시 사기로 밝혀져 문제가 되었다. 이는 남의 일이 아니라 당신 스스로도 짊어질 수 있는 위험이다. 〈스타워즈〉의 다스 베이더도 처음에는 정의로운 제다이 기사였다. 돈을 많이 벌수록 악의 세계와는 떨어질 수 없는 관계가 되는 것이다.

비즈니스는 사회를 변화시키고, 새로운 시대의 흐름을 만드는 원동력이 될 수 있다. 바르게 사용하면 현대 사회에서는 정치나 종교보다도 강력한 힘을 가질 수 있다. 그러나 그런 비즈니스를 창조하는 경영자의 마음이 황폐하다면 그 비즈니스는 세상을 더 어둡게 만들 것이다.

당신은 무엇을 위해 비즈니스를 하고 있는가?

단지 돈을 벌기 위해서인가? 아니면 사회에 봉사하기 위해서인가?

자신의 에고를 채우기 위해서인가, 혹은 사람들에게 도움을 주고 싶어서인가?

고객의 웃는 얼굴을 보고 싶어서인가, 아니면 세상에 대한 복수심으로 비즈니스를 하는 것인가?

항상 자신의 마음속에 존재하는 빛과 어둠을 성찰하고, 철학적인 사고로 비즈니스에 임하는 것이야말로 지식을 가진 사람으로서 지켜야 할 최소한의 의무임을 명심해야 한다.

1. 메시지를 올바르게 검토해야만 전략과 전술이 수레의 양 바퀴처럼 원활하게 굴러가기 시작한다. 지금까지 검토해온 모든 요소들이 곱셈 효과를 발휘하면서 강력한 비즈니스 모델로 살아 움직인다.

2. 고객이 구매를 망설이지 않는 매력적인 상품은 고객의 니즈와 원츠가 높은 상품이다.

3. 불가피한 필요성을 느끼게 하려면 우선 고객이 직면한 문제를 명확히 파악하게 하고, 그 후에 오감을 통해 상황을 구체적으로 이미지화하도록 도와야 한다.

4. 행동함으로써 얻는 쾌락(이득)과 행동하지 않음으로써 발생하는 고통(손실)이 클 때 욕구 수준이 높아진다. 또한, 그 행동으로 인해 얻는 이득이 제한된 사람들만 누릴 수 있을 경우, 고객은 긴급성을 느끼고 행동하게 된다.

5. 행동함으로써 생기는 이득을 부각시키는 방법을 설명했지만, 실제로 고객이 행동하게 하려면 그 행동에 대한 저항을 줄여야 한다.

6. 자신의 마음속에 있는 빛과 그림자를 성찰하며 철학적인 사고를 바탕으로 비즈니스를 운영하는 것이 지식을 가진 사람으로서 지켜야 할 최소한의 의무이다.

60분
기업 최강
프로젝트

PART 9

60분 안에 번득이는 발상을
떠올리는 방법

전략을 발견하는 과정 배우기

지금까지 여섯 단계를 거치며 고객 감정을 중심으로 기업 전략을 새롭게 구축하는 방법을 살펴보았다. 이 과정을 통해 배운 내용과 관련된 20여 개의 차트는 단순한 체크리스트가 아니다. 이는 탁월한 기업 전략을 구축하기 위해 짧은 시간 안에 발상을 도출하도록 돕는 도구이다.

우선 차트를 활용해 사고함으로써 창의적인 아이디어를 자연스럽게 얻을 수 있으며, 다양한 문제를 시각적으로 파악할 수 있다. 또한, 평가 기준이나 거쳐야 할 과정을 명확하게 판단할 수 있기 때문에 누구나 쉽게 전략 구축 과정에 참여할 수 있다.

이 과정을 거치면서 적절한 질문과 답변을 주고받는 과정에서 많은 정보가 교환된다. 마치 컨설턴트와 미팅을 진행하듯 스스로 최선의 선택을 할 수 있는 방안이 제시된다.

이처럼 다각적인 관점에서 비즈니스를 바라보면 지금까지 전혀 의식하지 못했던 여러 문제들이 드러난다. 이러한 문제들은 각기 독립적이지 않고 여러 차트에서 공통적으로 나타나는 경우가 많다. 차트를 검토하는 중에 같은 문제점이 여러 곳에서 반복된다면 이는 업계 전체가 해결해야 할 공통 과제일 가

60분 기업 최강 프로젝트

능성이 크다. 업계 전반에서 당연한 문제로 인식되면서도 이를 해결하려고 노력하는 사람은 많지 않다. 이러한 업계에서 간과된 문제를 해결하고자 할 때 업계의 판도를 바꿀 수 있는 탁월한 전략을 도출할 수 있다.

비즈니스와 관련된 문제들은 차트를 통해 얻은 실마리를 계기로 순식간에 해결되는 경우가 많다. 마치 도미노가 연쇄적으로 쓰러지듯 차트의 위치가 순차적으로 개선되며 모든 문제가 해결되고, 이를 통해 전략적으로 한계를 극복할 수 있는 것이다. 이것이 바로 스타 전략 구축법이다. 다시 말해, 스타 전략 구축법을 통해 다면적인 시각으로 문제에 접근하다 보면 시너지 효과를 얻을 수 있고, 발상과 발상이 서로 결합되어 예상치 못한 곳에서 아이디어를 얻을 수 있는 것이다.

"무슨 말인지는 알겠지만, 정말 그게 효과가 있을까?" 하고 여전히 의문을 가질지도 모른다. 또한 "다른 회사를 압도할 전략이 60분 안에 만들어질 리가 없다"는 고정관념을 아직 버리지 못했을 수도 있다.

그러나 지금까지 필자의 방법과 원칙이 통하지 않았던 회사는 거의 없다. 여러 회사를 상대로 전략 구축을 지원하면서 때로는 해결책을 끝내 찾지 못해 거의 포기 직전까지 갔던 적도 있었다. 하지만 그런 상황에서도 며칠이 지나면 갑자기 번뜩이는 아이디어가 떠오르곤 했다.

이 책을 한 번 읽는 것만으로는 각 차트가 유기적으로 결합된 힘을 발휘하지 못할 수 있다. 이 마지막 장에서는 당신의 회사에서도 창의적인 전략을 구축할 수 있도록 차트를 사용할 때 주의해야 할 점을 설명할 것이다. 그런 다음 각 차트가 어떻게 하나의 전략으로 유기적으로 결합되는지, 그리고 전략을 도출하는 과정이 어떻게 이루어지는지를 살펴보도록 하겠다.

단시간에 번득이는 발상을 얻는 법

거듭 말하지만, 스타 전략 구축법에서 등장하는 차트는 단순한 체크리스트가 아니라 발상을 위한 도구이다. 현실적인 비즈니스 문제를 교과서적으로 해결하려고만 하면 자주 난관에 부딪히게 된다. 문제 해결 시 시너지 효과가 중요하며, 이를 위해서는 긴장을 풀고 마치 게임을 하듯 가볍게 접근하는 것이 효과적이다.

차트를 효과적으로 이용하는 데 도움이 되는 네 가지 요령을 알아보겠다.

잘 모를 때는 먼저 왼쪽 아래에 위치시킨다

우선, 회사(또는 상품)의 현재 상황을 차트에 위치시켜 보자.

어느 위치에 놓아야 할지 확신이 서지 않는다면 "대충 이쯤이 겠지" 하고 적당히 위치를 잡으면 된다. 너무 정확하게 하려고 하면 오히려 벽에 부딪힐 수 있으니 적당히 처리하면 된다. 그래도 만족스럽지 않다면 판단 가치가 가장 낮은 왼쪽 아래에 위치시키면 된다. 판단 가치는 차트에서 왼쪽에서 오른쪽으로, 그리고 아래에서 위로 이동할수록 커진다.

시간을 너무 많이 들이지 않는다

시간을 너무 많이 들이지 않는 것이 중요하다. 짧은 시간 안에 많은 질문을 던지고 다량의 정보를 끌어내리려면 분석적인 왼쪽 뇌보다 창의적인 오른쪽 뇌를 활용하는 것이 더 효과적이기 때문이다.

차트를 사용하는 데 익숙해지면 20개의 차트에 위치를 정하는 작업은 약 30분이면 끝낼 수 있다. 이 과정에서 "아, 이런 곳에 문제가 있었구나!" 또는 "이것이 성공 요인이었구나!" 하고 무릎을 칠 순간이 올 것이다.

혼란을 즐기며 질문한다

지금까지 외면했던 방향에서 짧은 시간 동안 다각적으로 생각하다 보면 머릿속이 혼란스러워질 수 있다. 이 혼란을 즐기는 자세가 중요하다. 혼란은 번득이는 전략이 나타날 신호이기 때문이다.

혼란스러워도 불안해하지 마라. 벽에 부딪혔을 때는 무엇이 문제인지 객관적으로 바라보고, 그 문제의 답을 찾아낼 수 있는 질문을 만들어보자. 그러면 곧 "이런 답이 떠오를 겁니다" 라는 명령이 뇌에 전달된다. 시간을 두면 기존 정보와 새로운 정보가 결합되어 새로운 발상이 떠오를 것이다.

결과를 상상하며 오른쪽 위의 이상적인 세계를 그린다

차트를 사용하는 첫 번째 과정은 현재 정보를 차트에 위치시키는 것이다. 이는 현재 상황을 파악하기 위한 과정이다. 현재 상황이 좋지 않더라도 이를 있는 그대로 인정하는 것이 중요하다.

두 번째 과정에서는 이상적인 세계를 상상해 보자. 자금이나 기술력에 제한이 없다는 가정 아래, 아무런 제약도 없는 세계를 그려보는 것이다. 현재의 제약에서 벗어나 생각함으로써 상상하지 못했던 아이디어가 떠오를 수 있다. 가능한 한 오감을 동원하여 차트의 오른쪽 위에 있는 이상적인 세계를 구체적으로 상상해보라.

세 번째 과정에서는 현재 상황과 이상 세계의 차이를 명확히 한다. 그 차이를 메우기 위해 필요한 인적, 금전적, 기술적 자원이 무엇인지, 그리고 그 자원이 충족되었을 때 어떤 결과가 나타날 것인지 질문해보자.

이 과정을 결과 사고라고 한다. 이는 원인을 분석해 답을 찾는 것이 아니라 이상적인 상황을 먼저 설정하고 그 이상 세계와 현재 상황의 차이에서 근본적인 해결책을 찾아내는 방식이다.

동영상 재현법을 이용한 사례 소개

이제 동영상 재현법을 통해 스타 전략 구축법이 실제로 활용되는 과정을 재현해보고자 한다. 이 방법을 사용하면 전략 도출 과정을 마치 비디오를 보듯이 재현할 수 있으며, 당신은 이를 회사에 그대로 적용하여 응용할 수 있다. 여기에서 소개하는 회사는 제1장에서 소개한 리모델링 회사와 맥주 수입 회사를 모델로 했다. 토론 전까지만 해도 두 회사 모두 사업성이 없을 것처럼 보였지만, 토론이 시작된 지 20분도 채 되지 않아 전략적 방향성을 도출해낼 수 있었다.

재현 동영상 1: 전술을 계기로 전략을 수립하다

첫 번째 사례는 인테리어 회사에서 의뢰한 것이다. 이번 겨울 캠페인에서 몇 가지 건축 자재를 매우 저렴하게 구매할 수 있었기 때문에 시스템 키친을 판매하기 위한 DM을 만들어 기존 고객에게 보내려고 했다. 하지만 그 문장이 적절한지 평가해 달라는 의뢰였다.

상품이 잘 팔리지 않는 이유는 대개 상품 선택의 잘못에서 비롯된다. 지금 마쓰시타 고노스케가 다시 태어나서 전구를 판다고 해도, 과거와 같은 성공을 누리기는 어려울 것이다. 아무리 영업의 귀재라도 팔리지 않는 상품을 선택하게 되면 성공할 수 없기 때문이다. 잘못된 상품 선택은 주로 지인이나 기존 거래처에서 받은 상품을 "이 제품은 잘 팔릴 것이다"라고 막연히 생각하고 판매하려는 데서 비롯된다. 따라서 시스템 키친을 판매하기 위해 DM을 발송하는 아이디어 자체도 다시 생각해 볼 필요가 있다.

이런 경우에는 토론을 하기보다는 스타 전략 구축법을 활용해 생각하는 것이 좋다. 스타 전략 구축법을 단계별로 따라가면 자신이 하려는 일을 고객의 시각에서 다시 바라볼 수 있기 때문이다.

제1단계로 상품에 대해 검토한다.

우선, 시스템 키친이 성장 곡선에서 어느 위치에 있는지 생각해본다. 확실한 답을 내리기는 어렵지만, 대기업들이 급속히 성장한 시기가 1990년대 중반까지였다는 기억을 떠올려보면 시스템 키친은 성장기의 반환점을 지난 것으로 보인다.

비슷한 다른 상품을 찾아보니 식기세척기와 욕실 리모델링

(시스템 욕실)이 떠올랐다. 이 제품들을 성장 곡선에 위치시켜보면 식기세척기는 성장기의 전반부에, 욕실 리모델링은 아직 도입기에 있다고 판단할 수 있다.

성장 곡선에 위치시키는 것만으로는 이 세 가지 상품 중 어느 것이 더 좋은 선택인지 판단하기 어렵다. 다만 도입기에 있는 상품은 폭넓은 인지도를 얻기까지 오랜 시간이 걸리지만, 일단 성장 궤도에 오르면 상품 수명이 길어진다는 예측을 할 수 있다. 이러한 예측만으로도 안심할 수 있는 요소가 될 수 있다. 아직 확실한 결론은 나오지 않았지만, 대수롭지 않게 여기고 다음 단계로 진행한다.

다음은 차트를 보고 니즈·원츠를 분석한다.

니즈·원츠 분석 차트에 상품들을 위치시켜보니 식기세척기가 가장 상위에 위치했고, 욕실 리모델링이 그 다음, 시스템 키친은 별다른 변화가 없었다. 여기서 알 수 있는 것은 판매를 하려면 타깃 고객을 명확히 설정하지 않으면 니즈·원츠를 끌어올릴 수 없다는 것이다.

다음은 상품 콘셉트 전달력 분석 차트이다. 시스템 키친은 비교적 우측 상단에 위치했지만, 식기세척기는 "설치할 공간이 있을까?"라는 우려로 좌측 하단에 위치했고, 욕실 리모델링은 "굳이 그만한 비용을 들여 리모델링할 필요가 있을까?"라는 인식으로 역시 좌측 하단에 위치했다.

다음으로 상품 확장력 분석 차트를 보면 세 가지 상품 모두 수직 확장력은 낮지만, 수평 확장력은 시스템 키친과 식기세척기가 유리했다. 이는 가정 주부들이 부엌이나 식기세척기에 대해서는 많이 이야기하지만, 욕실에 대해서는 상대적으로 관심이 적기 때문이다.

지금까지의 검토를 종합해보면 시스템 키친이 나쁘진 않지만, 세 가지 상품 중 어느 것도 확실히 "이거다!" 할 만큼 뛰어난 위치에 있지는 않았다. 이쯤에서 "이런 식으로 차트를 검토해본다고 해서 과연 무슨 도움이 될까?" 하는 불안감이 생기기 시작하지만, 이에 개의치 않고 다음 단계로 넘어간다.

이번에는 상대하고 싶지 않은 고객에 대해 생각해보았다. 상대하고 싶지 않은 고객은 할인 판매에만 반응하는 고객이었다. "가격을 중요하게 여겨야 한다고 생각했지만, 오히려 내가 상대하고 싶지 않은 고객을 끌어들이려 하고 있구나!"라는 것을 깨달았다. 하지만 "가격을 낮추지 않으면 현재 상황에서는 기존 고객조차 반응하지 않을 텐데…."라는 걱정도 들며 혼란스러워지기 시작했다. 그럼에도 불구하고 이러한 혼란을 크게 신경 쓰지 않고 그대로 진행하는 것이 원칙이다.

이제 고객 획득 비용을 분석해보았다. 예상 고객을 찾는 난이도는 세 가지 상품 모두 비슷했다. 하지만 영업 비용을 생각해보면 시스템 키친은 다양한 취향과 종류가 많아 시간이 많이 걸리고, 주문이 많아 잔손질이 많이 필요할 것 같았다. 이 차트를 검토해도 확실한 결론을 내리기는 어려웠다.

60분 기업 최강 프로젝트

시간이 지나도 결론을 얻지 못하면 불안해진다

이쯤 되니 점점 더 혼란스러워졌다. 여러 차트를 보았지만, 아무런 결론도 얻지 못했기 때문이다.

'이대로 계속 진행할 필요가 있을까?'

참가자들의 얼굴을 보니 모두 편치 않아 보였다. 거의 체념한 상태라는 것이 느껴졌다. 그러나 사실 이것은 두뇌 운동에 불과했다. 게임이나 다름없으니 심각하게 생각할 필요가 없었다. 게임이라고 생각하니 갑자기 마음이 편해지고, 업계에 내재한 문제가 보이기 시작했다.

'어떤 상품이든 완벽할 수는 없다. 이게 업계 전체의 문제다. 비슷한 상품을 취급하다 보니 특별히 차별화할 수 없다.'

이렇게 생각을 바꾸고 3단계로 나아갔다. 이번 단계는 경쟁 분석이다. 시장 공략성 분석 차트, 경쟁 우위성 분석 차트, 가격 이해도 분석 차트를 살펴봤지만, 여전히 명확한 답을 얻지 못했다.

다음 단계로 넘어갔다. 4단계는 수익 시뮬레이션이었다. 기존 고객을 대상으로 하기 때문에 반응률이 높을 것이라고 예상했다. 게다가 주택 리모델링의 경우 매출 이익률이 높아 큰 문제는 없을 것으로 보였다.

마침내 마지막 단계에 도달했지만 여전히 결론은 없었다. 고객에게 어떤 부분을 강조해야 할까? 문제 초점화·시각화 차트, 행동 인센티브 분석 차트, 행동 저항 분석 차트, 긴급성 분석 차트에서 각각의 위치를 파악해보았다.

그런데 행동 저항 분석 차트를 살펴보던 중 한 가지 문제가 발견되었다. 현재 검토 중인 상품들은 설치가 번거롭고 가격이 비싸기 때문에 행동에 장애가 많았다. 게다가 꼭 필요한 제품이 아니어서 고객이 자기 정당화를 할 수 있는 불가피한 필요성을 느끼지 못하면 구매를 결정하기 어려웠다.

생각해보니 이 상품들은 보편적인 필요성이 없었다. 이것이 차트에서 상품의 위치를 끌어올리지 못한 원인이었다. 모든 차트에서 비슷한 문제가 반복되었다. 바로 이것이 한계였다.

그렇다면 이 한계를 어떻게 극복할 수 있을까?

토론이 활발해진다

"욕실 리모델링을 할 때 난간을 설치하는 것이 어떨까요?"

이런 아이디어가 나왔다. 확실히 난간을 설치하면 행동에 대한 저항이 줄어들 것이다. 특히 노인층을 타깃으로 삼는다면 그 필요성은 더욱 커질 것이다.

좋은 아이디어라고 생각되었고, 난간을 욕실에 설치한다는 개념으로 처음 단계부터 다시 차트에 위치시켜보았다. 그 과정에서 다음과 같은 의견들이 나왔다.

"난간에 대한 니즈는 있겠지만, 원츠는 낮지 않을까요?"

"아니요, 그렇지 않습니다. 사실 제 어머니가 최근에 욕실에서 넘어지셔서 그 뒤로 거동이 불편해지셨습니다. 그 사고 하

60분 기업 최강 프로젝트

나로 가정의 모든 생활이 바뀌었어요."

"정말 안타깝군요. 하지만 그런 위험성을 사람들이 얼마나 인식하고 있을까요? 만약 이 점을 강조한다면 고객에게 더 큰 필요성을 느끼게 할 수 있을 것 같습니다. 난간 설치를 중심으로 한 케어 리모델링 관점에서 다시 한번 생각해볼까요?"

"케어 리모델링을 인구 곡선의 관점에서 보면 성장 곡선에서 성장기에 들어서기 직전일 겁니다. 거주 지역에서 연령대와 소득 수준을 파악해 예상 고객을 산출하고, 전단지를 지역별로 배포하면 될 것입니다. 또한 구청이나 동사무소에 가면 간병인 등록 목록을 얻을 수 있고, 간병인 협회와 협력 관계를 구축할 수도 있겠네요."

"생애 가치는 어떻게 될까요?"

"생애 가치는 크다고 생각됩니다. 나이가 들면 건강이 더 좋아질 일은 없으니까요. 우리 집도 처음에는 화장실 손잡이로 시작했는데, 그 이후로 리모델링이 끊이지 않았어요. 욕실, 계단, 그리고 휠체어가 다닐 수 있도록 부엌과 복도까지 넓혀야 했습니다."

"다른 고객을 소개할 수 있는 영향력은 얼마나 될까요?"

"의외로 사람들은 신뢰할 만한 상담자를 찾기 어려워합니다. 간병 리모델링이 어떤 절차로 이루어지는지 잘 모르더라고요. 그래서 신뢰할 수 있는 사람이 있다면 반드시 소개를 할 것입니다."

"이제 보니 차트상의 위치가 상당히 올라갔군요. 이 콘셉트를 직감적으로 이해할 수 있는 이름이 뭐가 좋을까요?"

"간병 리모델링이라는 용어는 적절하지 않은 것 같습니다. 오히려 건강하고 부유한 실버층이 더 편리하고 쾌적한 생활을 할 수 있도록 도와주는 리모델링이니까요."

"그렇다면 생활지원센터, 복지주택 리모델링센터, 시민주택 리모델링센터 같은 이름은 어떨까요?"

"공공 기관처럼 느껴지는 이름이 괜찮네요. 언론에서도 관심을 가질 만하고, 고객 획득 비용도 크게 줄일 수 있을 것 같습니다."

"그렇다면 이제까지의 과정을 정리해서 방향성을 정해볼까요?"

전략은 업계 지형을 새롭게 바꿀 수 있는 잠재력이 있다

20분 동안의 토론을 통해 이 회사의 방향성이 점차 명확해졌다. 지금까지의 과정을 바탕으로 이 회사가 선택할 수 있는 방향성을 정리하면 다음과 같다.

우선 난간 설치 등 간단한 리모델링 작업을 통해 실버층에 특화된 전문 리모델링을 진행한다. 대상은 현재는 건강하지만 앞으로의 생활에 불안을 느끼는 실버층이다. 지역 간병인 협회와 연대하여 실버층이 장애 없는 생활을 할 수 있도록 주택 전반에 걸친 노하우를 제공한다.

그 후에는 식료품 택배 회사와 노후 시설 소개 등 지역 밀착형 서비스를 완벽하게 제공한다. 기업의 이념은 거동이 자유롭지 못한 노인이 없는 사회를 실현하고, 건강한 실버층을 양성하는 것이다.

이 사업의 네이밍은 '시민 주택 리모델링 센터'로 하고, 고객 모집 방법은 전단지를 활용한다. 또한 간병 정보지를 제작하여 무료로 배포하는 방안도 고려할 수 있다.

시민 주택 리모델링 센터이므로 각 도시마다 거점을 설치한다. 즉, 고객 모집 모델이 확립되면 전국적인 조직화도 가능할 것이다. 이는 전국 규모의 부동산 업체처럼 운영될 수 있다.

이 과정을 통해 우리는 점차 어둠 속에서 빛이 드러나는 과정을 목격했다. 처음에는 실마리가 보이지 않았지만, 하나의 아이디어가 논의를 활성화시켰고, 얽혔던 문제가 풀리기 시작하면서 지속적인 논의의 진전이 이루어졌다. 그 과정은 마치 두뇌 운동과 같았다. 처음에는 고생하고 혼란스러워 하다가도 결국 포기할까 하는 순간이 온다.

그러나 게임처럼 계속하다 보면 어느 순간 해결책이 명확하게 보이기 시작한다. 이는 퍼즐을 맞추는 과정과 비슷하다. 마침내 하나의 그림이 완성되는 것이다.

이해를 돕기 위해 또 다른 동영상 사례를 재현해보겠다.

재현 동영상 2: 불가능해 보여도 일단 시도해본다

이집트에서 수입한 맥주를 판매하겠다며 세미나에 참가한 한 여성 경영자의 사례다. 그녀에게 어느 정도의 판매 목표를 설정하고 있느냐고 묻자, 버드와이저만큼 팔고 싶다고 답했다. 고객의 요청에 귀 기울여야 하는 필자 입장에서는 참으로 난감한 상담이 아닐 수 없었다. 소비재라는 매우 까다로운 카테고리, 특히 저가 상품에 매출 이익률도 낮은 상품이니, 오래 할수록 손실만 커질 게 분명했다. 이것이 필자가 처음 내린 결론이었다.

광고비로 수십억을 투입할 수 있는 대기업이라면 몰라도 이 회사는 예산도 충분치 않았다.

"적은 예산으로 버드와이저만큼 팔고 싶다"는 말을 들었을 때, 순간 눈앞이 캄캄해졌다. 그런 말도 안 되는 이야기가 어디 있느냐는 말이 목구멍까지 올라왔지만 억지로 참았다. 그래도 세미나는 계속되어야 하기에, 나는 생각을 바꿔 스타 전략 구축법을 통해 백지 상태에서 다시 생각해보기로 했다. 두뇌 운동이라고 생각하며 마음을 가볍게 먹었다.

우선 성장 곡선을 생각해봤다. 수입 맥주라는 상품 카테고리로 보면 이집트 맥주는 세계에서 가장 오래된 맥주일 것이다. 그러니 성장기나 도입기 같은 개념도 명확하지 않다. 국내 시장 점유율을 보면 아마도 계속 도입기에 머무르고 있을지도 모른다. 그래서 성장 곡선 분석은 건너뛰고 다음 단계로 넘어갔다.

다음은 니즈와 원츠의 분석이다.

이집트 맥주를 꼭 마셔야 할 니즈는 없고, 원츠도 일반 사람들에게는 거의 없었다.

이름이 직관적이고 이해하기 쉬운가? 보편성이 있는가?

'세계에서 가장 오래된 맥주'라고 하면 이해하기는 쉬웠다. 여기에 클레오파트라 같은 이름을 붙이면 더 쉽게 다가갈 수 있을 것 같았다.

그러나 보편성이 있을까?

여성 경영자는 맛이 좋아서 한 번 마시면 계속 마시게 될 거라고 했다. 그래서 나는 왜 그런지 물었고, 그녀는 "말로 표현할 수 없을 정도로 맛있다"고 답했다.

말로 설명할 수 없는 제품은 팔기 어렵다. 그래서 나는 "문제군요"라고 말했다. 해결해야 할 문제 한 가지가 분명해졌다. 이로써 한 걸음 앞으로 나아간 셈이다.

이제 타깃 고객을 검토해보았다.

이집트 맥주를 마시고 싶어하는 고객을 쉽게 찾을 수 있을까?

참가자들은 이집트 맥주를 마시고 싶어할 사람들은 이집트인일 것이라고 추측했다. 그래서 일본에 거주하는 이집트인을 타깃으로 하면 어느 정도 팔리지 않을까 하는 의견도 나왔다.

그러나 여성 경영자는 느닷없이 "이집트인들은 이슬람교도라서 술을 마시지 않습니다"라고 말했다. 이 말을 듣는 순간, 회의장의 분위기가 얼어붙었다. 그런데 왜 이집트에서 맥주를 팔고 있는지 묻자 관광객용으로 판매되고 있다는 것이었다. 그렇다면 여행사와 협력해 이집트 여행 후 관광객을 대상으로 판매하거나 다국적 요리를 제공하는 레스토랑에서 차별화된 상품으로 취급할 수 있을 것이라는 긍정적인 의견도 나왔다.

그러나 이 정도로는 버드와이저만큼 팔리는 맥주가 될 수 없었다. 수익 시뮬레이션을 해보니 결과는 최악이었다. 이익률이 너무 낮아서 대출이라도 받아서 광고하지 않으면 판매 물량을 확대할 수 없는 상황이었다.

우리 모두는 점차 체념하기 시작했다. 아무리 생각해도 이집트인조차 마시지 않는 이집트 맥주가 버드와이저만큼 팔릴 것 같지는 않았기 때문이다. 이런 불가능해 보이는 문제에 시간을 더 쏟는 것은 부질없는 일처럼 보였다. 모든 참가자가 그렇게 생각하고 있었다.

사잔 올스타즈(일본의 유명한 음악 그룹)? 아니면…

그러나 혼란스러워지기 시작한 것은 오히려 좋은 징조다. 마지막까지 스타 전략 구축법을 활용해보자. 어차피 두뇌 운동일 뿐이다.

한 가지 장점이 있었다. 바로 상품의 수평 확장력이었다. 즉, 이 맥주는 주변 사람들에게 쉽게 소개할 수 있는 상품이다. 맛

346

이 좋기 때문에 한번 마셔본 사람은 친구들에게 쉽게 전할 수 있다. 또한 레스토랑에서도 다른 경쟁 업체와의 차별화를 위해 이 맥주를 기꺼이 소개할 가능성이 높다. 그렇다면 추천이 잘 이루어지는 시스템을 구축하는 것이 중요하다.

마케팅 타이밍은 어떨까? 당연히 여름이다. 여름이 마케팅 시기로 적합하다.

경쟁 상황은 어떨까? 고객의 시각에서 보면 품질의 우위성이 없다. 마셔보지 않으면 그 맛을 알 수 없기 때문이다. 또한 이 우위성을 한마디로 표현할 USP도 없다.

이제 메시지를 검토해보자. 행동의 이득과 행동하지 않음으로 인한 손실이 너무 미미하다. 이 때문에 니즈와 원츠가 충분히 높아지지 않는 것이다.

이제 어떻게 해야 할까? 우리는 모두 벽에 부딪혔다.

가장 큰 한계는 낮은 이익률 때문에 적극적인 광고를 할 수 없다는 것이다. 따라서 매스컴의 주목을 받거나 입소문을 통해 알리는 방법밖에 없었다.

매스컴의 주목을 받을 방법을 고민하던 중 누군가 말했다.

"여름 타이밍에 사잔 올스타즈가 해변에서 열리는 라이브에서 이집트 맥주를 마시며 '이거 시원하다!'라고 광고해주면 좋겠네요."

이 발언을 계기로 논의가 활기를 띠기 시작했다.

"좋은 생각이긴 하지만, 그런 광고를 할 돈이 없다는 게 문제잖아요, 돈을 들이지 않고 사자 올스타즈를 활용할 방법이 없을까요?"

"연예인들이 자주 자선 행사를 하잖아요? 자선 콘서트라는 취지로 접근하면 가능성이 있지 않을까요?"

"그런데 어떤 명목으로 자선 콘서트를 개최해야 할까요?"

"이집트의 스핑크스가 최근 손상되고 있다는 얘기가 있던데, 그 복구 비용을 기부한다는 취지로 하면 어떨까요? 이집트 맥주 수익의 일부를 기부하는 방식으로요."

"이집트 대사관의 후원을 받으면 더 좋겠네요."

이때 여성 경영자가 말했다.

"저는 이집트 대사관과 친분이 있어서 아마 후원은 문제없을 거예요."

"사자 올스타즈가 아니더라도 이집트 유물에 대해 잘 아는 교수님이 있잖아요. 텔레비전에도 자주 나오는 그분 말이에요. 그분께 협조를 요청하는 것도 괜찮을 것 같아요."

"아, 맞아요! 사실 그 교수님과 곧 만날 약속이 있어요."

모든 참가자의 눈빛이 반짝이기 시작했다.

고객을 사로잡는 비즈니스란

이제 포지셔닝을 다시 검토해보자. 스핑크스를 복구하는 NPO적인 활동은 성장 중이다. '스핑크스를 살리자'는 콘셉트는 직관적으로 이해하기 쉽다. 음용 보편성은? 라임을 넣어 마시는 방법을 알려주면 맛있다고 생각할 것이다.

잠재 고객을 쉽게 확보할 수 있을까? 이전에는 이집트에 관심 있는 사람만을 대상으로 팔 수 있었지만, 이제는 스핑크스를 구하자는 취지에 공감하는 사람들이 대상이 된다. 많은 사람들의 관심을 끌어들일 수 있을 것이다.

사회적 활동이기 때문에 구매에 대한 자기 정당화도 쉽게 이루어진다. 맥주 맛을 강조하는 경쟁사와도 분명히 차별화된다. 여름 타이밍에 이집트 대사관의 후원을 받고, 여행사와 제휴하여 이집트 여행 티켓을 선물하는 캠페인을 진행한다면 매스컴도 큰 관심을 가질 가능성이 크다.

이집트 맥주를 단순히 판매하려던 초기 포지셔닝과 비교해보면 크게 개선되었음을 알 수 있을 것이다. 이는 고객 관점에서 매우 매력적인 상품으로 거듭났음을 의미한다.

주택 리모델링과 수입 맥주 사례를 통해 알 수 있듯이 처음에는 혼란스럽고 해결의 실마리가 전혀 보이지 않을 수 있다. 하지만 그 혼란을 즐기기 시작하면서 차츰 한계가 모습을 드러내고, 해결책이 떠오르기 시작한다.

같은 업계의 많은 회사들이 같은 문제로 고심하고 있지만, 업계의 상식을 이유로 해결을 포기한 경우가 많다. 이처럼 지적으로 태만한 집단 사이에서 당신이 그 한계를 해결한다면 전혀 새로운 사업 모델을 구축할 수 있다.

'싸게 사들인 상품을 파는 사업'에서 '리모델링을 통해 거동

불편한 노인을 돕는 사업'으로, '수입 맥주를 파는 사업'에서 '인류 유적을 보존하여 후세에 전하는 사업'으로 승화할 수 있는 것이다.

이 책을 통해 전달하고 싶은 핵심 메시지는, 전략 구축이란 결국 질문을 하는 과정이라는 점이다. 아인슈타인이 이런 질문을 받은 적이 있다.

"당신에게 문제를 제시하고 60분 안에 해결하지 못하면 생명이 위태로울 것이라고 협박한다면 어떻게 하시겠습니까?"

아인슈타인은 이렇게 대답했다.

"55분은 적절한 질문을 찾는 데 사용하겠습니다."

이 대답은 적절한 질문이야말로 적절한 답을 찾는 가장 좋은 방법이라는 의미다.

지금까지는 비즈니스 전략을 도출할 때 적절한 질문을 하지 못했던 경우가 많았다. 그래서 시간이 지나도 올바른 전략을 도출하는 데 한계가 있었다. 반대로, 적절한 질문과 사고의 절차만 알게 되면 경영 지식이 없는 사람도 훌륭한 사업 전략을 세울 수 있다.

여러분도 이 사고 과정에 익숙해지기까지는 어려움을 겪을 수 있다. 그래서 스타 전략 구축법에 나오는 차트들을 벽에 붙여 언제든 쉽게 볼 수 있도록 하는 것이 중요하다. 이 프로세스를 모든 직원들과 공유한다면 처음에는 혼란스러워도 점차 명확한 해답을 찾게 되는 경험을 할 수 있다.

워크숍이나 토론회 등에 참가하는 사람들은 팀원들과 함께 게임을 하듯이 이 전략 구축법을 활용하자. 그리고 등골이 오싹해질 만한 아이디어가 떠오른다면 주저하지 말고 실행하라. 그 전율이 바로 여러분을 성공으로 이끄는 가장 빠른 길이 될 것이다.

차트를 놓고 책상에 앉아 60분간 집중할 수 있는 시간을 마련해보자. 이 시간은 가장 높은 투자 대비 효과를 가져올 것이다. 이제 아무에게도 방해받지 않는 시간을 확보하고, 방문을 잠그고 집중해보라.

PART 9. 요 약

1. 기업 전략은 추상적인 논의가 될 수 있다. 스타 전략 구축법은 이러한 논의를 시각화하여 짧은 시간 안에 발상을 떠오르게 한다. 적절한 질문을 통해 지속적으로 정보가 축적되기 때문에 마치 뛰어난 컨설턴트와 상담하는 것처럼 자연스럽게 해답을 찾아낼 수 있다.

2. 발상을 얻기 위해서는 이상적인 상황을 상상해야 한다. 무한한 자금과 기술이 있는 제약 없는 환경을 그려본다. 이를 통해 현재 상황을 뛰어넘고 업계 판도를 뒤바꿀 수 있는 아이디어를 얻을 수 있다.

3. 처음에는 혼란스럽고 해결의 실마리가 보이지 않을 수 있다. 토론이 진행될수록 혼란은 더 깊어진다. 그러나 그 혼란을 즐길 여유를 가지면 한계가 보이기 시작하고, 퍼즐을 맞추듯 한 장의 그림이 완성된다.

4. 반드시 팀원들과 게임을 하는 느낌으로 스타 전략 구축법에 참여하자. 등골이 오싹해질 만한 발상이 떠오르면 주저하지 말고 즉시 실행하라. 그 전율이야말로 성공으로 이끄는 가장 빠른 길이다.

60분
기업 최강
프로젝트

부 록

스타 전략 구축법 완전 정복

돈 버는 구조 만들기, 천재의 두뇌를 빌린다

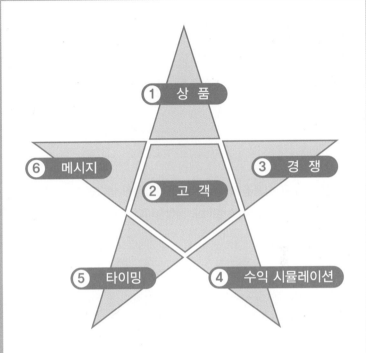

① 상 품
⑥ 메시지
② 고 객
③ 경 쟁
⑤ 타이밍
④ 수익 시뮬레이션

스타 전략 구축법의 효과

- 20가지 차트와 38가지 관점으로 사업을 다각도에서 평가·분석한다. 천재들이 통합적으로 판단하는 과정을 누구나 경험할 수 있다.

- 최강의 전략을 구축하는 데 필요한 완벽한 방법으로 최소한의 노력과 시간으로 효과적인 아이디어를 만들 수 있다.

- 분석적인 좌뇌와 창조적인 우뇌를 균형 있게 활용하여 지금까지는 스스로 생각할 수 없었던 혁신적인 아이디어를 도출할 수 있다.

- 위에서 아래로 지시하는 하향식 전략(Top - down)을 강요하는 것이 아니라, 팀 전체가 참여하는 상향식 접근법(Bottom - up)을 통해 전략을 수립할 수 있다.

- 회사 인력들이 유능한 컨설턴트처럼 전략적 사고를 할 수 있게 된다.

전략 구축에 관한 질문(1)

• 어떤 어려움이 있어서 이번 전략 기업 세미나에 참가하셨나요?

• 판매하고 싶은 상품을 몇 개 써 보세요. 제품이 없다면 제품 카테고리 또는 늘리고 싶은 서비스 분야도 괜찮습니다.

• 그게 전부인가요?

• 눈앞에 손님이 있다고 상상해 보세요. 몇 개의 상품을 20초 이내에 설명해 주십시오!

• 상품 1

전략 구축에 관한 질문(2)

· 상품 2

· 상품 3

· 상품 4

· 오늘 밤 잠자는 동안 기적이 일어나 당신이 원하는 것이 실현되었다면 그것은 어떤 상황일까요? 상기 상품에 관하여 떠올려 보세요.

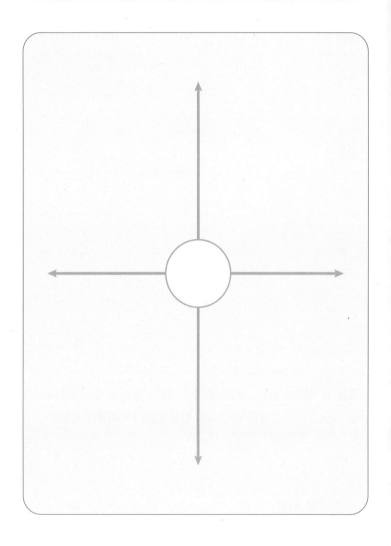

60분 기업 최강 프로젝트

상품 아이템

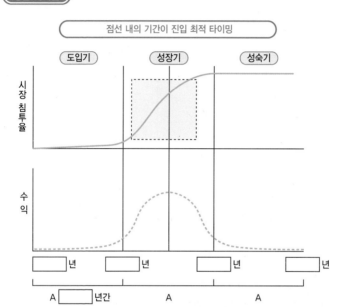

점선 내의 기간이 진입 최적 타이밍

| 도입기 | 성장기 | 성숙기 |

시장 침투율

수익

| | 년 | | 년 | | 년 | | 년 |

A [   ] 년간   A   A

시장에서 상품이 얼마나 보급되고 있는지 분석하기		
도입기	성장기	성숙기
상품의 수명은 몇 년인가?		

상품 아이템

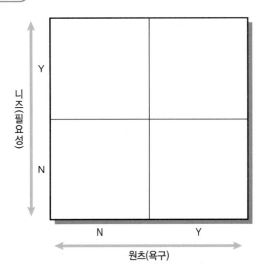

니즈(needs)를 높이려면 어떻게 해야 하는가?

원츠(wants)를 높이려면 어떻게 해야 하는가?

상품 아이템

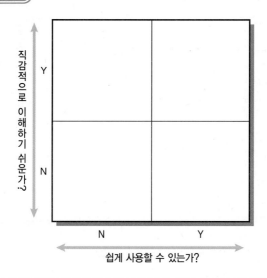

직감적으로 이해하기 쉬운가?

Y

N

N   Y

쉽게 사용할 수 있는가?

직관적으로 알기 쉽게 하기 위해서는 어떤 방법이 있는가?

쉬운 사용성을 전달하는 효과적인 방법과 메시지 표현은 무엇인가?

상품 아이템

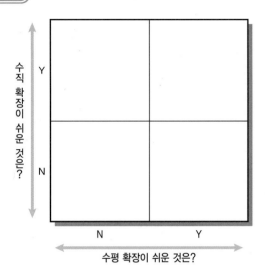

수직 확장이 쉬운 것은?

Y

N

N   Y

수평 확장이 쉬운 것은?

수직으로 쉽게 확장하려면 어떤 방법이 있는가?

수평으로 쉽게 확장하려면 어떤 방법이 있는가?

**2-1 다른 고객을 데리고 올 수 있는 영향력을
가진 고객은 누구인가?**

상품 아이템

• 마인드맵을 합시다.

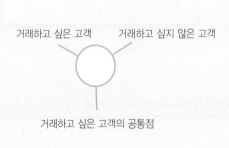

상품 아이템

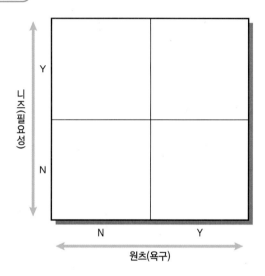

니즈(필요성)

Y

N

N   Y

원츠(욕구)

니즈(needs)와 원츠(wants) 모두 다 가장 높은 고객은 누구인가?

저렴한 비용으로 니즈(needs) 또는 원츠(wants)를 높일 수 있는 고객은 누구인가?

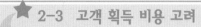

★ 2-3 고객 획득 비용 고려

상품 아이템

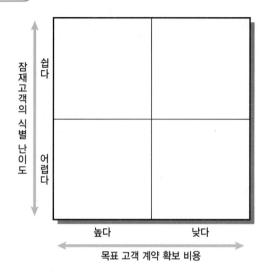

잠재 고객을 식별하는 데 도움이 되는 방법은 무엇인가?

계약을 맺기까지 소요되는 영업 비용을 낮추는 방법은 무엇인가?

2-4 고객을 데려오는 영향력이 있는 고객은 누구인가?

상품 아이템

• 마인드맵을 합시다.

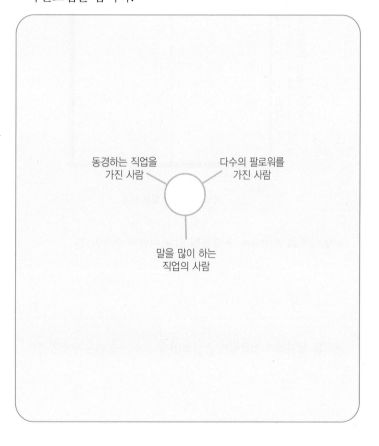

동경하는 직업을
가진 사람

다수의 팔로워를
가진 사람

말을 많이 하는
직업의 사람

★ 3-1 허술한 시장을 노리자

상품 아이템

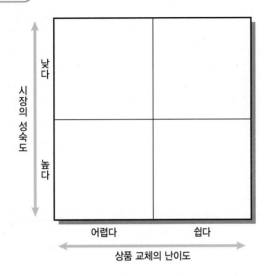

시장의 성숙도
- 낮다
- 높다

어렵다 　　　　 쉽다

상품 교체의 난이도

상품을 투입할 수 있는 미성숙한 시장이란?

고객이 상품을 선택하기 쉬운가?

상품 아이템

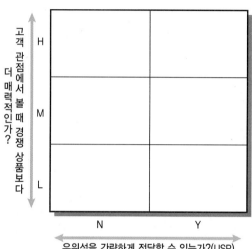

고객 관점에서 본 상품의 매력

우위성을 간략하게 전달할 수 있는가?

상품 아이템

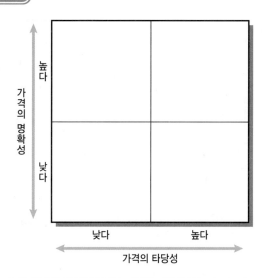

소비자가 쉽게 구매 결정을 내릴 만큼 가격이 명확한가?

소비자가 느끼는 가치에 타당한 가격인가?

★ 3-4 진입 장벽·철수 장벽을 검토

상품 아이템

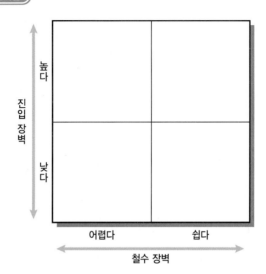

진입 장벽

높다

낮다

어렵다   쉽다

철수 장벽

진입 장벽은 어떻게 높일 수 있는가?

어떻게 하면 철수하기 쉬워지는가?

상품 아이템

- 첫 번째 기본 조건: 고객의 생애 가치 ≧ 고객 획득 비용
- 두 번째 기본 조건: 단기간에 가능하면(3개월 이내에) 가져오는 고객 가치 > 고객 획득

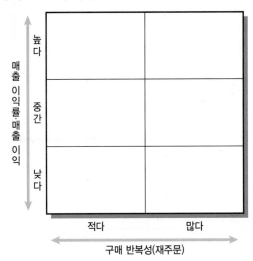

많은 이율이나 큰 이익은 어떻게 해야 하는가?

반복 구매를 늘릴 수 있는가?

상품 아이템

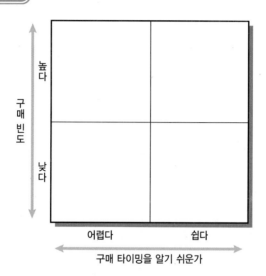

구매 빈도

높다

낮다

어렵다   쉽다

구매 타이밍을 알기 쉬운가

구매 빈도를 높이려면 어떻게 해야 하는가?

구매 타이밍을 파악하려면 어떻게 해야 하는가?

상품 아이템

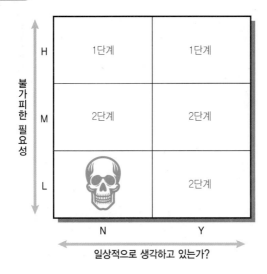

- 세로축: 불가피한 필요성 (H, M, L)
- 가로축: 일상적으로 생각하고 있는가? (N, Y)

	N	Y
H	1단계	1단계
M	2단계	2단계
L	(해골)	2단계

임박한 필요성을 느끼기 위해 어떤 키워드를 생각할 수 있는가?

일상적으로 생각하게 하려면 어떻게 해야 하는가?

상품 아이템

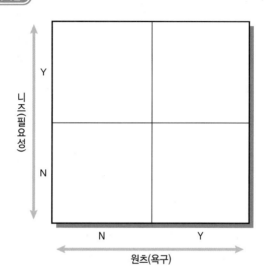

니즈(needs)를 높이려면 어떻게 해야 하는가?

원츠(wants)를 높이려면 어떻게 해야 하는가?

상품 아이템

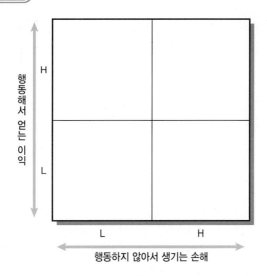

H

행동해서 얻는 이익

L

L   H

행동하지 않아서 생기는 손해

고객이 행동해서 얻는 이익은 무엇인가?

고객이 행동하지 않아서 생기는 손해는 무엇인가?

★ 6-2b 불가피한 필요성을 느끼게 하려면 어떻게 할까?

상품 아이템

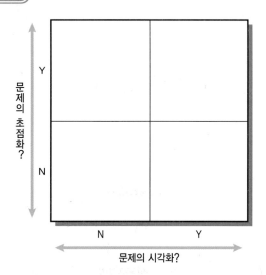

문제에 초점을 맞출 수 있는가?

문제를 시각화할 수 있는가?

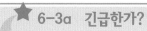

상품 아이템

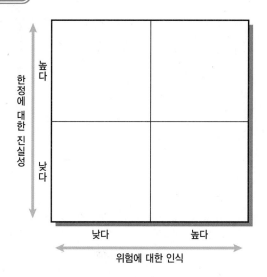

제한에 대한 믿음을 줄 수 있는 구체적인 내용은 무엇인가?

위험성에 대한 인식을 높이려면 어떻게 하면 좋을까?

6-3b 구매 행동을 멈추지 않는가?

상품 아이템

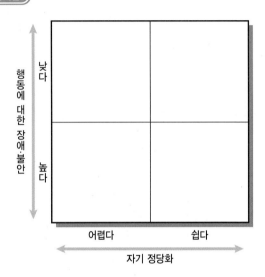

구매 행동에 대한 장애나 불안을 없애려면 어떻게 해야 하는가?

자기 정당화를 위해 어떤 키워드를 사용할 수 있는가?

378   60분 기업 최강 프로젝트

60분
기업 최강
프로젝트

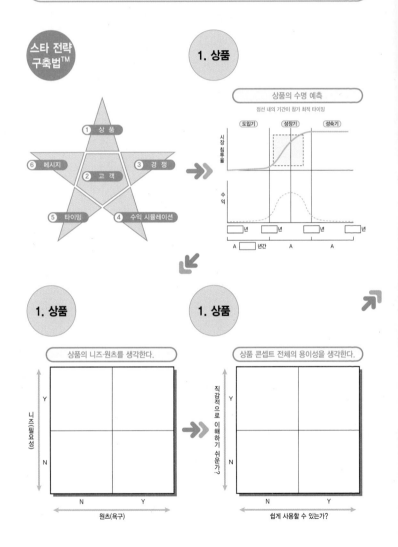

60분 기업 최강 프로젝트

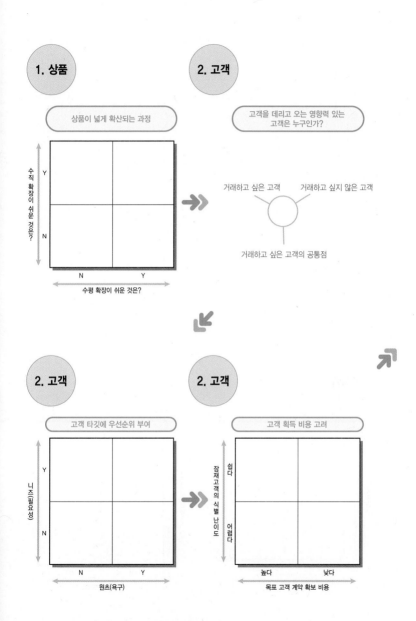

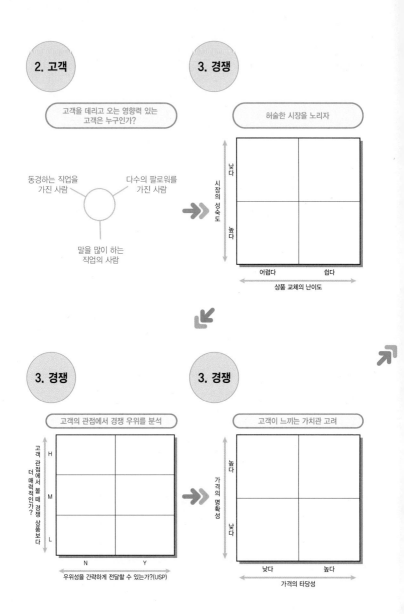

2. 고객

고객을 데리고 오는 영향력 있는
고객은 누구인가?

동경하는 직업을
가진 사람

다수의 팔로워를
가진 사람

말을 많이 하는
직업의 사람

3. 경쟁

허술한 시장을 노리자

시장의 성숙도

낮다

높다

어렵다   쉽다

상품 교체의 난이도

3. 경쟁

고객의 관점에서 경쟁 우위를 분석

고객 관점에서 더 매력적인가? 경쟁 상품보다

H

M

L

N   Y

우위성을 간략하게 전달할 수 있는가?(USP)

3. 경쟁

고객이 느끼는 가치관 고려

가격의 명확성

높다

낮다

낮다   높다

가격의 타당성

60분 기업 최강 프로젝트

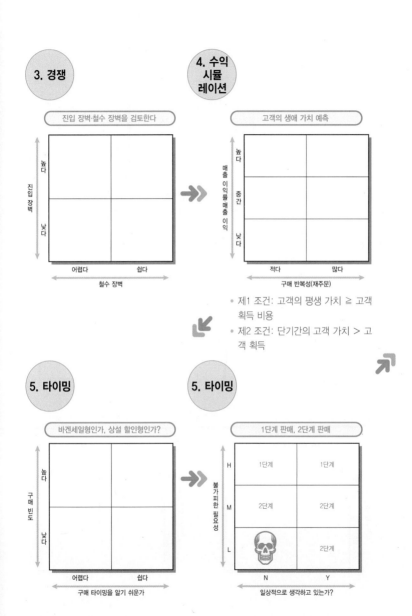

3. 경쟁

진입 장벽·철수 장벽을 검토한다

진입 장벽
높다
낮다

철수 장벽
어렵다   쉽다

**4. 수익
시뮬
레이션**

고객의 생애 가치 예측

매출·이익률·매출·이익
높다
중간
낮다

구매 반복성(재주문)
적다   많다

- 제1 조건: 고객의 평생 가치 ≥ 고객
  획득 비용
- 제2 조건: 단기간의 고객 가치 > 고
  객 획득

5. 타이밍

바겐세일형인가, 상설 할인형인가?

구매 빈도
높다
낮다

구매 타이밍을 알기 쉬운가
어렵다   쉽다

5. 타이밍

1단계 판매, 2단계 판매

불가피한 필요성
H   1단계   1단계
M   2단계   2단계
L   2단계

일상적으로 생각하고 있는가?
N   Y

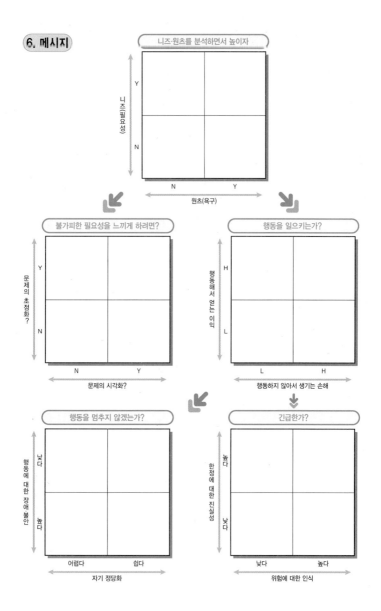

6. 메시지

니즈·원초를 분석하면서 높이자

니즈(필요성)
Y
N

원초(욕구)
N   Y

불가피한 필요성을 느끼게 하려면?

문제의 초점화?
Y
N

문제의 시각화?
N   Y

행동을 일으키는가?

행동해서 얻는 이익
H
L

행동하지 않아서 생기는 손해
L   H

행동을 멈추지 않겠는가?

행동에 대한 장애·불안
낮다
높다

자기 정당화
어렵다   쉽다

긴급한가?

한정에 대한 진실성
높다
낮다

위험에 대한 인식
낮다   높다

60분 기업 최강 프로젝트

60분
기업 최강
프로젝트

맺음말

벽돌을 쌓는 사람의 이야기를 들어본 적이 있는가?

날마다 벽돌을 쌓으며 싫증을 낸 한 사람이 이렇게 말했다.

"정말 지겨워. 이 일이 빨리 끝났으면 좋겠어."

그 옆에는 매우 즐겁게 일하는 또 다른 사내가 있었다.

"자네는 이런 단조로운 일을 하면서 뭐가 그렇게 즐거운가?"

그러자 그 사내가 생긋 웃으며 대답했다.

"단조롭다고? 나는 역사에 남을 신전을 짓고 있어. 이건 인류의 희망이자 꿈을 실현하는 일이야. 이렇게 명예로운 일을 하는데, 어찌 즐겁지 않겠는가?"

스타 전략 구축법은 당신의 비즈니스에 꿈과 희망을 주는 도구가 될 수 있다. 나는 이 책을 통해 지금까지 잊고 지내왔던 비즈니스의 본래 의미를 되찾고, 그것을 실현하는 데 도움이 되기를 바란다. 비즈니스는 단순히 돈을 벌기 위한 수단이 되어서는 안 된다. 비즈니스는 사회를 변화시키는 가장 강력한 도구이다.

맥주가 인류의 유산을 구하고, 욕실에 난간을 설치함으로써 거동이 불편한 노인을 줄일 수 있듯이 당신이 매일 하는 작업

60분 기업 최강 프로젝트

은 인류에 커다란 영향을 미친다. 그렇기 때문에 비즈니스에 종사하는 사람은 철학을 가져야 할 의무가 있다. 우리는 어느 순간부터 비즈니스에는 철학이 필요하다는 사실을 잊고 살아왔다.

전략의 톱니바퀴가 맞물려 돌아가면 누구든지 잘 팔리는 구조를 만들 수 있다. 그것 자체는 어렵지 않다. 그러나 그 톱니바퀴는 인류를 파멸로 이끌 수도 있고, 반대로 다음 세대에 자랑스러운 세상을 남기는 데 사용할 수도 있다. 지금 이 사회가 필요로 하는 것은 확고한 윤리관과 사상을 가지고 비즈니스에 임하는 사람들이다. 그만큼 사회는 변화를 요구하고 있다.

그 변화를 일으킬 사람은 누구일까?

그 답은 명확하다.

거울 앞에 서면 당신은 그 답을 알 수 있을 것이다. 거울에 비친 사람, 바로 그 사람이 사회를 변화시킬 원동력이 될 것이다.

이 책은 이익과 손해만 따지는 계산적인 사람이 읽어야 할 책이 아니다.

아이에게 "아빠가 하는 일은 말이야."라고 자랑스럽게 말할 수 있는 사람, 자신의 삶을 후세에 남기고 싶은 사람, 단순히 벽돌을 쌓는 것이 아니라 신전을 짓는 사람을 위한 책이다.

꿈과 희망이 있는 사람이라면 이 책과 함께 일어나라.

당신만이 할 수 있는 일이 바로 당신 주변에 있다. 그래서 당신은 이 시대에 태어난 것이다. 그런 당신에게 이 책을 바치고 싶다.

스타 전략 구축법은 나 혼자 생각해낸 것이 아니다. 나는 그저 앞서간 이들의 발자취를 따랐을 뿐이다. 이 전략의 근본에는 다이렉트 마케팅이 있다. 다이렉트 마케팅이란 광고를 통해 물건을 강매하는 것이 아니라 고객이 스스로 관심을 가지고 다가오게 만드는 방법이다. 필자는 '감정 마케팅(이모셔널 마케팅)'의 관점에서 이 분야를 내 나름대로 실천하고 체계화하기 위해 노력했다.

미국에서는 이와 관련된 수많은 책들이 출판되었지만, 아쉽게도 일본에서는 아직 번역서조차 부족한 실정이다. 이 책의 끝에 추천 참고 문헌을 실어두었으니 관심 있는 독자들은 참고하기 바란다.

이번 책이 출간되는 데에는 미국 Advanced Business Strategy사의 컨설턴트인 마틴 셰너드(Martin Chenard)가 개최한 세미나가 많은 도움이 되었다. 이 자리를 빌려 감사의 인사를 전하고 싶다.

발상을 풍부하게 하는 사고 프로세스에 대해서는 미국에서 개발된 '가속 학습법(포토리딩)'의 영향을 크게 받았다. 가속 학습법이란 분석적인 좌뇌와 창의적인 우뇌를 균형 있게 사용하여 문서를 처리하는 방법이다. 이 방법을 사용하면 기존보다 몇 배 빠른 속도로 책을 읽을 수 있게 된다.

필자는 이 책을 집필하기 위해 국내외 전략 관련 서적 총 59권을 구입했다. 그리고 가속 학습법을 활용하여 집필을 시작한 지 3일 만에 그 모든 책을 데이터베이스화할 수 있었다. 이 기회를 빌려 가속 학습법의 개발자인 폴 실리(Paul Sheele)와, 필자를 직접 지도해주신 리넷 에이어스(Lyenette Ayres) 여사에게 깊은 감사를 전하고자 한다.

또한 정보를 끌어내고 스스로 깨달음을 얻기 위한 코칭 프로세스와 관련해서는, 요코하마 국립대학교의 호리노우치 타카히사(堀之内高久) 부교수로부터 귀중한 지도를 받았다. 호리노우치 교수님의 협력을 통해 회사의 발전을 위해서는 경영자와 직원의 마음의 문제까지 깊이 파고드는 것이 필수적임을 알게 되었다. 그의 심리 임상 지식과 경영 지식이 결합되어, 완전히 새로운 경영 이론이 탄생하고 있다. 이 경영 패러다임의 전환에 대해서는 추후에 소개할 기회가 있을 것이다.

그리고 나와 공동으로 일하고 있는 파트너 컨설턴트들 중, 이번에는 스타 전략 구축법 세미나를 개최하고 있는 다음 분들로부터 최신 실천 사례 보고를 받았다. 오카모토 시로(岡本吏郎), 사토 마사히로(佐藤昌弘), 사와다 타츠야(澤田多津也), 소노 코사쿠(園幸朔), 노모토 야스히데(野元泰秀), 히라 히데노부(平秀信) 씨이다. 이들은 이론에만 치우치지 않고, 모두 직접 창업하여 성공한 실천파 컨설턴트들이다.

매번 강조하는 바이지만, 우리 회사의 회원 조직인 고객 획득 실천회 회원들의 실천이 없었다면 이 책은 결코 탄생할 수 없었다. 진심으로 감사를 드리며, 앞으로도 귀사의 뒤를 잇는 많은 후배 기업들이 등장하길 기대한다. 그것이 나의 꿈이다.

간다 마사노리(神田昌典)

60분 기업 최강 프로젝트

초판 1쇄 인쇄 2025년 5월 10일
초판 1쇄 발행 2025년 5월 15일

저　　자 간다 마사노리
역　　자 서 승 범
펴 낸 이 임 순 재
펴 낸 곳 (주)한올출판사
등　　록 제11-403호
주　　소 서울시 마포구 모래내로 83(성산동 한올빌딩 3층)
전　　화 (02) 376-4298(대표)
팩　　스 (02) 302-8073
홈페이지 www.hanol.co.kr
e - 메 일 hanol@hanol.co.kr
I S B N 979-11-6647-558-0

60분
기업 최강
프로젝트